方舆

行政区划与地名 1702

民政部地名研究所
中国地名学会
编

王胜三　浦善新　主编

中国社会出版社
国家一级出版社·全国百佳图书出版单位

图书在版编目(CIP)数据

方舆:行政区划与地名.1702/民政部地名研究所,中国地名学会编;王胜三,浦善新主编.—北京:中国社会出版社,2017.8

ISBN 978-7-5087-5754-4

Ⅰ.①方… Ⅱ.①民… ②中… ③王… ④浦… Ⅲ.①政区-研究-中国②地名-研究-中国 Ⅳ.①K92

中国版本图书馆CIP数据核字(2017)第216089号

书　　名: 方舆·行政区划与地名1702
主　　编: 王胜三　浦善新
编　　者: 民政部地名研究所　中国地名学会

出 版 人: 浦善新
终 审 人: 尤永弘
责任编辑: 刘云燕　魏光洁
封面摄影: 张喜森
助理编辑: 刘孝畅
责任校对: 田丽艳

出版发行: 中国社会出版社
邮政编码: 100032
通联方法: 北京市西城区二龙路甲33号新龙大厦422室
电　　话: 编辑部:(010)58124851
销售部:(010)58124851　58124855
网　　址: www.shcbs.com.cn
shcbs.mca.gov.cn
邮　　箱: qhdm_shcbs@sohu.com

中国社会出版社天猫旗舰店

印刷装订: 北京华创印务有限公司
开　　本: 185mm×260mm　1/16
印　　张: 15
字　　数: 240千字
版　　次: 2017年9月第1版
印　　次: 2017年9月第1次印刷
定　　价: 50.00元

中国社会出版社微信公众号

《方舆·行政区划与地名》编委会

目录 CONTENTS

专家观点

学术争鸣

史海回眸

体国经野

数字方舆

速度杯·"大美中国"地名故事征文

大地芳菲

文化长廊

地方风物

方舆传真

书写中国自己的地名文化史

王胜三

地名作为语言学中的专有名词,是人类赋予自然地理实体和人文地理实体的名称,既然地名是由人创造出来的,地名自出生起就被刻上了深度的文化印痕。从口传地名到文字地名,地名通常比较精练,但小小的地名里藏着大大的篇章和多多的故事,单就作为四大文明古国的中国来谈,讲好中国自己的地名文化故事任重道远,书写好中国自己的地名文化史可以增强我们的文化自信和文化自觉。

一、地名与文化之辩

地名,顾名思义是一种关于实地或实体的名称,一方面,人们天天都在使用地名,出行、居住、新闻、设施等方方面面都离不开地名,地名和人存在着熟悉又密切的关系;另一方面,人们对地名的熟识通常建立在表层上,很少有人能讲清楚地名的来龙去脉和深层意义,所以地名对于人们来说也是陌生的,是百姓日用而不知的文化符号。几十年来,人们对地名的基本概念已经达成初步共识,只是在具体的措辞用字上尚未形成一个大家公认的结论,地名可以理解为地方名称(Place names)或地理名称(Geographical names)。国家系列标准之一《地名 标志》中界定:“地名,是人们对各个地理实体赋予的专有名称。”

地名的形成、发展和演变与政治、经济、地理、历史、语言、风俗等均有关联,以地名为载体的文化称为地名文化。地名文化可以区分为狭义的地名文化、广义的地名文化两种,前者单指对地名的基础研究,如地名的概念、沿革、由来、类型、命名方式、命名规律、影响因素等,也就是说和地名直接相关的文化体系;后者和地方志、地域文化交叉相关,由地名引申出来的文化都包括在内,这里所说的文化具有广阔的外延性。“地名的物质材料——语言文字形式及地名的结构模式等，均属于地名与文化的显性形态；而地名的形式和结构背后所反映的信仰、习俗、道德观、价值观、文化心理、美学观念等，则是其隐形内涵。”地名文化是比较中性的文化，主要与历史学、地理学相互借鉴呼应，对自然科学和社会科学均有影响和介入，1988 年全国自然科学名词审定委员会公布的《地理学名词》中便设有“地名学”一节。

观乎天文以察时变，观乎人文以化成天下。其实文化的概念有几百种，比较全面的可数泰勒（E. B. Tylor）对文化的定义：“文化是一个复杂的总体，包括知识、信仰、艺术、道德、法律、风俗，以及人类在社会里所习得的一切能力和习惯。”狭义的地名文化是二维的，广义的地名文化是三维的，文化的体量更大。近似于地域文化的地名文化好比一幅拼图，整体被切割，但部分又能连成整体。当地名和文化两个词汇相连的时候，文化放在后边表示被引领。文化中的地名就像灿烂的星空，每个地名都是会眨眼睛的活化石，又像是白瓤黑子的火龙果，文化和地名是密不可分的；地名中的文化是地名发散出的信息，好比一座巨大的冰山，地名只是露出水面的冰山一角，而地名文化是水面以下坚实的力量。

二、地名文化史的后盾

地名研究学者通常将地名的起源追溯到上古时代，认为地名与人类的出现相辅相成。语言出现之后逐渐发展出更多的地名，但其实考古学家发现旧石器时代的居民已经学会用岩画来定位和指路了。商朝的甲骨文上便刻有地名，一些出土的青铜器上可以辨识出关于地名的故事。考古学家已经发现很多已然逝去的古文化，并以地名冠称在文化二字前面，比如良渚文化、仰韶文化、河姆渡文化、三星堆文化等。这一切都可以说明一个道理——地名文化是中国传统文化的重要组成部分，作为四大文明古国的中国，五千年的文明历程是考察地名文化的智力支持和坚强后盾。

中国文化是个比较笼统的概念，不仅包括诸子百家层面的制度文化，更囊括了深入到每一个毛细管的下里巴人文化。可以从不同的角度区分不同的中国文化体系，单就我们常说的“衣食住行娱”几个方面，就可以归纳出服饰文化、饮食文化、建筑文化、交通文化、休闲文化等，更不用说佛教文化、道教文化、农耕文化、游牧文化、海洋文化等更加恢宏的文化体系。各种文化在中国大地上相互交织，各种文化中都有地名穿插其中，以中国书画文化为例，张择端所作的《清明上河图》可以说家喻户晓，这五个简单的字里就包含了地名，人们走的是哪一座桥？桥在哪一条河上？河又位于哪座城市？其实《清明上河图》描绘的是北宋末年京城汴梁的繁华景象，也就是今日的开封，画中走在桥上的汴河百姓成了今人眼中的风景。

如果拿望远镜看地名，地名文化追逐着图腾文化的脚步。何星亮所著的《中国图腾文化》中，专门有一个章节讲“图腾与地名”，他认为中国最古的地名源于图腾名称。羊图腾氏族的长期居地便名“姜”，水名“姜水”；古突厥人以狼为图腾，故名所居之地为“狼山”；今日土家族为古代巴人的后裔，均以虎为图腾，其所居之地多带“虎”字，清江流域的巴山、巴尔河、巴岩子中的“巴”是“虎”的意思，虎巴子岩、白虎溪、白虎垅等均与图腾名称有关。也有学者从氏族的角度谈地名文化，比如牛汝辰在《中国地名文化》中写道：云南省哈尼族地区存在地名连名制，子寨名称都带有母寨名称的一个字，如堕铁—多沙（堕铁沙）—多普（多沙普）—多洛（多普洛）—多脚（多洛脚）。

如果考察比较晚近的地名，在行政区划中界定的地名也有很多可以挖掘的文化。以最宏大的地名“中国”来说，别称不下十种，比如华夏、中华、九州、神州、赤县、海内、四海、禹城等，其他国家还称中国为支那、震旦、唐人等，哪些是美称而哪些需要雅化，每一个别称都可以作一番研究。各省级政区都有一个以上的简称，根据一个字就可以讲一整段历史，从字面来看，多数省级政区的名字与水有关，可见水是地名起源的重要孕育力量。另外，中国五个省级政区称为自治区，新疆维吾尔自治区为什么省略了“族”字，五个自治区的驻地称为首府，而其他省级政区的驻地称为省会，这些都是地名文化要回答的问题。

三、地名文化史的内涵

我们平时讲的历史可以分为三个维度——真实历史、历史记录、历史学。如果按照这样的角度思考，地名也可以分为地名实体、地名文化、地名文化史三重。有的地名实体依然存在，有的地名实体已经消亡，只余下历史地名；地名文化包括现今地名和历史地名的记录；地名文化史主要应该与地方志区别开来，郑玄认为“四方所识久远之事，谓之方志”。地名志也叫地志、志乘、书契等，地名文化史是基于地方志进行书写的，但“史专志广”的原则告诫我们，地方志详细记述一个地区方方面面的生产生活，可以说是无死角地执笔记录，而地名文化史是比较专业化的历史记录，以地名为中心点或者说侧重点。另外，古人讲“治天下者以史为鉴，治郡国者以志为鉴”，当代修志，隔代修史。当年书写的地方志通常称为年鉴，地方志每隔10年到20年要重新修订一次，地名文化史重点追溯地名的过往，达到经世致用的目的。

最重要的是，地名文化史注重探寻规律。中国矿探专家曾经根据一个区域村名特点，在当地发掘出矿藏。地名用字有区域特点，比如保定地区有很多山西移民，这些山西移民搬到新地点后以“哥”互相称呼，地名也根据人名来命名，比如刘哥庄、朱哥庄、岳哥庄，后来几经演变，“哥”字逐渐变成了“各”字，就是我们现在常见的“刘各庄”“朱各庄”“岳各庄”。少数民族地区的地名多采用音译的办法，很多地名相对较长，通常在四个字以上，要仔细地区分这些名字中哪些是汉语地名、哪些是少数民族语地名，需要地名工作者在地名普查时认真地考证和记录，比如村落名“耕读百吉”是当地秀才起的汉语地名，希望当地人耕地和读书两不耽误，屯名“施古玉威”是音译的羌语地名，意思是“漂亮的农家小院”。地名的当代研究分支之一是地名标准化，其中也涉及地名文化史的考察，比如地名标准化有多少种方法，在演变的过程中有哪些规律。

地名是独特的文化遗产，文化遗产包括物质文化遗产和非物质文化遗产。民政部于2012年7月发布了《地名文化遗产鉴定》行业标准，主要规定千年古城（都）、千年古县、千年古镇、千年古村落、甲骨文和金文地名、少数民族语地名、著名山川、近现代重要地名八项界定标准。地名既涉及物质文化遗产，又涉及非物质文化遗产，非物质文化遗产可以研究地名与宗教信仰、民间传说、历史事件等之间的关系。根据《保护世界文化和自然遗产公约》，地名物质文化遗产包括石窟、石刻、壁画等人类文化遗址，历史建筑、近代现代重要史迹及代表性建筑，分布均匀或与环境景色结合方面具有突出普遍价值的历史文化名城（街区、村镇）。截至目前，中国有历史文化名城131座，千年古县800余个，古村落5000多个，可以想见中国地名文化史的体量不可小觑。

四、地名文化的书写综览

地名的书写得益于文字的发明，甲骨文是中国已知的最早文字，残存的龟骨上记载了几百个地名。目前还没有系统的地名文化史专著，多为地名文化的研究，主要有古代史地研究、地名学基础研究、地名文化通论、地名学工具书、地名志书等几类。

古代的地名文化研究多为史地研究，历史和地理的传统是不分家。先秦时期的史书《禹贡》，仅仅一千多字便记录了上百个山水实体地名，里面不乏岷（山）、太行（山）、大别（山）这样一直延续至今的地名。随后出现的比较系统的地名文化研究是《汉书·地理志》，它不仅叙述了公元2年西汉王朝103个郡国及下辖的1587个县级政区的名字和地理沿革，还介绍了175座山名和361个陂、泽、湖、池的名称，加上其他地名共有4500多个。另外还有历朝历代积累的《水经注》《释名》《释地》《春秋土地名》《括地志》《元和郡县志》《太平寰宇记》《读史方舆纪要》等地名文化研究名著，《东京梦华录》《梦溪笔谈》《徐霞客游记》等地名文化笔记。

地名学基础研究论著从地名的渊源、沿革、专名通名、地名分类等方面进行书写，包括王际桐所著的《实用地名学》《地名文化论稿》，曾世英所著的《中国地名拼写法的研究》，杨光浴所著的《应用地名学》，华林甫所著的《中国地名学源流》《中国历史地理学综述》，牛汝辰所著的《名实新学：地名学理论思辨》，褚亚平主编的《地名学论稿》，地名所组织编写的《中国地名标准化研究文库》等。

地名文化通论方面分为中国地名文化研究和地方地名文化研究，直接相关的目前有牛汝辰所著的《中国地名文化》和魏隽如所著的《中国地名文化》，宋久成所著的《地名文化研究——概念、少数民族语地名及其他》《地域烙印下的地名文化——少数民族语、古村落地名文化个案研究》，刘保全所著的《地名文化遗产概论》等。地方地名文化丛书势如破竹，比如《岭南地名文化》《贵阳地名文化》《仡佬族地名研究》《运河城镇地名》《嘉祥地名大观》等。

地名学工具书、地名志书是研究地名文化的基础书目。包括国家层面的《中国地名辞源》《中国地名词典》《中国古今地名大辞典》《中华人民共和国地名大辞典》《中华人民共和国政区大典》《中国地名录》等。地方层面的有《西域地名词典》《秦皇岛市地名词典》等。地名志根据省级、市级和县级分类，如《湖南地名志》《厦门市地名志》《茌平县地名志》，部分省市编写了《海岛地名志》，部分县级以下单位也编写了地名志，如《石碶街道地名志》。

五、地名文化史的未来

罗马不是一天建成的，治史也非一时之功。地名文化史的研究不仅仅要继承历史学的方法，更要突破和超越历史学方法的窠臼，详细地梳理古代地名文献资料，在前人成就的基础上，打造中国自己的地名文化史框架。我们一直讲要建设有中国特色的社会主义道路，坚定中国特色社会主义道路自信、理论自信、制度自信、文化自信，书写中国自己的地名文化史是理论自信和文化自信的重要表现形式。

从地名文化史的内容上说，上自名山大川，下至边疆小站，都需要不断挖掘补充史料。在地名文化领域还有很多有待提炼总结的地方，应该逐步地弄清楚中国地名文化的特色有哪些方面，又应该如何特色化地书写中国地名文化史，比如对少数民族语地名文化史进行书写，有利于民族史的研究。对于地名的含义、别称、雅称、演变历程要作细致的考证，特别要对乡土地名和濒危地名予以记录，有一些与地名相关的但界定不清楚的问题，可以将多种解释如实记录，为日后进一步的考证打下良好的基础。

从地名文化史的方法上说，应避免简单地罗列史料，而应该像积木一样搭出一个形状。在文字书写的基础上，增加地图、照片、影像等地名记录方法，流传至今的《山海经》留下的都是文字，但其实最初的版本配了很多地图，今后的地名文化史书写也应该如《山海经》一样图文并茂。研究方法可以有多种选择，如语言分析法、地名制图法、实地调查、地名群法（谱系学）、大数据地名统计等。如果想要深入地书写地名文化史，需要吸收中国文化的百家之长，地名文化史的研究者是专家，也是杂家。可以预见，地名文化史的梳理将提供一个了解中国文化的崭新视角，也将拓展世界文明史的国际视野。

中国的地名文化信息量特别庞大，可以选择从地名的分类入手，作地名文化史的系列研究，如水系地名文化史、山川地名文化史、行政区划地名文化史、村落地名文化史、历史地名文化史等。民政部地名研究所拟编写的《中国地名文化志》将填充地名文化史的研究工作，首先按照各省级政区进行编写，之后将地名文化与中药、姓氏等文化关键词连接起来，从中国实际出发作出新的地名文化阐述，开拓出中国地名文化史书写的新脉络和大格局。

（作者系民政部地名研究所所长）

以地名普查为中心
全面提升地名事业发展水平

冯建国

一、努力创造成绩

在过去的普查工作中，山东省级层面制定下发了普查工作制度、保密管理办法、经费管理办法、质量管理规定等10多个文件，明确了任务要求与操作规范，为开展地名普查和普查成果转化提供了依据；积极落实了中央和省普查补助资金，完成了全省地名普查数据库软件系统和保密软件的招标采购，就做好地名普查工作进行了集中培训。省普查办还建立了普查督导机制，通过工作调度通报、不定期约谈督导、现场巡查指导和年度检查考核，促进了普查工作落实。在宣传方面，通过建立专题网站、开辟期刊专栏、制作发放制度挂图和宣传品等形式，多渠道、多方位开展地名普查宣传，并在全国地名普查微视频（微电影）征集活动中获优秀组织奖。

各市县层面，均成立普查机构，建立了普查队伍，购置了普查设备，加强普查培训，基本落实了普查经费和各项保障措施；出台了有关工作方案、细则和技术规范，进一步细化了普查标准和要求；加强了技术指导，强化了质量管理，广泛开展资料收集整理，推进内外业调查，扎实做好数据审核工作；积极开展地名普查宣传，有效推动了全省地名普查工作进展，其中滨州市的经验做法被民政部通过《信息参考》印发全国。山东省地名普查工作得到民政部充分肯定，几次在全国有关会议上作了典型发言。这些成绩的取得，是各级普查机构和民政部门广大干部职工辛勤努力的结果，来之不易，务必要继续保持和发扬。

二、深刻认识地名普查工作面临的新形势、新任务、新要求

虽然前期地名普查工作取得了较大成绩，但仍然存在一些困难和问题。一是工作进展不平衡，个别地区普查进度缓慢；二是个别县市普查专业力量不足，影响了普查工作开展；三是部分地区经费保障不到位；四是有的地方宣传措施未能有效落实。我们要清醒认识新形势、新任务、新要求，清醒认识地名普查的重要性、艰巨性、紧迫性，自觉把这项工作融入到国家发展大战略、民政发展总体布局中去，努力适应新常态，迎接新挑战，实现新突破。

（一）新的发展理念对地名普查提出新课题。党的十八届五中全会提出创新、协调、绿色、开放、共享的发展理念。坚持共享发展，就要从解决人民最关心、最直接、最现实的利益问题入手，提高公共服务共建能力和共享水平，使全体人民在共建共享中有更多获得感。我们要牢固树立并切实贯彻新的发展理念，扎实完成地名普查各项任务，加强地名文化保护，不断提升城乡地名管理服务水平，突出地名服务的基础性、公益性和可及性，确保地名服务成效让百姓看得见、摸得着、用得上，更好地满足人民群众日益增长的地名服务需要。

（二）加强和创新社会治理对地名普查提出新任务。《中共中央关于制定国民经济和社会发展第十三个五年规划的建议》对加强和创新社会治理作了全面部署。地名管理是社会治理的重要支撑，建立基层综合服务管理体系、推进基层社会管理体制创新，都离不开准确的地名信息，这就要求我们必须加快地名普查步伐，更新完善地名信息库，提供全面、完整、准确的地名信息，为政府部门和社会各界提供不可或缺的基础性服务，有效提高社会治理水平。

（三）“现代大爱民政”建设对地名普查提出新要求。山东省民政厅提出建设“现代大爱民政”总目标，信息化是重要推动手段。地名作为基础地理信息，其信息化服务建设是民政信息化体系建设的重要组成部分。加强地名普查，利用普查最新数据，应用“云计算、物联网、大数据、智慧城市”等新技术新理念，结合省厅实施的“互联网+”工程，积极探索推进区划、地名、界线管理“三位一体”信息系统建设，将进一步拓展服务方式和领域，提高民政信息化水平。

三、扎实工作，高质量完成地名普查任务

（一）明确工作重点，抓好进度管理。各地要严格按照全省统一的时间表，制

订切实可行的工作计划和进度安排，明确责任分工，落实任务到人，每项工作都要统筹考虑，每个细节都要精益求精，严格控制关键环节和时间节点，有序推进工作开展。

（二）落实保障措施，强化普查保障。首先，要落实经费保障。配套资金不到位或落实不理想的市、县（区）要积极争取、尽快落实本级普查经费，并严格按照有关规定加强资金使用管理，确保依法依规合理高效用好普查资金。其次，要落实人员保障。继续搞好普查业务专项培训，确保各级各类普查人员熟练掌握地名普查知识，提高业务水平。同时发挥好科研机构和社会组织作用，积极鼓励、引导社会力量参与地名普查。最后，要落实安全保障。严格执行国家有关保密法律、法规和要求，进一步细化保密制度，认真抓好落实，防止发生失、泄密事件。

（三）强化质量管控，确保普查质量。各地要强化质量观念，落实层级审核制度，认真开展地名审核录入，细致准确做好地图标绘，切实保证普查数据的真实性、准确性、全面性和现势性；要认真落实地名普查质量管理规定、监理办法等文件要求，探索实行地名普查第三方质量评定与监理，筑牢质量管理“防线”；要按照质量评价和数据入库验收等标准规范的要求，通过自我检查、专项督查、抽样调查、定期报告等多种形式，加强对普查各个环节的监督检查，将质量控制贯穿于普查工作的全方位、全过程。

（四）积极开发利用，加快成果转化。各地要按照地名普查成果转化规范和地名普查档案管理的要求，积极开发利用普查成果，认真建好、管好普查档案；要结合本地实际，及时组织开展地名理论研究，尽快编纂出版地名理论书籍、地名图录典志、地名普查纪实等图书，通过理论研究推进普查、深化普查；要积极创造条件，把普查成果应用到政府部门决策辅助、地名管理和开展地名公共服务之中，争取社会效益最大化。

（五）搞好普查宣传，营造良好氛围。要按照“围绕普查搞宣传，搞好宣传促普查”的总要求，继续广泛深入开展普查宣传。各地要结合实际，创新宣传方式，制作有地方特色的地名普查宣传海报、广告、图册等宣传品，利用好电视、广播、互联网、手机、报纸、杂志等媒体，通过开展丰富多彩的宣传活动，形成全方位、多层次的宣传格局，使地名普查更接地气、聚人气，推动普查工作顺利开展。

四、全面推进区划地名和界线管理各项工作

（一）围绕中心，服务大局，不断优化行政区划设置。做好新时期的行政区划工作，要重点把握以下原则：一是要围绕经济社会发展大局。要适应经济社会发展的新形势，进一步明确行政区划工作思路，紧紧围绕国家“一带一路”和山东省“两区一圈一带”与新型城镇化发展战略，始终坚持区划调整服从服务于经济社会发展大局，在区域经济社会发展中发挥引导和助推作用。二是要加强调查研究科学论证。实施行政区划调整，既要坚持有利于提高行政管理效能和促进经济社会发展，又要兼顾当地的经济社会发展水平、自然地理条件、群众习惯等实际情况，按照“创新、协调、绿色、开放、共享”发展理念，立足现实、着眼长远，科学论证、优化方案。三是要高度重视社会和谐稳定。行政区划调整涉及面广、群众关注度高。各级民政部门在行政区划工作中要突出一个“稳”字，把维护社会稳定放在首位，把落实管理服务责任放在重要位置，搞好社会稳定风险评估，不能因为区划调整引发新的不稳定因素。四是要严格程序规范管理。各级民政部门要按照省厅下发的《关于规范行政区划调整审核等工作的通知》要求，对区划调整事项认真审核、严格把关、逐级申报。要在充分酝酿沟通的基础上，顺势而为，谋定而动，不能因为程序问题而给各级工作带来不必要的被动。

（二）依法治界，创新机制，积极做好界线管理工作。首先，完善规章制度，依法推进各项界线管理工作。各地要对照国家、省有关文件和要求，认真查找不足，健全相应制度，完善工作机制，依法、依规开展界线管理工作。要落实共建协议、联席会议、定期走访、部门会商、应急处置、重大事项报告等制度，加强边界矛盾纠纷问题的梳理排查和处置，确保边界地区平安稳定。要按照国家和省有关文件精神，足额落实界线管理专项经费，为开展工作提供有力保障。其次，精心组织实施，高质量完成界线联检任务。界线联检是国务院《行政区域界线管理条例》要求必须完成的一项规定动作，也是近年来国家和省对各地考核评价的重点之一，我们必须高度重视，认真对待，按要求把规定动作做到位。各地要认真执行国家和省有关规定，加强规范管理，严格程序标准，落实联检内容，确保联检质量，如期完成联检任务。最后，加强探索创新，深入开展共建联创活动。按照民政工作“走前列、争一流、创品牌”的要求，山东省开展的创建“边界和谐走廊”活

动已被省厅列入争创民政工作品牌之一。2014 年山东省民政厅推广了日照市莒县“五位一体”边界联动经验，各地认真学习借鉴，取得了一定成效，但对照部、省要求，还有很多工作需要进一步加强。我们要高度重视这一品牌，聚焦这一品牌，致力于这一品牌，通过学习—探索—实践—深化，使这项活动由浅入深、由点到面，落地生根、开花结果，努力把“边界和谐走廊”这一品牌做实、叫响。

五、强化管理，深化服务，全面提升地名各项事业发展水平

（一）提高地名标准化水平。认真做好地名标准化工作，大力开展地名文化保护和不规范地名清理整治。各地要紧密结合地名普查工作，对“大、洋、怪、重”等不规范地名进行清理整治，切实解决群众反映强烈的地名乱象问题。

（二）完善地名标志导向体系。做好地名标志普查登记，为开展地名标志精细化管理奠定数据基础；结合新农村建设，推进农村地区地名标志设置，形成城乡一体、衔接有序的地名标志导向体系；建立长效管护机制，确保地名标志达标规范、常在常新、发挥作用。

（三）提升地名管理服务能力。结合民政系统开展的民政信息化“金民工程”建设（“金民工程”系统是以山东省政务专网为依托，通过统一的网络应用平台和数据库，实现省、市、县三级民政数据联网，建成全省救灾应急指挥系统、领导辅助决策系统和民政公共服务系统。），完善区划地名数据库，提高地名管理服务信息化水平；结合民政部地名地址库试点示范创建活动，将地名地址库建设与地名普查任务一体推进，为加强地名地址管理积累经验；创新地名信息服务方式，继续推进电子地图、地名网站、地名触摸屏、电话（短信）查询等多种形式的服务，进一步深化地名公共服务工程建设。

（四）促进地名文化发展繁荣。做好历史地名普查，充分利用地名普查资料，梳理、挖掘地名文化资源，大力开展地名文化遗产申报与保护，编辑出版一批地名文化遗产、地名故事等图书，做好地名文化电视专题片拍摄，开发地名文化产品，为社会提供更加丰富多彩的地名文化服务。

（本文摘编自山东省民政厅冯建国副厅长在山东省 2015 年地名普查工作推进会上的讲话）

元谋舆地映像

——多民族语村级地名的构词特色

夏 懿

若要考察中国多民族聚居的交融文化，不能不讲云南，若要探源多民族共生的人类起源，不能不谈元谋。或是“滇”或是“云”，彩云之南无不饱含着深刻的内涵，连徐霞客都流连忘返，《徐霞客游记》中描写云南自然地理的文字占到全书的五分之二，云南成为徐霞客一生旅游考察的高峰和句点。云南全省16个地、州、市中有8个民族自治州，129个县级行政单位中有29个民族自治县，1389个镇级行政单位中有140个民族乡。综观省域地名，无论是民族自治地区还是非民族自治地区，民族语地名和民族语转译地名都可以信手拈来，比如以泼水节著称的西双版纳是傣语地名，意思是十二个部落，寓意着神奇美好和民族大团结；驻地香格里拉的迪庆是藏语地名，意思是极乐世界、吉祥如意；富有苍山、洱海的大理是白语转译地名，从大利、大礼、大厘城演变而来，有治理、安国的意思；举办火把节的楚雄是彝语转译地名，有楚地雄威的意思。位于云南省中北部楚雄彝族自治州的元谋县是古人类的发祥地，在这个寓意“天马行空”的贡马出产地，少数民族语地名和汉语地名都独有韵味。

一、元谋村级地名数据

元谋县自古就是经济重镇和边陲要塞，素有“扼巴蜀东南之锁钥、控省会西北之藩篱”的美称。在傣语中，“元”是飞的意思，“谋”由麻谐音转译过来，当地人称呼马为“麻”，合起来的含义是会飞的骏马。元谋县不仅有上溯古人类的历史，它自身的建置史也很悠久，公元前111年的汉武帝时期，便开设了邛都国越嶲郡，在今天的元谋县姜驿设置三绛县。后来经过一系列的行政区划变迁，从元朝开始比较稳定地命名为元谋县。1950 年元谋县全县解放，直到 1958 年正式归属刚刚成立的楚雄彝族自治州。

目前，元谋县共有 10 个乡（镇）级行政区，包括元马、黄瓜园、羊街 3 个镇，老城、平田、新华、凉山、物茂、江边、姜驿 7 个乡，下辖 10 个社区和 68 个行政村，共 734 个自然村。10 个社区为元马镇管辖的马街社区、翠峰社区、东城社区、双龙社区、张二村社区、龙泉社区、大沟社区、清和社区、摩诃社区、星火社区。68 个行政村为元马镇管辖的 3 个行政村：丙华、禾阳、乐甫；黄瓜园镇管辖的 11 个行政村：点连、安定、舍多、雷弄、海洛、苴林、中兴、领庄、牛街、龙山、金雷；羊街镇管辖的 10 个行政村：羊街、甘泉、平地、中坝、木溪悟、己波龙、平安、高姑、洒洒依、花同；老城乡管辖的 10 个行政村：老城、老者格、波亨、库南、苴那、丙间、丙月、那能、尹地、挨小；平田乡管辖的 5 个行政村：平田、华竹、班果、新昌、新康；新华乡管辖的 4 个行政村：华丰、新华、新平、大河边；物茂乡管辖的 5 个行政村：物茂、罗兴、芝麻、凹鲊、虎溪；凉山乡管辖的 4 个行政村：把世者、大水井、冷水箐、那迪；江边乡管辖的 8 个行政村：龙街、大树村、盐水井、鱼窝、丙弄、阿卓、中村、卡莫；姜驿乡管辖的 8 个行政村：姜驿、水平石、半箐、人平、糯拉鲊、画匠、贡茶、白果。[①]

云南省有近 50 个民族，还有芒人、克木人等未识别民族，少数民族语言主要有藏缅语族语言、壮侗语族语言、苗瑶语族语言、南亚语系语言。元谋县主要有 32 个民族，彝族、傈僳族、傣族、苗族为在地民族，汉族、回族等 28 个民族为后迁民族，汉族、彝族、回族、傣族、傈僳族、苗族这 6 个民族人数较多。从元谋县的村级地名资料来看，汉语地名、傣语地名、彝语地名较多，分别占到 50%、30% 和 18%，还有零星分布的傈僳语地名，占到 2%。

二、村级二元对称地名

《道德经》第四十二章讲“道生一，一生二，二生三，三生万物”，人类的各种文化事项也从一维向二维发展，最终走向多维。地名命名的方法很多，细观元谋县村级地名，可以看出二元对立思维在地名命名中起到很大作用。在这里，地理环境对地名命名有深刻影响，在山地聚居的少数民族同胞有一套比较简单易行

---

① 李在营编著：《元谋县舆地志》，芒市 · 德宏民族出版社，2014 年版，第 85 – 88 页。

的方向指示方法，他们的方向感不分东南西北，方向词多是往上走、往下走、往左走、往右走，房屋在山坡上呈现阶梯形走势，形容村里的邻居也会说上面那家或者下面那家。元谋县的每个建制镇都有二元对立的对称地名，另外还有一些地名经过历次变更，变成了隐藏一方的潜在对称地名。

标准二元对称地名。这样的地名有严格的对称性，主要包括上下、大小、新旧、里外四种形式的地名冠称。如果是比较短的地名，地名中没有“村”字，上下通常作为地名首字，比如大沟社区管辖的上总括和下总括，意思是红木树围抱的村子；丙华行政村管辖的上马应登和下马应登，意思是马惊跑的地方；乐甫行政村管辖的上乐甫和下乐甫，意思是席草缓坡生长的地方。如果地名中附带“村”字形成了较长地名，一般上下二字和“村”字连成地名尾字，如雷弄行政村管辖的席草箐上村和席草箐下村，意思是有席草的地方；平地行政村管辖的利米鲊上村和利米鲊下村，意思是山间的秧田。和上下形式的地名命名一样，大班果和小班果、上雷弄大村和上雷弄小村、新村和旧村、麦良地里村和麦良地外村都是严格的二元对称地名。

半省略二元对称地名。有些村落地名在语意上有对称的含义，但在书写的时候并不对称，其中一方呈现省略简化的形式，可以称为半对称的二元地名。比如摩诃社区管辖的大罗岔和大罗岔小村，意思是河沙堆积的水塘，曾经的罗岔村分为大罗岔大村、大罗岔小村、大罗岔外村和小罗岔村，后来部分村落合并，大罗岔小村属于大罗岔的片村。另外还有清和社区管辖的挨那望、挨那望小村等，意思是哨卡旁边的好田地。

在此基础上，还有两种相关的地名：一种是潜在二元对称地名。一些村落属于合并隐藏的二元地名，现存上下、大小等对称词语的一方。比如安定行政村管辖的小丙令，意思是长着栎树的坪子。另有小丙巷、大丙间这样的半缺失地名；另一种是二元对称地名基础上的嫁接地名，村落地名在被分为上村、下村的基础上，还被分为中村、小村、外村等。

三、少数民族语地名命名特色

小地名通常和人们的生活息息相关，地名用字都比较简单易懂，从眼前看到的物质和眼前发生的事情入手，可以归纳出元谋县的村级少数民族语地名中的一些常用字。很多地名是围绕居住地自然环境和生产环境命名，比如傣语地名中“那”字是田地的意思，那勐渴是桥头的田地，法那禾是头水田，挨那望是哨卡旁边的好田地；“丙”字是坪子，大丙戌和小丙戌是绿色的坪子；“乌”字是泥塘，乌龙庄的意思是大泥塘，类似的，“蚌”字是泉水；“雷”是山，如雷丁、小雷宰；朱布和雷布中的“布”字意思是螃蟹；“莫”字是锅，那莫是可以支锅的地方，但上你莫是荷花寨；“庄”字是房子，如小庄连、小羊庄。彝语地名中的“咪”字是土地的意思，阿牢咪的意思是河边地，莫安咪的意思是大路边的地，毕书咪的意思是毕家的地，得来咪的意思是狼出没的地方。

如果不是特殊界定，很难分清楚汉语地名和少数民族语地名，因为元谋县少数民族语地名均由汉语转译转写，我们现在看到的地名多是用汉语书写的，元谋县村级少数民族语地名多用倒装形式。彝语地名纳乌算是左边的小山田，“纳”是山田的意思，“乌”是小的意思，“算”是左边的意思；彝语地名尼莫拍是拴母牛的地方，“莫尼”是母牛的意思，“拍”是拴的意思；傣语地名上勐连和下勐连是红土地的意思，“勐”是地方的意思，“连”是红色的意思，同样的，地名空连是红土坑的意思；傣语地名上班法和下班法是土司的扎营地，其中“班”是扎营地的意思，“法”是土司的意思；傣语地名马吼是长荸荠果的地方，“马”是果的意思，“吼”是荸荠的意思。其中“某某地方”这样的地名多是倒装形式，比如傣语地名骂额、鱼洗和王告，分别是龙潭寨、石头寨和旧村的意思，“骂”是寨子的意思，“额”是龙潭的意思，“鱼”是寨子的意思，“洗”是石头的意思，“王”是地方的意思，“告”是旧的意思。

也有部分少数民族语地名和汉语地名类似，属于正序形式。比如傣语地名茂应是新寨子的意思，“茂”是新的意思，户郎是席草园子的意思，“户”是席草的意思，“郎”是园子的意思；彝语地名散止是梨树的意思，“散”是梨的意思，“止”是树的意思；彝语地名启宪是漂洗麻线的地方，“启”是洗的意思，“宪”是麻线的意思；傈僳语地名以进嘎是河滩上的村子，“以进”是河滩的意思，“嘎”是上的意思，乌姑是有清水的稻田，“乌”是清水的意思，“姑”是稻谷的意思。

四、汉语地名命名特色

元谋县的汉语地名中，比较常见的是带“箐”字的地名，对于北方人，“箐”算得上是一个生僻字,它的意思是山间的大竹林,泛指树木丛生的山谷。比如席草箐上村、席草箐中村、席草箐下村,指该地长有席草;普岔箐,因为普姓农户居住在岔箐口而得名;后箐,因为村庄位于羊街坝子后山箐边;瓦窑箐,因从前有瓦窑的山箐村庄而得名;滥泥箐,指处于有很多烂泥的山箐;秧田箐,指村庄地处有秧田的山箐中;花同箐、石板箐,指村落地处花同山箐和石板山箐;中三道箐、下三道箐,因为该地有梅子箐、雷惊箐、老虎箐三道深箐;海尾箐,位于海底水库之尾;冷水箐,因为村子下方箐深水冷;另外还有沙沟箐,苦水箐,上大箐底、下大箐底,红花箐、界牌箐、上半箐、中半箐、下半箐、箐门口等多个带"箐"字的地名。

动物名和植物名一直是汉语地名的重要命名来源,元谋县地名也不例外。用植物命名的地名包括:七棵树、杨柳村、弯腰树、麻栎树上村、麻栎树下村、大麻地、芝麻村、多依树、石榴庄、牛筋树、橄榄树、金刚纂等,其中金刚纂是当地人对仙人掌的称呼。用动物命名的地名包括:鸡冠山、蚂蟥井、金鸭塘、燕子岩、牛街等,另外还有关于龙的地名——龙山、石龙、龙潭等。但是要特别注意的是,这里的牛街不是卖牛的街市,而是和十二生肖有关系,十二生肖为"子鼠、丑牛、寅虎、卯兔、辰龙、巳蛇、午马、未羊、申猴、酉鸡、戌狗、亥猪",该村逢丑赶集,丑属于牛,遂称为牛街,猴街、羊街、龙街这样的地名也是同样的命名方法。有趣的是,地名大碧马、小碧马原称"逼马",因为一个佃户把土司的马弄丢了,土司逼迫全村的佃户找马。

另外,元谋县村级地名的命名来源还包括姓氏、数字、方向、时序等。以姓氏命名的地名包括:何家村、康家村、岳家村、朱家村、老范村、泰家湾、马家、唐家、蓝家坟等;以数字命名的地名包括:三家村、十棵树、三台地、五哨等;以方向命名的地名包括:西城村、东门村、南门村、中屯、小中村、中山、河东、河西、山后等;以时序命名的地名包括:新桥、新村、小新村、金殿新村、丙华新村、禾阳新村、新建村、新立村、旧村、老城等。元谋县的村落大地名是"大浙江""小浙江",因为早年有浙江籍的兄弟流落到此定居。元谋县最美的地名应该算"月玲珑"了,口语中叫作月龙。根据康熙县志记载:村有玲珑潭,每至望月,潭中月影,洁白玲珑。与月亮相关的地名还有"月亮田",因为该村田地遍布山湾,形状如弯月而得名。另有积极含义的地名包括:长安村、安乐村、上吉利、下吉利、永康村等。

五、多语种交叠的地名变迁

因为元谋县民族的多样性，造就了地名生态的复杂性，集中表现为地名混杂和地名变迁。一些少数民族语地名转化为汉语地名，即原名是少数民族语地名，当地解放后更名为具有积极意思的地名。还有少数民族聚居区使用汉语地名，汉族聚居区使用少数民族语地名，一种少数民族使用另一种少数民族语地名的情况。比如上雷窝是傣语地名，但该自然村属于汉族和彝族杂居；石格拉是彝语地名，意思是箐里有蛇的地方，但该村是傈僳族聚居区；红花新村是汉语地名，但该村是汉彝杂居。

元谋县地名的变迁主要包括复合地名和更改地名。张二村，之所以叫二村，是因为该村由两个村——马家村和张家村合并而成，张家村人口较多，所以冠上张姓；官能是官庄和能道两个村合并后的新地名，官庄是汉语地名，能道在傣语中是乌龟河的意思；相树小村也是复合地名，由相花上、下村和大树村合并而来，相花村原系傣语，意思是粉红色的宝地；四保现为汉语地名，但同样属于复合地名，并且是汉语和彝语的联姻地名，由四家村和吴保院两村村名各取一字，吴保院是彝语地名，吴保是蛤蟆的意思，全称意思是蛤蟆多的地方。更改地名包括地名雅化、地名转化等，如汉语地名甘塘原为“干塘”，因为该地有干涸的坑塘；傣语地名班美原称“班卖”，意思是景色秀美的营地，新中国成立后将“卖”雅化为美；汉语地名平安村原称“以刀台”，在彝语中的意思是吃水的地方，新中国成立后改为平安村；平安行政村管辖的新村原名是“鲁淘台”，在彝语中的意思是岩脚村。

总体来说，云南是民族文化的富庶地区，全省民族语地名占到四分之一左右。以元谋县为代表的民族语地名可以窥一斑而见全豹，一个民族的聚居地延续使用其他民族语地名，同一民族内部的不同支系也生产出独特的土语地名，可以称得上名副其实的民族语地名活档案。多民族聚居和迁徙的经历使得元谋区域地名有了更丰富的色彩，因而在今后的地名命名中，应该传承和延续多民族语地名的命名结构，让特色地名永远在中华大地生根发芽。

（作者单位：中国地名学会）

湖南新晃县侗语地名分布与使用现状调查

高钰 纪元 赵琪

一、我国少数民族语地名困境

当前，我国大部分少数民族语言正处于濒危状态。在联合国教科文组织发布的“全球濒危语言地图”中，全球濒临消失的语言按照濒危程度分为5种不同的濒危等级，其中包括土家语、伊犁突厥语、鄂温克语、仫佬语等在内的20种语言严重濒危，包括满语、仡佬语、畲语、拉基语（彝族）等在内的26种少数民族语言极度濒危，10种少数民族语言已经灭绝。少数民族语言的危机一定程度上反映了少数民族语地名的危机，民族语一旦无人使用，不仅新的少数民族语地名无法产生，而且连现存的少数民族语地名也将由于无法判别相应语源而逐渐消失。由此可见，中国的少数民族语地名资源及地名遗产保护形势已经十分严峻。

侗族是中国南方历史悠久的少数民族之一，全国约300万人，民族语言为侗语。现今的侗族主要分布在贵州、广西、湖南三省毗邻区域以及湖北省西南局部地区。在湖南境内，侗族主要分布在湘西地域。在湘西南部居住的侗族称为“南侗”，主要集中在通道县与靖州县。在湘西北部居住的称为“北侗”，主要聚居在新晃县和芷江县。侗语属于汉藏语系壮侗语族侗水语支，是一种由8种声调组成的语言，分为南、北两个方言，每个方言又各分为三种土语。虽然新中国成立后创制了侗文，然而侗族群众主要是采取汉字记音的方法记录侗语。据统计，国内至今大约有150万人在说侗语。

2016年5月，我们借参加“湖南少数民族语译写标准培训班”的机会，与湖南省民政厅区划地名处、湖南新晃县民政局及部分侗语专家一起对湖南省新晃侗族自治县的少数民族语地名现状进行了调查，并初步探讨了如何在未来更好地保护侗语地名等问题。

二、部分新晃侗语地名的使用与汉化情况

新晃侗族自治县位于湖南省最西部，东连本省芷江侗族自治县，南、西、北三面分别与贵州省天柱县、三穗县、镇远县、玉屏县及万山特区毗邻。全县辖 7 镇 16 乡 296 个村，总面积 1508 平方千米，居住着侗、汉、苗、回等 26 个民族，总人口 27 万，其中侗族占 80. 13%。1956 年经国务院批准成立侗族自治县。新晃侗族属于“北侗”，南北侗是按照地理位置的差异进行的人为划分，生存模式和传统文化本没有明显差别。南侗与北侗在村落形态、空间构成、民居建筑形式方面的不同之处是由于受到汉族政治、文化、经济的影响造成的，北侗汉化程度相对较高，南侗保持了较好的原生态。目前，新晃县 80% 左右的地名是汉语地名，在行政区划调整及其他因素导致的更名过程中，汉语地名不断增加，侗语地名不断消失，加之近年来以高铁开通等为标志的经济社会的快速发展与文化保护措施相对滞后之间的矛盾，进一步影响了侗语文化的传承和侗语地名的保护。

在拼写方面，侗语没有自己的文字。1958 年在国家的帮助下创造了以拉丁字母为基础的文字，除了用字母表示读音外，还有相应的方式表示音调。侗语音调较为复杂，一共有 9 个舒声调，6 个促声调。目前，侗语的音调有“拼音方案”和“五度标调法”两种表示法。其中，拼音方案使用不作韵尾的辅音字母表示声调，如 l、p、c 表示平声调，s、t、x 表示上声调，v、k、h 表示去声调等。一个字母一个声调，如禾摊拼写为 oxtanc，里面的 x 和 c 表示声调；五度标调法用数字组合表示声调，如表示平声调的数字有 55、35、214，表示上声调的数字有 33、23、11，表示去声调的数字有 53、343、31 等，根据数字判断音调高低。如天井寨的侗语拼写为 ge^{11} $jiai^{13}$ kep^{53}，贡溪侗语拼写为 go^{11} $gong^{53}$，拱蒙的侗语拼写为 $gong^{31}$ $mong^{214}$等。其中，11 表示低平调、31 表示中降调、53 表示高降调。以拉丁字母为基础的侗文特别是复杂的音调表示法，虽然得到了部分语言工作者的推广，但并没有在社会上广泛推广，一般的学校也不教授。目前仅专门研究侗语的学者能够掌握，普通侗族百姓既看不懂，也不会念。

本次在新晃调查的范围包括天井寨、计寨、皂溪、伞寨等侗族村寨，通过对侗族村民的走访，总结这些村寨的侗语地名由来及其历史演变。新晃县历史悠久，

侗文化、夜郎文化积淀厚重，地名文化内涵十分丰富。

侗语地名具有丰富的民族特色。从音节上来讲，以双音节为主，单音节和三音节都相对较少。从结构上来看，汉语地名一般是专名在前、通名在后，而侗语地名与汉语地名不同，一般将通名放在专名之前，形容词放在主语之后。时至今日，有些侗语地名也在侗语的基础上借用汉语通名，放置在地名的最末尾。

很多当地地名虽用汉字书写，但都有其侗语来历。按其类别，可粗略分为以下四类：

1. 侗语意译地名

"天井寨"。"天井"是其汉语名称，由于其寨内有一千年古井，旱时不干、涝时不溢，因此得名为"天井"。村民内部使用的侗语名，意思同汉语一致，可以说"天井寨"是由侗语意译而成。

凉伞镇的"寨绒"。"绒"在侗语中指"心"，"寨绒"就是中心寨的意思。

2. 侗语音译地名

凉伞镇的"便幸"。普遍对这个地名的释义为方便和幸福，但其实"便幸"是"边汛"的侗语音译。清朝时，在凉伞设"僻路汛"，"便幸"与其隔河相对。

"计寨"。第一次全国地名普查时记录的地名来源为"解放前，此地附近的村子被土匪烧光了，很多居民逃到此地寄居，因此得名为寄寨，后演化为计寨"，但经考察侗语来源并咨询当地几位老年人，得知此地是由于有"九景"（即古树冲天、红岩宝寨、八仙洞、三凤朝阳、将军看榜、龙眼望江、石马拦溪、双龙抢宝、将军脱帽）而叫作"九寨"，意为有九处景点的村子，九在侗语里音同计，因此称为"计寨"。

3. 侗语、汉语结合地名

在新晃县，所有的地名都有相应的汉字名称，而且完全的侗语地名极少，很多侗语地名经过演变，形成与汉字相结合的地名。如禾滩，侗语地名读音为 di^{31} $liong^{33}$，意为泥泞之地，后又叫作 o^{11} tan^{35}，意为"脖子一样的河滩"，侗语"o"是脖子，指此地是河滩拐弯处如同脖子一样。新中国成立前的一些文献资料把侗语地名当作汉语地名，根据发音写成"恶滩"或"噩滩"，有人就意解为险恶之滩或常出噩耗之滩，因语带凶意，后来改为"禾滩"。

4. 用汉语命名的地名

"皂溪"。原名"灶溪"，因为四面环山，寨子像灶锅的底部一样而得名。这里自元朝中期开始有人居住，清朝康乾时期达到300多户人家，后因为一场大火而避讳“灶”字，改为“皂溪”，目前有约百户居民。该地非常避讳与火有关的字眼，例如“日照香炉生紫烟”的对联就改为“日照央楼生紫气”，用“气”代替“烟”字，用“央楼”代替“香炉”。

“四路”。发音与汉字读音相似，得名于此地位于十字路口，路通往四方，如果是源于侗语地名，那么“路”发音应为“秦”而不是“路”，因此判断“四路”是汉语地名。

“伞寨”。地名词典中地名来源标注：“据传说，古时有一人到此扫墓，忘了一把伞，次年回来这把伞仍然还在，故名。”经询问当地居民，应为附近的一座山像伞盖而得名。

在调查中，我们发现侗语地名的使用和保护存在两个问题：一是从地名文化的角度看，目前掌握的侗语地名的来历、沿革、含义等信息错误较多，需要进行调查更正。这些错误信息大部分来源于第一次全国地名普查中形成的成果，即1982年出版的《新晃侗族自治县地名录》。据了解，第一次全国地名普查虽然取得了很多成果，但由于当时的调查者不懂地名译写，也不懂侗语，把一些侗语地名作为汉语地名，一些地名是由当时的调查人员望文生义，凭字面意思杜撰而来，没有进行深入的实地调查。通过几天的调查，我们发现当地的一些民政干部、村干部受这本词典的错误影响，对本地的地名来历认识有误。在访问了一些老年人后，才得知这些地名的原本含义。二是从地名标准化的角度看，现在使用的侗语地名存在同名异译的问题，需要在合适的时候进行标准化处理。新晃县一些源于相同侗语词汇的地名，其汉字名称不一致。如凉伞镇的“寨绒”，在中寨镇又变成了“赛容”。从统一的一般要求来看，这种现象也在一定程度上造成了译名的不规范。

三、现代侗语地名的突围

侗族历史悠久、文化内涵丰富。侗语地名在一定程度上体现了侗族的演变历史，反映了侗族的民族特色。侗语地名的很多相关信息，特别是一些地名的历史演变，仅被熟悉地情的一些当地老年人了解，年轻人很少追问家乡地名的侗语含义，多数人不知道，也不关心。随着经济社会发展，侗族与汉族的融合越来越广泛，侗语文化在慢慢消失，很多侗族区已经不说侗语了，以我们调查的地区为例，仅以计寨为中心的山区里还在流传侗语，约5%的人会讲，30%的人能够听懂，很多地区的人从出生起接触的就是汉语。在这种形势下，开展这些地名的保护工作变得十分紧迫，随着时间的推移，当了解情况的人越来越少后，地名标音以及文化方面的野外调查和语义甄别工作将越来越困难，这些地名的原本读音及含义将无人知晓。因此，保护好这些地名迫在眉睫。

湖南省在第二次全国地名普查中采取了一些措施加强少数民族语地名的保护。如委托由侗语专家姚源淦等人组成的侗语协会承担第二次全国地名普查中侗语地名信息的审核。协会对外业采集得到的地名，根据汉字读音判断哪些地名属于侗语地名并还原为侗语读音，同时判断出相应的含义，如以“盖”字开头的侗语地名，表示山峰。对于专名，则主要通过进行实地调查得到原名的来历、沿革、含义。新晃县还试图通过恢复与发扬具有标志性的侗族传统，扩修方便人民群众文化活动的场所，还原一批重要的历史古迹，以及宣传侗族文化中的非物质文化遗产等手段，来保存与发扬侗族优秀传统文化、丰富人民群众的生活和繁荣旅游业的发展。

通过调查和与同行交流，我们认识到，第二次全国地名普查为侗语地名文化保护工作提供了极好的契机，应采取有力措施加大抢救和保护力度。如趁现在组织专家及时对这些地名的侗语发音、来历、沿革、含义等进行调查和记录，利用多媒体技术建立少数民族语料库和信息档案，及时整理并归纳侗语地名的相关知识，如侗语地名通名和常用词汇等。对于可能存在的仅有读音而无汉字名称的侗语地名或部分同名异译的地名，编制侗语地名译写规则加以标准化等。

（作者单位：民政部地名研究所）

农村自然聚落名称中习见的缀词或尾字(上)

安希孟

中国农村村社是历史形成的自然共同体,是通过繁衍、联姻或移民组成村社组织。村社就是中国社会的基层单位。这种天然共同体,共同占有、耕种土地资源,水源、土地、林木、矿产公有。在此基础上容易萌生共产和公社理念。这种原始共同体依靠外界气候的、地理的、物理的因素和特殊的自然习性(血缘、语言、习俗),形成村社共同体,过着封闭幽静的生活。在这种简单的自治的管理形式下,居民世世代代生活劳作着,耕者有其田,怡然自乐。一个村庄的名称,不仅仅是基层单位的符号,也可以寻根溯源家族的历史。有的村名富含文化意蕴,文雅得体,如曲陌,古代田间小道称阡陌。村名的来历包含姓氏人名、奇珍异宝、风水堪舆、名胜古迹、吉祥嘉言、古国古邑等万象,内涵丰富、韵味深长。村庄名称反映了自然环境、人文景观、历史沿革、民俗传统以及人们的情感和愿望,富有朴实的文化底蕴和思想内涵。当然,农业民族,村名更多含有农耕意蕴。大多数村庄依山傍水,故村名中多与山川河岳沾亲带故。民居杂多处,货畅其流,商贾云集,故村庄名称多有商铺气息。南方多水系,村名含水量高,包括桥梁津渡;北方多山坡,山岭沟壑纵横,岭、坡、凹、沟多有。

拥有悠久农耕文明的华夏,广袤国土上星罗棋布着形态各异、独具风骚、历史悠久的传统村落。在长期的农耕文明迢递中,村落逐渐形成,这是基于亲族利益诉求形成的社会生活共同体。农村社区是自发形成的小群落。村社承载着农村社会组织、管理、服务功能。这是一个由习俗调控的惯性、惰性社会,受家族、血缘、亲情、习惯支配。传统乡村被称作礼俗社会,乡民们在日复一日的生活实践中形成自己的生活方式,依习惯而不由国家权力教化。传统村落凝聚着集体的群落记忆，积淀着丰富的历史传承、习俗惯例、手工技艺、文学艺术。村落名称尾词（尾缀、尾称）承载着自然地理特色，也显示传统文明精粹。此不可再生的文化遗产，既具有物质形态，也具有非物质形态。自然村落，往往承载了一段厚重历史，是一份特殊的文化遗产。

民俗文化是中国传统文化的重要组成部分，具有传承性、变异性、历史性和地域性的特征。地名是一个社会时期的活化石，在村落地名中，有丰富的人文沉淀和优美传说。村名符号代表聚落实体的文化，同时也蕴含民俗传承和历史文化。村庄名称是地理条件决定论：沟、坡、岭皆由地理地形地势决定，而非由气候、日照、物产、文化、信念、贫富、求真信念决定。也有以姓氏与地形、标志物相结合命名的村名，有因山脉河流湖泊命名的村名，有以其建筑民居特色命名的村庄。

国事家事天下事。有人问，为什么不提“村”。因为族村乡县府不能一一罗列。还因为族、村，一姓一族，就含在家内。在吾国，家和村密切连接，正心、诚意、修身、齐家、治国、平天下，并没有提到村，因为村是一姓一氏组成的，一村往往起初是一姓天下，家族势力，叫家天下、家长制、族长制、世袭制。三家村四家店，关键是家。村庄，就集父权、夫权、族权、皇权、神权于一身。修身、齐家、治国、平天下，就包含了村。治国，也就安邦了，村，也就富了。中国叫“家”和“村”的很多。村名带家字，或称为家，不计其数。村名包含“国”的，实不多见。

一、人类群居聚落演进史

人类从穴居野处茹毛饮血的游牧渔猎经济发展为定居，从此日出而作，日落而息，男耕女织，繁衍生息。鸟儿栖息筑巢，叫落。落，就是栖居。落叶归根，部落，安家落户，由此而来。村落、院落，与落户、着落、落脚、落款、下落、落地生根、落实有关。动词“落”意为止息、停留、降落。名词“落”意味栖息之地，村落、院落、部落、群落、段落。一到村里，就到了基层，落实，踏实。村落（聚落），就是众多居住房屋构成的集合或区域。

村落，或邑落、聚落。村庄是人类聚落的初级形式，世代务农、狩猎、渔樵，故又叫农村或渔村。燧人氏钻木取火，燧石取火，建造了最早的村庄。村庄聚落有固定的居民点，少数是游动。聚落由建筑物、道路、绿地、水源、田园组成。村庄聚落可分为种植业聚落、林业聚落、牧村、渔村等,以农为主或以渔为主,没有以商为主,没有以副为主(副者,辅助也),也无以林为主。游牧民族以牧为主,但无村社组织。村庄是走向高级聚落(城市聚落)的初级阶段。原始公社以氏族为单位的村庄聚落,是纯粹的农业或渔业村社。进入资本主义社会,城市或城市型聚落发展,乡村聚落逐渐成为聚落体系中低层级。

《淮南子·修务篇》记载:“舜作室筑墙茨屋,辟地树谷,令民皆知去岩穴,各有家室。”《三国志》记载:“余皆奔走,尽归邑落。”《魏书》记载:“户口逃散,邑落空虚。”章炳麟《訄书·序种姓上》记载:“大上,民各保其邑落,百里之国,而种族以是为称。”村字本义,邑,形声,从邑,屯声。本义村庄,village,hamlet,又作邨,《说文》徐铉曰:“今俗作村。”村落又称村坊、村疃(tuǎn)、村庄、村井、村邑、村郭、村寨。

以农为主的农村,又叫乡村、村庄,泛指农村。乡村,城市外的区域。不然怎么叫“城乡”差别?乡村是一个历史的、动态的概念。谢灵运《石室山诗》曰:“乡村绝闻见,樵苏限风霄。”人口稀少,比较隔绝,以农业为基础,生活方式雷同。原始部落源于旧石器时代。新石器时代,农业畜牧业分离,以农为主,氏族定居,出现乡村。最早村落遗址如河姆渡、半坡。乡村可分为农业村(种植业)、林业村、牧村和渔村,也有农林、农牧、农渔兼业村落。乡村聚落一般具有农舍、牲畜棚圈、仓库场院、道路、水渠、宅旁绿地以及附属设施。

村庄、村落、乡野,不同于乡镇,不是行政区划单位,乃自然村,自然形成,以习惯法和传统习俗,诘禁奸宄,由长老亲族士绅治理。庙是家庙,祠是宗祠,会是会所。土地是东方亚细亚公社制。公有制,古老的桃花源,熟人社会,裙带姻亲关系,断非马克思之“社会”有机体,无法治、行人治、无俸禄、无级别,更多带有自然自发经济特点——而乡镇就多了几分市场交换商品经济因素。历来无“村官”,历史上村民自治,皇权触须不及于乡村。政府只达县衙一级,山高皇帝远。村有“官阶”“官帑”“官吏”“官僚”“官邸”“官腔”“官架”“官署”“官府”“官厅”“官爵”“官衔”“官衙”“官俸”,有村委会,进入文官系统吃官饷领薪金,乃当代之举。如今,中国自然村消失速度很快,乡村中国正朝着城市中国进发。“消失的村庄”中,村庄成为老人、病人、妇女、儿童的留守地。壮男们大多奔向城市——这几乎和海外移民差不多同步。村民,慢慢成为地球村公民。

二、各地纷繁复杂的村落称呼

本文对于村落名称尾字研究，着眼于地理形胜、地形地貌、交通关隘、壁垒要塞、人文宅院、人工建筑。各地纷繁复杂的村落称呼常见的后缀字有：坡、埭（dài，土坝或镇）、桥、角、湾、墩（dūn，土堆，土墩）、坞、浜、泾、港、弄、巷、场、灶、塆、田、坳（ào，低凹地）、咀、岰（ào）、寨、畈（fàn，田地）、岗、山、河、庄、楼、桥、垱（dàng，小土堤）、庵、冲、铺、塘角、岩、村、店、疃（tuǎn，村庄）、屯（方言，村庄）、集、街、匡、圩（wéi）、厝（cuò）、堡、窝棚、庄、营、堡、口、郢（yǐng）、岗、台、孤堆（谷堆、骨朵）、洼、墟、涧、滩、潭、沟、桥、坝。其中，村是统称、总称、泛称，起领导作用。中国乡镇村名妖娆多姿，异态纷呈，泊、夼（kuǎng）、疃、寨，各有特色，山间谷地名为夼，河滨平原名为泊，棉粮种植名为庄，驻军要塞名为寨，集市贸易名曰集，迁移生根名曰疃。

楚湘方言称村落为冲。南方人把村叫“冲”。冲，山区的平地，也是交通要冲。“冲”是“村”的不同读音。以冲为尾词的有 78265 个。孝感大部分村落称为冲，如向家冲、步王冲。湘方言也有不少村落称为冲，如韶山冲。冲，本义是冲田。指丘陵地区的谷地水稻田，地势平缓，这些地方所建立的村落称为冲。

应当特别注意，本文提及的村名称谓尾缀字形形色色，一般口语中的称呼并不特别添加“村”字，而是省略“村”字，非官方用语，通常省却“村”这一共名。但在书面语言或官方文件中，比如通知或法庭判词、新闻稿中，则在本文研判的尾词或尾缀后添加“村”字。村，成为所有村庄的共名。这是近、当代的进步，不是古已有之。上述一切名称，都可归于村落村庄名称内。无论哪一个山庄、聚落、渔村、水乡，农村凡有人群的地方，都可呼之曰“村”。本文试图爬梳剔抉，参互考寻，细究本源。

据统计，中国村名按中心（或词缀，或曰尾缀、尾称）词，排序在最前的有：

以村为尾词	803012 个	以子为尾词	103064 个
以坪为尾词	67006 个	以沟为尾词	162232 个
以山为尾词	85042 个	以塘为尾词	65449 个
以庄为尾词	156613 个	以冲为尾词	78265 个
以坡为尾词	50516 个	以湾为尾词	148185 个

续表

以家为尾词	72082 个	以塆为尾词	47168 个
以岭为尾词	46949 个	以寨为尾词	45271 个
以头为尾词	45006 个	以里为尾词	43654 个

概括地说,可以按照自然地理、山川形胜、水文地质、农林牧副渔、宗教文化、军事防御、商业运作,对中国乡村部落尾字或词缀分类介绍。村名有历史村名、群众俗称和标准村名三种分类。村落多是由家族、亲族聚居而成。有以人名为村名,有以特产和手工业命名,有以河流湖泊地势命名,有以方位数字命名,有以地形河渠命名,如海子、湾、洼、凹、沙窝、墩、台、湾、堆、场。地形地貌是村落命名的基本源头。有以名胜古迹古国城邑命名。有的村寨名称和战争息息相关,也许我们的先祖更热衷于战争厮杀,村落适合做动乱时代逃避兵燹水患和逃避野兽侵扰的逋逃薮。军队屯驻郊野,故村名有营、垒、堡、寨之称,如屯、营、堡(铺)、墩、台、寨、所等。有的村名与宗教有关,如寺、观、庙、堂、阁等。有的以楼、坊、仓、店、厅、棚命名。有些村名运用方言俗语俗音,要么难写,形成繁杂的异体字,要么无法写出。

有许多相当于"村""庄"的词缀不常用,如:社、地、埫(tǎng,山间平地,地名)、亭、梁、咀(jǔ 或 zuǐ)、坊、塔、塌、碥(biǎn,石阶)、岩、岔(chà)、窨、墓、田、会、垛、场、窝、曲、院、桥、里、巷、洲、源、后、洞、崖、寺、畔、坎、井、甲、槽、背、坬(wā,同洼)、窑、房、堰(yàn,两山之间的山地)、排、棚、山、坑、渠、扒、龚、坟、川、坳、埠(hàn,小堤,同"岸")、卜、家、包。垴(nǎo,山头,多用于地名),大部分在山西,罕见,例如:山西黎县关家垴、湖北天门彭家垴。

这里交代村和镇的关系。作为行政区划的镇(含括或引领周围其他村庄)和作为镇政府所在地、自身又是一个村庄的"镇"本身,称谓相同,但外延不同。作为乡镇政府所在地的镇,自身也是一个村庄。作为行政区划的镇,含括十里八乡的村庄。但镇本身或镇政府所在地,那也是个自然村落,也名曰镇,有集市贸易,自身也是一个自然村,依然是一个自然村或村落的村名。其称谓尾词也和自然村落一样,叫作镇,有规律可循。名相同,实不同。

(一)村庄名彰显自然地形地貌特征——沟坡山陵

一方面,村庄称呼杂乱无序,无普遍规律;另一方面,各地区,如华南、华北、华西,似乎又各自有局部规律可摸索。封建社会地方势力各自为政。大一统表皮下，又呈乱象，农业文明，缺乏商业交流的原因。村庄村名词缀字又大多反映自然地形地貌特色，如，山、壕、窑、街、坝、湾、坡、口、沟、岗、滩、磨、门，不一而足。而屯、寨、营、堡，还有疃、铺、店、庄、家庄、各庄、官庄等，则不具自然地理特色。江苏徐州有的村庄名称包含地理形势，如孙家洼、唐家泊、孙家河沟、小河口、八里湾、沙窝、海子、口子、圈子、椅子圈、丁家夼、后沟、黑石嘴、杨家滩、山前徐家、山后邹家、鹰口王家、岙角石、岱崮。

村庄，随地形特点而有不同的叫法。村，屯聚之意，村（邨），自然形成的村落。庄，一是指大片草地，与庄稼有关，指有大片农田的聚居区，有一定的驿、旅、商、防之功能；二是源自古代田庄、庄户、山庄。庄多是有较高经济实力的富家在较远的地方购置土地，雇人耕种，称为"庄子"，简称庄。这就是庄家、庄主的来历。农民因而被称作庄户或村民。"庄"在我国农村聚落名称中使用频率最高，以长城以南，长江以北地区居多。村落，东北曰屯，华北曰庄，西北曰堡，西南曰寨。大部分北方平原农村叫庄。

村名中蕴含地理、气象、经济、政治、军事、文化乃至意识形态信息。如，绍兴村名就具有水乡泽国特色，用水体名称命名村庄，体现了自然环境。《绍兴府志》载："支流港叉，萦绕连络，大者为湖、为池、为溇（lóu）、为潭，小者为港、为渚（zhǔ，水中小块陆地）、为渎、为泾、为浦、为湾、为汇、为荡、为汀。"村名为港的，全国 3705 个。

村名体现地形、地貌等自然特色的极多。山川河岳，入于村名，取法自然。村名尾词带"垅"的 2969 个，尾词带"壕"的 1979 个，尾词带"梁"的 14555 个。

村名以山川形胜得名的如"塝（bàng）"，方言，有田地、沟渠、土埂的边坡之意，多用于地名。如田塝、张家塝、孙塝等，全国带"塝"的村名 5682 个。以地理地形地貌命名的地名很多，如坪，泛指山区和丘陵地区局部的平地。其他地方也有叫坪的，"坪，地平也"（《说文》），一般是在山区或者丘陵区高处平坦的地方。坪，用以命名村庄，指平坦的土地，比岙小些，指山间突出的平地。坪也写作平，如山西太原有杜儿坪、尖草坪，重庆有大坪、塔坪、黄桷坪、沙坪坝、沙坪、草坪、南坪、杨家坪等；湖北恩施有白杨坪（村）、杨柳坪村，利川市有牛栏坪村，秭归有槐树坪（村），宜昌市有秦家坪（村）、王家坪（村）等；云南昭通有牛栏坪自然村；湖南永州有牛栏坪村，常德有白洋坪村；河北邢台有历史名村朱温坪（唐末起义军朱温营地），等等。以“坪”为村名尾词的全国共 67006 个。

重庆是山城，山间盆地曰坝。坝是平地。全国村名尾词为“坝”的 8934 个，例如，宋家坝、山峰坝、乌龙坝、庆阳坝（入选中国传统村落名录）。

依地势，有的自然村的尾词为“崖”，如渊子崖，一定是在崖上。全国村名叫“崖”的有 2132 个。崖，山西方言读“nǎi”，如村名刘家崖（nǎi）；有的读 nié，山西临县有杨家崖、高崖头。《说文》，崖：高边也，陡立的山边。崖，又同岩，段玉裁注：“岩，……厓者，山边也。厓亦谓之岩。”岩是石崖下面凹进去的地方，有山就有岩，如山西临县有郭家岩、赵家石岩等；重庆有曾家岩、牌楼岩等；浙江乐青有甩稻岩（村）、岩宕村（岩宕与雁荡音同，岩宕是一个小山村，坐落于北雁荡和中雁荡之间的山坳中。起初开岩石人，因石居而得名），台州有乌岩（村）［以乌黑岩石起名。传说一块黑色石崖盘踞山巅，虞姓发源地。来台州的虞姓第一世，彦公，从山东被贬谪到此。其子翔公在乌岩安家。乌岩叫墨崖。拿地标作村名，古代通用法则。村口留有一块“墨崖”（疑即摩崖。不少村名为错别字讹传，因为对普通民众而言，汉字繁复难石刻）］。村名为岩者全国共 19023 个。

岭和坡不是行政村，是自然村，从属于行政村。如杨家岭、西北坡。村名叫坡的，全国 50516 个，其中叫陂的山村 1797 个。

北方多山沟、溪谷、山涧，村名直接叫沟的很多。一条沟就是一个独立王“沟”，占沟为王。村名为“沟”者多因为居住地理位置有沟坎，称为“沟”。全国以沟为名的村庄 162232 个，如著名的夹皮沟、夹边沟、门头沟等。

峪为山之谷地，多用于地名。因村庄多建在山坡山坳，自然就以“峪”命名。全国以“峪”结尾的村庄名共 4290 个。峪，山西方言，音 you，如阳泉有西峪（村）、牛家峪（村）、神峪（村）等；莱芜村有西峪、东峪、老鸦峪、黑峪、井峪、赵家峪、上亓家峪、下亓家峪、后王家峪等；北京昌平有一个碓臼峪，该村是地壳变动形成的花岗岩体，怀柔有慕田峪、密云有石马峪（村）、平谷有泉水峪（村）等；山东章丘有朱家峪（村），原名城角峪，后改称富山峪，明洪武初年，朱氏家族迁到该村，有 600 多年历史；山东青州有圣水峪（村），村西、南、北三面环山，泉涌成溪，长年不涸；太原有观家峪（村）；河北兴隆有车道峪（村），唐王李世民东征路过，被拦住去路，命士兵开路；陕西佳县有木头峪（村）。

也有以洼、凹为村名。凹，凹陷，低凹，同“洼”。全国有 9113 个以“凹”收尾的村名。柴凹,古时叫弓村,制造弓之地。明永乐年间,有柴姓迁此居住,故称柴凹。

与山川河岳丘陵有关的村庄叫“窝”的有很多,全国共13006个。这类地名大多在偏僻山窝里搭建住所,如白沙窝。

有的地方地形地貌如手掌,巴掌大地,故村名多曰掌。如,山西陵川县簸箕掌、黄掌、艾河掌、狼窝掌;河南泌阳捏掌村;山西泽州窑掌村;陕西蓝田县簸箕掌村,这类地名原来大多地处偏僻,交通不便。叫“掌”的村名全国有2440个。

南方农村村名中带“湾”的很多,北方则多叫庄,这个界限大致在枣阳城区。华夏大地天南地北语音不同,所以就造成了村寨称谓的差异,如韩家阿,就是韩家窝,其他地方就叫韩家洼、韩家凹[或坳、垇、岙。坳(ào),山间平地。垇,ào,古同“坳”。岙,ào,亦山间平地。岙、坳、凹和垇,音义相同,如:黄垇、车垇(都在江西省遂川);三仙垇(在湖南省宁乡),皆为山间平地]全国共有以坳为尾词的村名15500个,以垇为尾词的村名2491个。

移民迁移到新地,常使用旧地名,以示追根溯源。如,岭南客家人地名中,就有坑、潭、洋、坪、圳等。圳,带有移民色彩,至今犹然。

北京、河北一带村庄名有很多带“各”字,如张各庄、杨各庄等,头一个字是姓氏。古时在河北j、g读音相同,所以“家”读ge,写作“各”或“郭”。北京的“各庄”即“庄”。“各”,是“家”的古音,石家庄即石各庄。这属于地名的“白读”,如同“街”白读作gāi。至今南方一些地方仍保留了古代读音,“家”读gā。据此,杨各庄,就是杨家庄,家族聚族而居,自古已然。

砭,本义曲流凹岸,由于水流拥挤而发生侵蚀的地点,用于地名,如青化砭、黄石砭、石家砭、陈家砭。陕西宁强县的燕子砭,像一个展翅欲飞的燕子。陕西还有张家砭,靖边大石砭,铜川王家砭,榆林袁家砭等村名。

垌,dòng,田地,地名用字,广东有金垌、良垌。“垌”和“洞”,意思相同。全国村名尾词为“洞”的村名22886个,村名尾词为“垌”的5392个。晋豫沟壑纵横的丘陵、沟壑、沟坡、沟壁适合开挖洞穴。尾词为洞的村名大多因早期居民在洞里居住得名。如山东枣庄店子镇老猫洞村,贵州南明区小碧乡猫洞村,江西洞下村,广东怀集县历史名村孔洞村,还有带洞村、那洞村、里洞村、十八洞村、十洞村、合洞村……贵州有个猪落洞村,据传猪贩子赶群猪途经此处,一猪失足跌落洞中，村民帮忙把猪从洞中拉出，得名猪落洞。洞与垌谐音，有洞的村名就叫垌。郑州不少村庄用垌字冠名，原因是郑州地处嵩山丘陵，沟壑纵横，大量沟壑沟坡沟壁，适合开挖洞穴。民国五年（1916），郑县（今河南郑州市）630 个村，带垌字的村子有 22 个，如张李垌、高垌、上阎垌、大田垌、小田垌、全垌、东胡垌、西胡垌、小李垌、奶奶垌沟、过垌王、刘胡垌、阎垌、密垌、周垌、赵仙垌等。

（二）村庄名彰显自然地形地貌特征——江河湖海

村名带“洋、泾、浜、渠、河、川、垾（hàn，小堤，同‘岸’）、滩”等，与河沟、河渠、堤坝、河堤等有关。

尾词带“洋”字的村庄全国共 4142 个。泾，苏南上海一带小河沟，尾字为“泾”的村庄指沿河村落，全国共 1177 个。这类村名大多以姓氏与水体通名相结合组成专名。上海农村地区为典型的江南水乡，居民逐水而居，聚落的专名，首字冠姓，后加以所居地水体的通名浜、河、溇、湾、泾、荡、潭、溪，组成了村名，如朱家浜、朱泾、罗家湾等。

尾词带“洲”的村名全国共 4195 个。洲，水中的陆地。河北文安县北光洲（村），宋建隆年间立村，三面环水，得名光洲。福建福州月洲（村），是道教神人张圣君、南宋爱国词人张元干的故乡。据传桃花溪行到月洲盆地，穿过村庄，在村中写出一个“月”字，并在“月”中腹地形成半岛。据传，五代时一对弃官隐居的兄弟感于地形胜状，称此地为“月洲”。

尾缀带“浜”的村名全国共 5620 个。浜，小河沟。宋朱长文《吴郡图经续记上·城邑》曰：“观于城中众流贯州，吐吸震泽，小浜别派，旁夹路衢。”明李诩《俗呼小录》云：“绝潢断港谓之浜。”南方的村名多带“浜”，因为土地多傍水，如沙家浜。

尾词带“涌（chōng）”的村名。涌，河汊，用于地名被误读为“冲”。深圳有多个带“涌”的村名，如西涌（村）、虾涌、葵涌。西涌本是南澳山涧河流入海河汊之一，与东涌相邻。

尾词带“塘”的村名全国共 65449 个。塘，面积不大的池子，指堤岸、堤防、塘坝、塘堰，原意挡水的土坝。水被“塘”挡住后形成“池”，通称为池塘，有些地方简称“塘”。浙江有个箬塘村（箬，ruò），相传天大旱，箬神娘娘将七彩箬叶撒向大塘乡民。大塘四周又涌出了株株箬竹，大塘村就改名为箬塘。杭州附近有个行宫塘，据说是南宋时的行宫。湖南祁阳县有个羊角塘(村)，据传神仙赶羊群夜过此地，忽闻鸡鸣，羊群变成石山，其中一羊在塘中埋头喝水，也变成石头，塘中至今留有似羊角的石头，得名羊角塘。每一个带“塘”的村名都有一个来历，如白塘(村)，因塘泥呈白色得名；泥鳅塘(村)，因有一水塘形似泥鳅得名；大塘(村)，以大塘墈院为村名，该院建于一大塘墈之下；张阿塘(村)，因开基祖先张阿将大塘四周开发成大院子，故名张阿塘，村以此院为名；白露塘(村)，因境内稻田和池塘白鹭歇息得名。村名为塘的很多，如云南临沧云县芹菜塘，广西黄田仙姑塘，还有锅底塘、门口塘、养鱼塘、莲花塘、青山塘等。

尾词带“池”的村庄共3175个，如清白龙池、澡浴池、武池、马池等。以“河”为村名尾字的村庄22579个，如三里河。

尾字带“堰”的村名全国6134个。堰，土坝。古时水浅不利行船，筑一土坝堵水以提高水位，所建村庄称堰。墕(yàn)，同“堰”，指两山之间的山地。《榆林府志》载：“墕，两山中临溪之小径也。”带“墕”的村名如康家墕、圪陡墕、红树墕等。

尾词带“溪”的村名全国共11516个。这类村名大多村落在溪畔，以溪为名，南方居多。如福建含溪(村)，地处闽浙交界，这里最早迁居来的是叶姓始祖，他们见到高山如两条青龙环抱，至溪尾含(衔)住一条溪，取名“含溪”。浙江金华榉溪(村)，以溪为名。安徽容溪(村)，附近山名为容成峰，山中清溪，得名容溪。浙江台州朱溪，一条清溪从龙皇堂幽谷蜿蜒而出，为朱姓聚居之地。另一说，朱溪原叫珠溪，地域三面临溪，溪中屹立一颜色殷红的奇石，得名珠溪。元末明初，村民多为朱姓，故名朱溪。当然也有例外，如本溪没有溪。以溪为名的村庄中也有不带“溪”的，但探究村名的来历还是属于与“溪”有关的村名，如陈岙村，由陈姓祖先始建，原名中溪，地处溪流中段，故名。后改名陈岙。带“溪”的村名还有江西浔溪，浙江省金华市画溪(村)、福建宁德赤溪(村)、高溪(村)、富溪(村)、平溪(村)、善溪(村)、白溪(村)、后溪(村)、亭溪(村)，福建宁德古田县端溪(村)、芹溪(村)等。

按地理特征命名的村庄中还有带“卷子”的，如河北村名卷子。这一带地处河岸，地势低洼，为防水患，便在村庄周围筑起堤圈，按位置命名圈子，后嫌“圈”字不雅，改为“卷子”。

尾词带“滩”的村名全国8986个，如扈家滩、南白滩、青鱼滩、斗滩、近滩、双滩、曹家大滩。带“淤、坝、渔、河崖、夹”字的村名，都和自然地理有关，和水有关。

尾词带“渡”的村名全国共1531个，大多与水上交通运输有关。渡，横过水面，由此到彼。广东揭阳池渡(村)，原名池厝渡，又名池家渡。宋代福建莆田人迁此建村，村内有池厝渡、白石渡两渡口，且全村姓池，故名。有个别的村名尾词不带“渡”，但在探究名称的演变时发现与“渡”有关，如河北井陉地都村，包含刘秀渡河故事。井陉西部一个山村叫地都，原名“帝渡”，汉光武帝刘秀在此渡河。刘秀与王莽争斗，在井陉一山洞躲藏。追兵将至，河对面漂来一叶扁舟。刘秀乘船渡河，后赐名“帝渡”，演变成“地都”。这类村名还有著名的浙江余姚的河姆渡。

尾词带“河”的村名全国共22579个。如山西浮山滑家河村，陕西宝鸡暴家河村、梁家河村、山东潍坊麻家河村，陕西铜川迷家河村、扶风徐家河和董家河等。

有的村落尾词带“涧”，如山东烟台周家涧，因周姓立村于山涧旁，取名周家涧。当地人称山沟为涧，以姓氏和地势取村名为涧。山西代县鹿蹄涧(村)，因建有北宋杨家将祠堂“忠武祠”，大殿前有一块太湖石，称“鹿蹄石”。榆林涧(村)，因清顺治年间马姓迁此，村处山涧之侧，涧旁榆树成林，故名榆林涧。蜜蜂涧(村)，明洪武年间齐姓建村，因两山涧之侧突出一大圆石，形似蜂巢，故命名蜜蜂涧。还有山西河津干涧(村)、平陆圣人涧(镇)，北京密云白河涧(村)等。

有的村落尾词带“湾”，全国共148185个。湾是湾子的简称。湾子，古楚语，古代江汉流域为蛮服之地。湾的本义是水流弯曲之地，也作船舶停泊之地，建立的村落称为湾子，简称湾。湘方言也有不少村落称“塆子”。塆，山间小平地，山冈丘陵平坦的地方，后统一将“湾”“塆”写作“湾”，如林家大塆、程家塆，以“湾”为村名的著名的有三里湾。河北的刘湾，因明朝刘氏从山西洪洞迁此，因沣河经过，村庄靠近河湾处，后称刘湾。河北的杨湾，明朝杨氏迁来，取名杨湾。此外有张湾、郑湾，皆因靠近沣河湾而得名。

尾词带“嘴”的村名全国共4211个。嘴，现代汉语解释为口，形状或作用像嘴，如瓶嘴、茶壶嘴。上海的陆家嘴、香港尖沙咀、重庆江北嘴、天津的梁家嘴，这些地名初为村名。陆家嘴，黄浦江凸出来的一块，故叫嘴。明朝文学家陆深在此居住，故称陆家嘴。香港尖沙咀，九龙半岛南端的一个海角，形似尖长的沙滩。天津梁家嘴，河湾状似嘴，且梁姓最早迁居于此，故名。

有些村名不叫村，而叫“桥”。在河道上架设桥梁，以姓氏命名，叫××桥。全国村名为“桥”的共3221个。以桥为村名，如王桥、李桥，是因古卫河、古漳河沿岸村子所在地有木桥，居民以王姓、李姓为多得名。青山隐隐水迢迢，秋尽江南草未凋；二十四桥明月夜，玉人何处教吹箫（杜牧）。

绍兴是水乡和桥乡紧紧相连，以桥命名村庄是绍兴村名特色：有的是桥蕴含的典故，有的是桥的地理位置，有的是桥的特点，如东双桥（村）、八字桥（村）、夏履桥（村）等。

村名尾字为桥的，浙江宁波方桥（村），一条宽敞的溪流穿村而过，溪上一座石桥，铺着石板，桥面仿佛方形，叫“方桥”。山东德州砥桥，紧靠漳卫新河，大河决堤，仅残存一角，名铁角镇，后河上建大桥，借中流砥柱之意，取桥名砥桥，后为村名。杜甫村与杜甫桥，杭州余杭杜甫村，内有杜甫桥。杜甫村原名郎家里，杜甫南巡曾宿住于此。杜甫要求百姓疏通洋河，筑堤防洪，并建议建桥梁，桥取名杜甫桥。又建杜甫庙，村名改为杜甫村。江西抚州竹桥（村），金溪挨村而过，一溪如带，上架竹桥，元末明初始建竹桥古村。贵州铜仁有七眼桥村。

村名叫“口”的有36066个。口，山口，河口，渡口，海口之意。德州与大堤有关的村名，如陈公堤口、池家堤口、堤岭、堤口，是为纪念北宋陈尧佐，沿堤的村落以陈公或大堤命名。任丘村名带“口”字的有天门口、北曹口、惠伯口。山东莱阳（村）地名拖“家”带“口”的有：岔道口（村）、青岚口（村）、马崖口（村）。翼城县有小河口。

河北有史堤，位于滏阳河河西堤，宋堤——有明万年间宋氏石碑记载，该村叫宋家堤，因宋氏最早在滏阳河河西堤上居住而命名，后简称宋堤。夏堤，夏氏最早在滏阳河河西堤居住而定名。另有吕堤、西大堤，因位于大堤上得名。

溇（lóu），袋形的河、码头，生活中在此淘米、洗菜、洗衣、洗器皿等。溇的一端通外河，有的溇也停靠船只。溇者，水也，宽于渠而窄于河。有一地有溇且长，故名长溇。浙江绍兴倪家溇（村），“战国龙窑长竹园，皇陵佚事宋六陵”，见证倪家溇人文历史。还有绍兴南畈溇（村）、蒋家溇、南溇底、江家溇等。

（三）村名体现土木建筑工程——住宅农舍桥梁城堡

村名和衣食住行有密切关系。村名尾字，除了最普通最常见的村、庄外，还有堆、台、坛、峁、堡、堂、铺、店、门、坊。洞、窑、堡、门、桥，多为人工建筑，堂、铺、店、园、义、旺，则纯属人文范畴。村名体现民居建筑，如村名尾字为寨的45271个，村名尾字为家的72082个，村名尾字为屋的38302个，村名尾字为楼的17914个，村名尾字为窝的13006个，村名尾字为房的12482个，村名尾字为门的11716个，村名为宅的5072个，村名为棚的4906个，村名为舍的3047个，村名为厝的2916个，村名为亭的2851个，村名为城的2571个，村名为峁的2548个，村名为集的2106个，村名为社的2076个，村名为户的1679个，村名为会的1668个，村名为库的1312个。

浙江东阳的村庄，多以宅命名，如马宅、郭宅、李宅、卢宅，也有很多以家命名，如祝家、张家、陈家。带家字的村庄名不胜枚举。如，蔺家坪、邢家社、穆家地、丁家垣、韦家塬、袁家亭、白家梁、夏家营、聂家嘴、殷家坊、胡家坝、枣家塔、石家庄、吴家庵、左家塌、柴家碥、熊家墩、薛家洼、董家堰、中家塬、巨家岩，等等。

村名尾字为楼的全国17914个。鲁西平原村庄楼房多，故以楼名村，如焦楼、月山楼、胡楼、苗士楼、杨楼；莱芜村名为楼的，如孝义楼、张家楼、吴家楼、谭家楼、王家楼、田家楼、鹁鸽楼、吕家楼、蔺家楼、陈家楼、杨家楼等；河南永城市乡村名多带楼字，如陈四楼、朱楼、练楼，近200多个村名字带楼字。湖南省宁乡县有一村为花明楼村，该地重峦叠翠，清泉奔涌。清同治《宁乡县志》载："昔有齐公，择此筑楼，课其二子，攻读其中。"将其子攻读诗书的木楼取名"花明楼"，即"山重水复疑无路，柳暗花明又一村"。河南兰考村名多为楼，如姜楼（村），清初，姜姓迁此并建楼，名姜家楼，后简称姜楼；许楼（村），元末许姓迁此并建楼；乔庄（村）：明末清初，乔姓最早迁此建楼，故名乔楼，后称乔庄；李楼（村），李姓最早在此建村盖楼；黄楼（村），黄姓在此建村盖楼；范楼（村），明永乐年间，范姓最早迁此并建楼。又相传是因一范姓人考中举人后娶清乾隆年间宰相刘墉之妹为妻，家中有一座楼房，后称范楼；蔡楼（村），原名七村，乾隆年间黄河决口，被洪水淹没，后蔡姓迁此建村，名蔡楼；新蔡楼（村），1977年，原蔡楼部分村民迁此定居，故名新蔡楼；薛楼（村），清嘉庆年间，薛姓迁现村址南建村，定名薛楼；张楼（村），明初，范姓从山西洪洞县迁此建村寨，起名范家寨。后张姓增多，改名张楼；赵楼（村），原晏姓迁此建村，后赵姓迁此，改村名为赵楼；独角楼（村），有三户人家从山西洪洞县迁此定居，并建楼一座，因方圆数里独此一楼，取名独座楼，后演变为独角楼；刁楼（村），明初，刁姓迁此建村盖楼，故名刁楼。

尾词为“窑”的村名8325个。窑的所在是烧窑的旷野，烧砖瓦，一般指北方村落，如山西运城市赵家窑、郭家窑、段家窑、杨家窑四个村。天津市区带有“窑”字的地名如吴家窑、南头窑，河北金家窑，南开的头道窑、赵家窑。北京延庆程家窑（村），清代已有村，程姓最早来此烧窑，故名程家窑。河北怀来盆窑（村），有烧盆的窑，明朝称柳庄，李自成和官军激战将村焚毁，百姓只好在窑里栖身。中国有许多叫某家窑的村。如山西临猗周家窑村，族谱记载：“相传，有一周姓铁匠落户于此，打窑居住，故名周家窑村。村东新立周氏墓碑。”周家窑立村名在明末清初。山东青岛孙家窑村，明初永乐二年（1405），孙珏由四川迁此，因居民以烧窑为主，故得孙家窑之名。河北张家口程家窑村，清代已有村，因程姓最早来此烧窑，故名程家窑。北京延庆程家窑村，清代已有村，因程姓最早来此烧窑，故名程家窑。

村名尾词为亭的，如福建古田凤亭（村）、福州棉亭（村），北京密云瑶亭（村），河北邢台香亭（村），湖南新宁双亭（村），广州南亭（村），句容市芦亭（村），湖南邵阳双亭（村），江西上饶冷水亭（村）。山西洪洞曲亭（村），据杨氏家谱载，唐尧时期，即有此村，因村东有大坑，故名曲坑，元代设镇，名曲坑镇，明代改为曲亭镇。

村名的尾词还有带“坊”的。湖南常德石门任家坊村是由“人家方”三字雅化而来。一财主儿子习武，佃户儿子伴读习武。投考武举，考官问财主家考生“何方人士”，答“石门大龙潭也”。考官眉头一皱：一个潭里的龙能有多大？地头蛇也。佃户考生灵机一动，答道：“眼望三江口，三三九条河。两舟下河去，一天一包盐。坐地人家方，背靠活龙山。”考官精神一振：家濒三江，九溪归宗。两船下水，家丁簇拥。依山傍水，活龙活脉。遂圈点为武举。新武举后来道出原委：家里望得见三江之口和三三九条河流。靠两只鸭子（鸭即舟）下河捕食，回来下蛋，才能换回盐。我们住人家的房子（人家房），背后靠的是合拢山冈，和活龙山谐音。考官迷信山水龙脉，一锤定音。亲友佩服其睿智机警，其出生地“人家方”雅化为“任家坊”。陕西户县有一孝义坊（村），《户县志》载：“郭仪割股疗亲，有司以其闻于朝，豁免赋税，旌其居为孝义坊。”武则天的男宠薛怀义看到村人郭举抱着草帘站在路边，草帘里裹着幼子，其妻号啕。原来郭举的母亲身染重疾,郎中开方称以亲子的血肉熬粥配药。郭举割胯为母疗疾。郭举夫妇又将母乳给母亲喝,仅以米汤喂婴儿,孩儿奄奄待毙。夫妇正准备挖穴埋儿,薛怀义知悉,被孝心感动,拿出十两银子给郭举。武则天赐郭举名郭义,村名改为孝义坊。孝义坊原有城墙,修建于明代。东门上端楷书刻着"孝行天下",城门左边竖刻"孝悌忠信",右边竖刻"礼义廉耻",西门上也有类似砖匾,刻着"孝义高风"。山东淄博韩家窝村,其先祖可上溯至明初,明末成大族。今韩家窝,光绪年间《淄川乡土志》载:"淄邑大族,旧推南孙、北韩、西毕、东王。韩姓萃于城北韩家窝,分居石埠等处。"1882 年,法国天主教士在此采石建堂。写为韩家窝(阿),阿念窝。方言 e 念 wō,韩家阿,即韩家窝。阿,凹曲处。还有江西鹰潭文坊(镇)(贵溪四大古镇之一)、宁都李家坊(村)等。

有些村名是以古代经济社会活动取名。山东济南周边村庄历史悠久,文化底蕴深厚,如茶棚(村)、铁匠(村)、裁缝峪(村)等。平阴县安城乡冷饭店(村),明以前,冷饭店村所在并无村落,而是荒郊野岭。但这里是东昌府通往泰安府的交通要道,许多人在这里歇脚。离此处不远的毛铺村人发现商机,便做饭菜来此叫卖。但村民们赶到此地时,饭菜都凉了,人们只能吃冷饭。明代嘉靖年间,这里发展成村落,村名索性叫冷饭店。

蒙古族有的村庄叫窝堡,如内蒙古通辽魏家窝堡、孟家窝堡、王家窝堡,吉林高家窝堡,沈阳程家窝堡、王家窝堡、李家窝堡、孙家窝堡。蒙古村屯名称大多以蒙古语音命名,以最早居住者姓氏加屯或套布(即窝)组成,少数以藏蒙合用语或满蒙合用语命名。据传魏家窝堡(村)是辽阳人魏景春四兄弟到此落户,后成屯而得名的。

包头的自然村落名,较多为蒙古语和汉语。村名甲尔坝、赵家营子、曹家营子、昌福窑子、万水泉、厂汉村、美岱桥、二十四顷地等。包头许多村名叫"窑子",最初逃荒农民挖窑洞居住。村名圪奔沟,蒙古语意为弯曲不平之地;村名赛忽洞,蒙古语为好水井;村名壕赖沟,蒙古语意为弯曲的沟;村名阿塔,蒙古语为金山,表示希冀。许多村名寄寓着期盼。村名圪旦、圪堵,为地形凸起意,类似山西村名叫梁;村名淖(nào)尔,蒙古语湖泊。蒙古族有的村名以职业命名,如银匠窑。村名马场,源于设草场放牧。万水泉,村内有许多泉眼,居民呼为"乱水泉子",后因不雅,改为"万水泉"。

村庄名常见的后缀字还有“窝棚”，即村庄。窝棚，棚，栈也（许慎《说文》），用竹、木搭成的篷架或小屋。简陋小屋，也指楼阁。棚，竹木搭的架子，覆盖席、布做成的遮蔽的东西。北方地区村子，叫窝棚的多。山西朔州窝棚沟村，吉林白城地窝棚村，辽宁沈阳刘家窝棚村、营口高家窝棚村和新民市齐家窝棚村、羊窝棚村，四川荣县窝棚湾村、林家窝棚村，云南剑川羊窝棚村。湖北武汉徐家窝棚，清末有徐姓在此筑棚得名。云南省曲靖陆良县树搭棚村有王家窝棚。山东济南燕棚窝（村），明成化年间为鸾鹏雾，曾称岩棚窝，后因村坐落深山，燕飞禽多，故名。

村名尾词带“棚”的4906个。棚者，穷街陋巷也，棚户区富裕程度不高之意。山东阳谷四棚村，据《阳谷县志》载：清康熙圣驾南巡，幸过阳谷，曾在此扎四座龙棚而得名。山东临沂张家棚村，群山环绕的小山村，始建于清康熙年间，张姓先祖逃荒至此，始居一石棚中，故称张家棚村。张家棚村风光旖旎，民风质朴，是山东省“原始村落”。村南面是“沂蒙七十二崮”之一的吴王崮。顺便述及：崮，山冈，也是村名尾字，山东莱芜有柳龙崮、马龙崮、东龙崮、南龙崮、近崮。还有湖南常德老屋棚、湖北宜昌老屋棚、江苏宿迁六里棚、河南信阳六里棚、湖南怀化有客仁棚村及安徽无为县山芋棚（村）、湖南湘阴熊家棚（村）等。山东阳谷三座棚，明朝中期，蒋孚由莘县迁此，扎棚为屋，因扎三座棚，故名三座棚。后为防盗围村挖一道海壕，易名蒋海。

有的以建筑物为村名，如袁桥、土桥、塔坡、四角棚、石板台、亭子口、白塔。沿路村名多以馆、驿、店、铺命名，如黄山馆、东渡口驿、饮马店、河店、三十里铺。有的村庄体现职业特色，如茶棚、豆腐张、菜屯、孙家纸坊、香坊、拳铺、鹁鸽李、缸儿姚家、打驴蹄张家。

（作者系山西大学哲学系退休教授）

老地名是古都的历史文化遗产与现代旅游资源

——以“南京十佳老地名”为例

胡阿祥

南京,2470多年的建城史,450多年的建都史,中国历史文化名城,中国第四大古都,南方第一大古都,山水城林交融密合的现代都市——在这样一座城市中行走,真的仿佛漫游在地名的海洋里,穿行在地名的丝网中。

现代生活离不开地名,没有地名,城市乃至乡村的生活将是一片混沌。然而地名又不仅具有实用价值,它也映射着人类社会的过去与现在。地名是人们赋予各个地理实体的专有名称。自古至今,那些曾经使用或正在使用的地名,都是人们约定俗成的、命名的、公认的。反过来,地名又成为人类社会各种信息的载体。从这层意义上说,地名是真实而且珍贵的文献资料,是鲜活而且使用广泛的文化符号。

作为文献资料与文化符号,老地名往往特别值得品味;对于有着悠久历史、复杂变迁、丰富文化的城市,老地名更是蕴含着可以回味无穷的各样信息。南京老地名正是这样! 那形成于不同时代而当今尚在使用的南京老地名,数量上既成千上万,类别上亦丰富多彩;如果我们把南京的地理、历史、文化、风俗等比作一部厚重的百科全书的话,那南京老地名就是构成这部百科全书的长短不一、层次各别的词条。

下面就让我们浏览一下南京这部百科全书,把目光稍久停留在那些具有典型代表意义的南京老地名词条上……

何谓“具有典型代表意义的南京老地名词条”? 我们不妨回望2004年的头几个月。那几个月里,南京社会上掀起了一轮轮的地名评选热潮。

先是1月16日，历时半个月的“2002—2003年度南京十佳新地名评选”结果揭晓，充满现代气息、义美音响的十条地名当选：爱涛丽舍、翠岛花城、百里香舍、枫桥雅筑、会贤居、儒林雅居、桃花源居、西城映象花园、云锦美地花园、宏图大厦。

有意思的是，由南京市地名办公室与南京市行政区划地名学会主办、《南京日报》与南京市公证处协办、市民参与的这次“南京十佳新地名”评选活动，引发的却是众多南京市民的老地名情结。随着南京城市面貌的日新月异，在新地名大量涌现的同时，是越来越多老地名的并合乃至废弃。这些并合以至废弃的老地名，是那样地让人怀念！于是1月30日，南京主流媒体之一的《金陵晚报》顺应民意，发起了评选“南京十大遗憾消失老地名”活动。较之“南京十佳新地名”的评选，“南京十大遗憾消失老地名”评选活动，反响异乎寻常地热烈，讨论异乎寻常地深入。到2月11日，得票最多的“南京十大遗憾消失老地名”为：唱经楼、安乐寺、邀笛步、百猫坊、杏花村、子午路、凤凰台、仁孝里、吉祥街、赤石矶。

然而事情并未到此结束，南京人被勾起的“老地名情结”越发浓厚了起来：“消失的老地名已经成了永远的遗憾，但南京还有更多没有消失的老地名，它们的故事、典故更多！”在广大市民的强烈要求下，《金陵晚报》与南京市行政区划地名学会联合，于3月9日再度推出“南京十佳老地名”评选活动。到4月17日，八位资深地名专家在众多市民投票的基础上，从得票最多的前20条地名中，以无记名投票方式，最终决出“南京十佳老地名”：乌衣巷、朝天宫、桃叶渡、成贤街、龙蟠里、夫子庙、长干里、孝陵卫、莫愁路、虎踞关。

所谓一叶知秋，窥斑见豹，笔者以为，“南京十佳老地名”即为“具有典型代表意义的南京老地名”，有着广泛、形象、到位的象征意义与指示作用，并能引起我们对南京地名以及老地名文化、新地名命名的诸多思考。

一、历史沧桑的南京——乌衣巷

乌衣巷位居南京十佳老地名之首，这是意料之中、情理之中的事。

乌衣巷得名于孙吴时代，当时此处驻军穿黑色制服，因称乌衣营，巷由此得名。今天的乌衣巷长约里许，在夫子庙文德桥附近，西与钞库街、大石坝街交接，东通白鹭洲公园；至于古代尤其是六朝隋唐时代的乌衣巷，则具体位置与规模大小，迄今都没有确切的说法。然而就是这样一条名称算不上优美、位置与规模一直存有争议的乌衣巷，却得到了市民和专家如此一致的认可，原因何在呢？我们可以从比较的角度来理解这一有趣的现象。

一座城市总有一座城市的味道，这种味道，往往凝聚在一些千古传颂的诗句中。以江苏三大历史文化名城为例，提到扬州，人们立刻想到的诗句就是“故人西辞黄鹤楼，烟花三月下扬州”，是“天下三分明月夜，二分无赖是扬州”，是“二十四桥明月夜，玉人何处教吹箫”；提到苏州，总会浮现“姑苏城外寒山寺，夜半钟声到客船”的意象；而提到南京，大多数人首先想到的，则是唐朝刘禹锡那首著名的《乌衣巷》：“朱雀桥边野草花，乌衣巷口夕阳斜。旧时王谢堂前燕，飞入寻常百姓家。”由此可见，乌衣巷无论是在本地人还是外地人的心目中，都已经成为南京这座城市的代名词，《乌衣巷》诗，更是南京历史的画龙点睛之笔。

南京历史的最大特点，就是起伏兴衰十分明显。一般来说，统一时代南京地位下降，分裂时代南京地位上升。中国历史上多南北对峙，而南京为南方的首善之区，是南方最重要的都城。而中国历史长期以来，北胜过南，这就决定了南京的悲惨命运：建都南京者，多是最终灭亡的偏安王朝；南京是辉煌总遭遇北方毁抹的一个地位尴尬的都城。然则南京历史的这种沧桑感，于《乌衣巷》诗中得到了具象的体现：昔日居住着琅琊王氏、陈郡谢氏等世家大族的乌衣巷，昔日都城建康的交通要津朱雀桥，如今却别是一番情景：野草开花，点染出曾经的繁华之地朱雀桥畔的荒芜；夕阳斜晖，映衬着过去的富贵之乡乌衣巷里的寂寥。那正在就巢的无知飞燕，怎能晓得华堂易为民居的人世变迁！此诗之妙，在乎句句是景，而又借眼于燕，故托兴玄远，用笔极曲，感慨无穷！

总之，《乌衣巷》诗及其标志性地名乌衣巷，典型地折射出了南京历史的沧桑巨变，因而得到了身在古都、心总怀旧的南京市民与专家的强烈共鸣与特别认同。

二、地理形胜的南京——龙蟠里、虎踞关

龙蟠里，北起广州路，南至虎踞路；虎踞关，南起广州路，北接西康路。这两条地名的专名，都来源于相传是诸葛亮说过的一句话：“钟阜龙蟠，石头虎踞，真帝王之宅。”“钟阜”即今紫金山，紫金山逶迤似蟠龙，匍匐于南京城东；“石头”约

当今清凉山,清凉山蹲踞若猛虎,雄立在南京城西。钟阜石头,龙蟠虎踞,南京所以成为六朝古都、十朝都会,正是凭依着这优越的地理形胜。

在冷兵器时代,国都的选择往往非常看重地理形胜。拥有龙蟠虎踞之势的南京,可谓“山川形胜,气象雄伟”:其西、北有号为“天堑”的长江;西又有清凉山上的军事堡垒石头城,控扼着古秦淮入长江之口;北又有历来重兵把守的幕府山;南有宽深都远过现在的秦淮河;东有天然的屏障钟山。以这些山水为代表,南京诚为山环水抱、进可以战、退足以守的“帝王之宅”。一代伟人孙中山在《建国方略》中也说:南京的“位置乃在一美善之地区,其地有高山,有深水,有平原,此三种天工,钟毓一处,在世界中之大都市诚难觅此佳境也。而又恰居长江下游两岸最丰富区域之中心”。以此,南京建城史漫长,南京建都史悠久;而“龙蟠虎踞”也因此成为南京的习称、别名。毛泽东《中国人民解放军占领南京》诗中有“虎踞龙盘今胜昔”的豪迈诗句;南京各类地名中,龙蟠、虎踞被广泛运用;新的南京城市旅游形象标志,也是红底白字、似一方印章的“龙蟠虎踞”图案。

相传出自半人半神的诸葛亮之口、又恰当描述了南京作为风水胜地的“龙蟠虎踞”(从风水四象观念来说,东青龙、西白虎,钟阜龙蟠、石头虎踞与此正合;又南朱雀、北玄武,朱雀桥、玄武湖正在古代南京的南北),长久以来极得南京人的珍爱,而龙蟠里、虎踞关一对小地名,也因此进入了“南京十佳老地名”的行列,共同象征着地理形胜的南京。

三、性情浪漫的南京——桃叶渡、长干里、莫愁路

南京是沧桑古都,南京是形胜之地。在这人文沧桑与地理形胜的城市里,一代代的人逝去了或迁走了,一代代的人又新生了或移来了。有人就有故事、就有感情。南京是一个充满故事的城市,朱自清的美文《南京》说:“逛南京像逛古董铺子,到处都有些时代侵蚀的遗痕”;南京又是一个特重感情的城市,南京城市的旅游形象口号就是“博爱之都”;南京还是一个故事里饱含感情的城市,比如桃叶渡体现的浪漫、长干里体现的意象、莫愁路体现的心态……

桃叶渡,南京城南秦淮河边的一处古渡,位于今淮清桥南,贡院街东端。渡名得自东晋著名书法家王献之爱妾桃叶。相传王献之每每在此迎送桃叶,“缘于笃爱”,又为桃叶作有几首《桃叶歌》:

桃叶复桃叶，渡江不用楫。但渡无所苦，我自迎接汝。

桃叶复桃叶，桃叶连桃根。相怜两乐事，独使我殷勤。

桃叶映红花，无风自婀娜。春花映何限，感郎独采我。

风流才子王献之，婀娜佳人桃叶，加上淮水渡口歌送逸事，红花绿叶绝好景致，演至后来，不仅王献之与桃叶的浪漫故事千百年来被传为美谈，桃花桃叶也成为才子佳人、离愁别绪的象征符号。又东晋以后，吟咏桃叶渡的诗词频出，而桃叶之渡也连带着秦淮之水，共同营造出读书声与丝竹声相闻、才子与佳人相映的秦淮文化之特征，从而使得沉重沧桑的南京，增添了一笔浪漫、涂抹了一色亮丽。

较之桃叶渡少些风流而多些纯情的，是长干里。干，是南京古代地方话用字，意为山陇之间的长条形地貌。长干里在今南京中华门外长干桥南。古代的长干里则范围较广，秦淮河以南、雨花台以北都称长干里。长干里是南京古代著名之地。南京城市史开始于公元前 472 年范蠡率领越国士兵所筑的越城，越城在长干里的范围之内；又孙吴时江南第一寺“建初寺”也在长干里；今南京市区内最早的“繁华”居民区，亦即长干里。而使长干里闻名遐迩的，则是被称为“李白最柔情的诗句”的《长干行》，其中最动人的段落：“妾发初覆额，折花门前剧。郎骑竹马来，绕床弄青梅。同居长干里，两小无嫌猜。”女主人公多么幸福的童年！“青梅竹马”“两小无猜”的亲昵嬉戏，又呈现着多么纯洁无邪的美好意象！使得长干里之美好意象更加丰富的，还有唐人崔颢等描述长干船家生活的《长干曲》以及南京旧时“长干折柳”的习俗。船家以舟为屋、以贩为业，易生漂泊之感、离别之恨；又古代人们送朋友南出城区，送到长干为止，再折一根柳枝相赠，表达依依不舍的离情。如此，长干船家、长干折柳以及乐府旧题“长干行”等，反复出现在骚人墨客的诗词歌赋中，强化着长干所代表的丰富意象。

莫愁路，北接汉中路，南至水西门广场。路开于 1930 年，因通向莫愁湖而取名莫愁路。莫愁湖名称来自莫愁女，而莫愁女的故事历来众说纷纭，有南朝刘宋的石城（今湖北钟祥市）莫愁：“莫愁在何处？莫愁石城西。艇子打双桨，催送莫愁来。”有南朝梁武帝萧衍《河中之水歌》中的洛阳莫愁：“河中之水向东流，洛阳女儿名莫愁。莫愁十三能织绮，十四采桑南陌头，十五嫁为卢家妇，十六生儿字阿侯。卢家兰室桂为梁，中有郁金苏合香……”。能够肯定的是，北宋时莫愁故事已嫁接到了南京，如周邦彦《西河・金陵怀古》词中有“莫愁艇子曾系”句，这大概是因为南京古也有“石城”之称，所以彼莫愁（石城即今钟祥莫愁）成了此莫愁（石城即今南京莫愁），此莫愁又是“洛阳女儿”下嫁到江东（今南京）卢家的，于是矛盾被化解了。及至明清，莫愁湖不仅号为“金陵第一名胜”“南京第一湖”，而且有了卢莫愁旧居郁金堂，围绕莫愁的故事也越发凄美了起来：莫愁身在富贵人家，心却系贫苦百姓，时时帮助穷人；丈夫戍边后因不堪卢家公婆的欺凌，投湖自尽，云云。然则无论莫愁的故事怎样演变，美丽勤劳的莫愁及其凄美传说、南京著名的菩萨皇帝梁武帝萧衍及其悲惨结局、南京城市的沉重历史及其秀美山水，种种因素的强烈对比与巧妙结合，终于使得莫愁女其人、莫愁湖其名在南京生根、成长，并深得南京人的珍爱。也许，“莫愁”所蕴含的有愁但不要愁、化愁为不愁，正是南京这座屡仆屡起的城市的文化写照，是古都新城中的南京人失落感与宽容心的微妙反映。

风流而浪漫、纯洁又多情、化愁为不愁，若桃叶渡、长干里、莫愁路等老地名，使南京成为了极具味道的城市，使南京保存了丰富的历史记忆与真实的文化写照！

四、市井百态的南京——夫子庙

芸芸众生，离不开衣食住行；士农工商，都需要吃喝娱乐。南京老地名中，贴近生活者比比皆是，综观之，可以说老地名构成了一幅南京生产、流通、分配、消费的经济社会生活百业百态图。而最能集中体现南京之市井百态的地名，应该说就是由大雅变成颇俗的夫子庙了。

论夫子庙之雅，全国各地的夫子庙本来皆是祭祀中国古代大思想家、大教育家、文圣儒宗孔丘的地方，南京当然也不例外。孔丘在古代被人们尊称为孔夫子，祭庙也被俗称为夫子庙。南京夫子庙坐落在文德桥东、秦淮河北岸的贡院街上，从北宋至今，已有千年的历史了；当然夫子庙建筑本身，因为历经毁建，现存者时间并不长。宋元时代，这里是建康府学和集庆路学的所在；明初为国子学；清代为江宁、上元县学。

言夫子庙之俗，以夫子庙为中心的一大片区域，从六朝时起，就是豪门世家聚居地；而宋元以降，夫子庙区域之所以出名，乃因其地既为繁华闹市，又歌楼客栈众多，既为典型的声色犬马消费之地，又是颇富文化底蕴的风雅温柔之乡。当其时也，十里秦淮桨声灯影，烟花粉黛文士吏役，三教九流市井百姓，在江南贡院与一水秦淮之间，演绎着城市生活的富贵繁华，上演着人间社会的喜怒哀乐，美好与丑恶同在，真情与假意并存，这是最生活化、最雅俗化、最复杂化的南京。时至今日，夫子庙作为旅游景区，地域范围不断扩大，虽然读书声已为喧闹声取代，饮宴小吃、丝竹画舫、元宵灯节、民间商业、市民娱乐，夫子庙仍然是新时代老南京的真实缩影，老南京人喜欢这里的真实化与平民化，文人学士欣赏这里的诗赋楹联，中外游客流连这里蕴含的历史文化、呈现的灯红酒绿……

就地名文化来说，夫子庙也是南京老地名的难得标本。在夫子庙区域及其周边，老地名星罗棋布，贡院街、龙门街、文德桥、乌衣巷、利涉桥、桃叶渡、状元境、瞻园路、来燕路、槽坊园、四福街、教敷营、东牌楼、钞库街、长生祠、大石坝街、琵琶街、平江府路、大全福巷、白塔巷，如此等等，它们有历史，有故事，有歌谣，有风情。作为南京城南老地名的集中地之一，走进夫子庙区域，强烈的历史感觉与生动的文化体验，扑面而来。

夫子庙，“老南京”的代名词，闲适风雅的南京人的最爱，南京市井百态的地名象征！

五、人文雅致的南京——成贤街

南京人的闲适风雅、浪漫洒脱、怀旧好古等文化品位，与南京城市的文化氛围是分不开的。厚重而平静的南京，今日是高等学府、科研机构林立，历史上也是崇文重教、尚贤好礼之邦。如果说今日的南京，老城南更富生活气息的话，那么城中一线尤其弥漫着浓浓的学风书香！在“南京十佳老地名”中，城中的成贤街高票当选，聚焦好一个文风雅致的南京！

成贤街在南京市人民政府前，北起雪松挺拔的北京东路，南迄电脑一条街珠江路。这半段幽静半段热闹的成贤街，曾是多少学子的梦寐以求之地。成贤街得名于明朝国子监。曾有外地游客问笔者此处是否为国家监狱所在，这样的笑话却不会发生在南京人身上。所谓国子监，简单说就是明朝的国家最高学府（太学），当时人们认为读书人进国子监培养后即可成为“贤人”，获得做官的资格，因此把国子监所在的街道称为“成贤街”。明朝时国子监的占地规模很大，选自全国各州县的学生、功臣贵戚与土司的子弟以及外国留学生，人数多时达到近万人，其盛况可见。而由明朝追溯上去，成贤街右的钦天山（今鸡笼山），六朝时代曾先后为皇家花园、佛教圣地、国家大学所在地；今日，南京图书馆、东南大学、南京市文化局、南京出版社、南京市社科院等坐落于成贤街。这从古至今的文教区、宗教区，在山水风光与皇苑旧迹的映衬下，成为感触南京人文品位和文化雅致的优选之地。

六、京都大气的南京——朝天宫、孝陵卫

南京山水形胜，此为建都的自然地理依据；南京历为都城，又孕育出沉重沧桑的历史、各具味道的人群、市井百态的生活、人文雅致的氛围。而在南京的种种文化资源中，贵为六朝古都、十朝都会的特殊政治文化身份，无疑是南京弘扬历史文化遗产、服务社会经济现实最重大、最独特的资源。这重大独特的资源，也包括了象征京都大气的朝天宫、孝陵卫一类老地名。这类老地名与其他各类老地名的不同之处是，除非京畿之地，别处如果出现这样的地名，那就是僭越。

朝天宫，在今莫愁路中段东侧、王府大街南段西侧，现为南京市博物馆所在地，现存建筑则是清朝同治年间改建的，用作江宁府学。虽然用途在变，朝天宫的大名未变，从明初使用至今而不改。朝天宫的得名，联系着中国历史上与刘邦齐名的平民大皇帝朱元璋。朱元璋在南京成了“天子”后，开国功臣们尤其是武将们，由于大多出身贫贱，不懂得朝见天子的礼仪，于是南京人习称为“洪武爷”的朱元璋，派儒生在此教演文武百官学习朝见天子的礼仪，“朝天宫”因此得名。后来，凡是举行国家大典，文武大官都得在此演习礼仪；官僚子弟袭封爵位时，亦在此学习朝见天子的礼节。再后来特别是民国以来，随着朝天宫现实政治意义的消失，朝天宫也带上了市井色彩，成为皇家气派之旧名与市民文化之新实相结合的有趣之地，朝天宫的古玩旧书市场，则似乎成了历史走向现实或者现实回溯历史的桥梁。

孝陵卫，位于中山门外钟山南麓，明孝陵陵门的东南侧，因为守护孝陵之卫的所在地得名。孝陵是先葬马皇后、后葬朱元璋的陵墓，习称“明孝陵”；而为了保护明孝陵，朱元璋下葬后即设孝陵卫与神宫监。孝陵卫的编制有时达到万人，较之一般的卫之5600人左右要大得多。明亡以后，作为军事编制单位的孝陵卫不复存在，作为地名则使用至今。从地名心理上推测，孝陵卫联系着明孝陵，明孝陵埋葬的是南京古代皇帝中地位最高、最富传奇色彩的朱元璋，朱元璋奠定了

南京今日的城市规模，又明孝陵更是历史上曾经六次遭受毁城之痛的南京至今唯一的世界文化遗产项目，因此南京的政府官员、专家学者、市民百姓看重明孝陵也就容易理解了。

七、“南京十佳老地名”的整体指示作用

市民投票、专家评定的“南京十佳老地名”，各具象征意义已如上述；进一步品味，则“南京十佳老地名”之整体，也富有非常到位的指示作用。

首先，“南京十佳老地名”指示了南京城市的时空发展过程。

就“南京十佳老地名”特别是其专名部分的产生时间来看，先秦地名为长干里，六朝地名为龙蟠里、虎踞关、乌衣巷、桃叶渡、莫愁路，宋朝地名为夫子庙，明朝地名为朝天宫、成贤街、孝陵卫。这样的产生时间分布，准确反映了南京城市的历史记忆，主要是六朝和明朝，而这正是南京确立其历史地位、奠定其城市规模的两个最重要时期。

就“南京十佳老地名”的地域分布来看，城南占了 8 个，毕竟城南是直到明朝以前“城市”意义上的南京的范围，集中了明朝以前大部分及明朝以降一部分南京的历史文化；至于城中的成贤街、城东（明朝京城以外）的孝陵卫，与明朝南京城市的扩展有关；而城北的空缺，反映了城北在南京历史发展中后起的事实，与城南比较，城北在南京特色传统文化中所占比重显然要小得多。

其次，“南京十佳老地名”指示了南京人的怀旧情结与个性追求。

南京虽为古城故都，遗存的真正古迹却很少，自然的侵蚀尤其是人为的破坏或改造，使得今天的南京与历史的南京距离越来越远。例如南京尽管是六朝古都，现在的南京城里却已无处寻觅六朝旧迹，只有郊外那孤独的石辟邪，昂首向天，诉说着往事。作为南京人的这种失落感，是许多外地人无法体会的。而另一方面，众多的老地名还在，这些老地名联系着丰富的旧人、故事、地方风俗、特色文化，“老南京”们可以由老地名去感触过去，寻梦辉煌，所以南京人爱怀旧，怀旧情结又突出体现在对老地名的唠叨与珍爱上。从“南京十佳老地名”的评选过程与最终结果看，民国时代的地名基本上被市民否定了，究其原因，一是时代不够久远，二是民国时很多物质的东西还在，老百姓还可以切切实实地通过民国建筑来感知民国，所以对其怀旧的心理不如那些实体已经消失得了无痕迹、然而地名

仍在者来得强烈。笔者以为，这其实代表了南京人“越老越好”的心理。身处南京这样的沧桑之都，人们在心理上更喜追求一种虚幻的东西，追求“名存实亡”的东西，因为它们的物质已经不在了，只能通过“名”来感受它的“实”，从而反衬着“名”更加可贵。应该说，南京人的这种怀旧情结是值得肯定的，它体现了南京人对南京历史与文化的强烈关注与发自内心的热爱。

八、由“南京十佳老地名”说开去

民主然后集中出来的“南京十佳老地名”，值得说深说透，因为“名有所值”。相对于南京老地名来说，“十佳”只是“冰山一角”，虽然由这一角，可窥冰山之概貌。

指“南京十佳老地名”为南京老地名的“冰山一角”，并非夸饰之词：

南京市地名委员会编《江苏省南京市地名录》（内部资料），收 1982 年年底南京市玄武、白下、秦淮、建邺、鼓楼、下关、浦口、大厂、栖霞、雨花台 10 区地名 4600 多条。若以 20 世纪 60 年代以前出现者算作老地名，则老地名超过了 3000 条。

现在的南京市行政区域，是以上 10 区加上当时的江浦、六合、江宁、高淳、溧水 5 县，则老地名的数量更是无法估计。仅南京市地名委员会办公室开通的全国首家地方性地名专业网站“南京地名网”上，就有 15000 条左右地名，老地名大概不下万条。

这动辄千万的老地名，仿佛工笔画一样，一笔一笔地描绘出南京区域不同历史时期的面貌、不同地域空间的状况、不同社会阶层的生活，这是老地名绘就的南京《清明上河图》，但比《清明上河图》更加丰富与细致，这是老地名绘就的《南都繁会图》，但比《南都繁会图》时间更长、空间更广。这里不妨举两个例子，以强化我们对南京老地名的这种认识：

2000 年，笔者的《古都沧桑说南京》发表于《江苏地名》该年的第 1 期。文中“古都沧桑，地名可以作证”一节，指出南京历代称谓的变迁，浓缩了南京的沧桑岁月：“伴随着辉煌的成功与没落的屈辱，南京历代称谓有时大气磅礴，有时低迷沉沦。”大气磅礴者如楚之金陵、吴之建业、明之应天、太平天国之天京，低迷沉沦者如唐之归化、白下。

2004 年年底，南京市社会科学院文化与历史研究所赵德兴研究员发布在网上的《故都印记》一文，概括出南京老地名的九大文化特征：自然与人文有机统一，凝重的历史沧桑感，依稀可见的都城印记，文脉相承的龙凤文化，浓厚的宗教文化色彩，“唯才是举”的科举文化，朱门豪宅的士族文化，浓郁的古商业文化气息，异彩纷呈的平民文化。

由上举两例已经约略可见，大到城市名称，小到街巷村里，以及人文色彩浓厚的大大小小、纷纷杂杂的自然地名，使得南京这部百科全书，内容是那么的丰厚，阅读的感觉是那么的引人入胜、启人心智，而掩卷沉思，我们无疑会生出保护老地名、留住老南京的冲动感与责任心：

——无论你是南京人还是外地人，是中国人还是外国人，走在南京这座城市里，如果你关注老地名，走起来就不会寂寞，因为你时刻在发现，在惊喜，在回味，在追溯……老地名是认识老南京、感觉新南京的工具书。也许新南京存在着现代城市千城一面的若干遗憾，但通过老地名，你终会发现南京城市独有的文化特点与特别的文化心态。貌朴质实的老地名，在南京这座城市，已富含着广泛的文化象征意义，而南京人也因此产生了浓郁的老地名情结。

——历史如大浪淘沙，不好的老地名逐渐湮灭了，保留下来或经过雅化的老地名自有其存在的理由。所以，南京老地名轻易不能废弃。在国外如日本，老地名保护被提升到了非常的高度，日本民间有众多的老地名保护协会，老地名被视为时间的化石、日本人共同意识的结晶体、日语的重要组成部分、日本历史文化和风土人情的具体表现。这是值得我们借鉴的。

——南京老地名是南京城市历史的象征、文化的标志、风俗的符号。保护南京老地名就是保护南京城市的历史文化。南京老地名应上升到历史文化遗产的高度。而取用新地名应当慎重，既体现出新南京的新面貌、新追求，又力求与老地名和谐一致、巧妙衔接，这也是研究南京老地名给我们的现实启示。

（作者系南京市行政区划地名协会地名专家组副组长、南京大学历史学院教授、六朝博物馆馆长）

北京市门头沟区发挥专家作用确保普查质量

为扎实推进门头沟区第二次全国地名普查工作，保证普查成果质量，严格执行《第二次全国地名普查质量管理规定》的要求，门头沟区地名普查办于2015年率先成立区级地名普查专家组。专家组主要由区政协推荐的5名专家组成，专家组成员对门头沟区历史、文化、地名领域进行过深入的研究，其中部分成员还参与过区地名志、区军事志等书刊的编撰工作。在区地名普查领导小组的领导和区地名普查办的统筹协调下，专家组负责普查工作中地名历史文化相关信息的咨询、指导和地名普查成果的审核工作；承担地名普查工作规程、标准规范、成果应用的咨询、论证和评估工作；承担地名普查办委托的地名普查理论研究及其他事项。

在门头沟区第二次全国地名普查工作中，专家组的作用发挥十分积极和明显。在前期收集资料阶段，区地名普查办协调专家组成员，贡献出自己珍藏的地名类书籍，为外业单位提供了大量有重要参考价值的历史资料，为地名普查外业调查工作提供了坚实的数据资料支持。在普查验收阶段，门头沟全面组织开展专家验收工作，专家组对门头沟区地名普查成果共提出了513条修改意见。区地名普查办实施专家"一对一"验收办法（即一个专家配一个记录员），专家逐一查阅地名普查表单的同时，认真梳理问题，记录员对问题进行记录汇总。如出现不同意见，由专家共同讨论解答，做到现场解决，绝不拖沓。此办法保证了地名普查数据的准确、全面，保证了区地名普查办、专家与外业单位之间信息交换的便利、高效，同时也为其他区地名普查专家验收工作提供了经验支持。

在市、区地名普查领导小组的指导下，门头沟区地名普查办注重发挥专家作用，确保了普查全过程的工作质量。在地名文化保护、地名标准化、审音定字等工作中，专家组建言献策，力求通过地名普查工作掌握地名基本情况和基础数据，提高地名标准化水平，加强地名信息化建设，以全面准确的地名信息为门头沟区经济与社会发展提供服务。

阳泉市召开地名普查核查验收通报会

为传达省级地名普查成果核查验收结果，安排部署下一步整改工作，日前，阳泉市普查办召开地名普查成果核查验收通报会。

会上，市地名办通报了省级地名普查验收情况，汇总并指出此次验收中发现的共性和个性的问题，分别与各县（区）、开发区，从成果表、数据库建设、技术难点等方面进行了一对一的沟通，提出了整改意见。同时要求各县（区）要按照省普查办《第二次全国地名普查质量评价体系》中的得分清单，逐项逐条核对，对成果中存在的问题认真整改，并尽快将整改后的成果上报，接受市级的复查验收，在验收过程中，若发现对整改工作有搪塞敷衍或存在问题没有得到彻底纠正，市普查办将采取相应的惩治措施。会上各县（区）普查办全体工作人员表示，将根据提出问题认真进行整改、查漏补缺，为迎接省级、国家验收做好准备。

市普查办要求，各县（区）普查办要充分发挥其主导作用，尽职尽责；技术服务公司要认真履行合同规定的各项任务目标；普查办与技术服务公司要相互配合、相互协调，充分发挥 1 +1 >2 的精神，携手共同完成普查任务。

上海市青浦区完成第二次全国地名普查成果报验工作

日前，上海市青浦区及其他 5 个区地名普查成果先后通过了街镇、区级、市级三级验收，率先完成成果报送国家地名普查办验收工作。

青浦是一个人杰地灵、文脉深厚的地方，青浦境内最早的地名记载可追溯至《左传》。为此，普查人员仔细翻阅了各类区（县）志、地名志、乡镇志及历年地名审批材料，类似《章练小志》《蟠龙镇志》等史志目前都已是珍藏版；同时深入全区 11 个街镇、256 个村（居）委进行实地收集、调查和登记录入。在为期一年的普查过程中，收集 9 大类地名条目数共计 5000 余条，采集 7474 条目照片（包括现场拍摄后未作为成果提交的条数），照片总数 22582 张，视频文件 1628 个。此外，还按国家要求完成了历史地名、地名成果图和地名标志的普查、登记及成果制作。

平湖市有序开展地名普查工作

作为浙江省第二次全国地名普查试点单位，平湖市认真贯彻落实省政府的部署和《浙江省第二次全国地名普查实施方案》的要求，科学谋划部署，率先在全省制定出台了《平湖市第二次全国地名普查补查与资料更新实施方案》，及时召开全市第二次全国地名普查工作动员会议，按照“统一领导、分工协作、分级负责、共同参与”的原则，采取“条块结合、以条为主、按块上报”的工作思路和要求，采取切实有效的措施，开展广泛宣传发动，扎实有序地推进全市第二次地名普查工作。此次普查共采集到12大类42中类地名，收集地名成果数据8447条，另有地名标志1032条，多媒体采集数量8459条。

坚持“四个到位”，夯实普查基础

领导重视，组织到位。该市高度重视地名普查工作，将普查工作列入政府重要议事日程。2014年10月31日，制定出台了《平湖市第二次全国地名普查补查与资料更新实施方案》，并在2010年普查试点基础上，结合政府人事变动和机构改革，充实调整领导小组成员单位和分管负责人，明确各普查成员单位工作职责。各镇街道也相继成立了主要领导任组长、分管领导任副组长、各相关部门负责人为成员的普查工作领导小组，制订各自普查工作方案，开展地名普查工作。

分工明确，职责到位。召开第二次全国地名普查补查与资料更新工作动员会议，具体部署普查各项工作。制定下发《平湖市第二次全国地名普查补查与资料更新工作规程》，及时建立起成员单位动态联络机制。在总结普查试点基础上，明确部门和镇、街道两个普查主体，普查重心由“块为主”转为“条为主”。前期数据采取“部门上报条线数据、普查办审核入库导出、镇街道实地核对补充”的流程；后期审核采取“自下而上、逐级验收”的工作制度。

财政保障，技术到位。按照“厉行节约、勤俭普查”原则，市财政安排用于普查专项经费76万元，并依据普查数量与质量，按每条地名奖励20元、16元、12元的标准，分别对基层普查员实施激励与奖励。在全省率先与普查技术服务单位就普查专项软件项目进行竞争性谈判，双方对技术服务内容和双方权利义务达成共识，为普查数据入库和转换提供更为便捷准确的技术保障。

设备添置，人员到位。考虑到普查工作的时限性要求，市地名普查办从社会上招聘4名大学生进行人员补充，专职普查数据的梳理、核对和入库，并根据省厅对普查设备的要求和地名成果打印需要，重新采购2台专用电脑，配备彩色打印机和高速黑白打印机。召集各成员单位和镇、街道联络员参加第二次全国地名普查工作推进视频会议，明确要求相关单位配置专门人员，进一步明确普查工作主体职责和任务，扎实有效推进普查工作顺利开展。

强化“三级培训”，提高普查效率

强化内部培训，提升自身素质。为切实提高自身业务能力，确保市级层面每位成员都能够熟悉地名业务，掌握普查软件，该市对市普查办内部成员进行了普查工作规程、数据库安装、上报数据审核、数据规范入库等系列培训。

强化部门培训，确保数据权威。为使部门普查员尽快熟悉普查相关专业知识，分两个层次对部门进行业务培训：举办全市 19 个部门的 35 名普查员参加的业务培训班，对全市涉及专业数据上报的人员进行统一培训。为更好地服务部门，针对不同业务部门地名普查的特殊性，召开 10 支驻平部队相关人员的专场培训；对经济和信息化部门相关人员进行企业普查登记培训；对全市银行、保险、证券等 25 家金融单位进行统一培训。

强化基层培训，严格作业规范。针对嘉兴港区（乍浦镇）特殊的管理体制和地名管理现状，该市召开多方协调会议，主动对接联系，明确数据收集的属地责任，确保行政区域内普查工作全覆盖。为使基层普查员严格作业规范，尽快熟悉地名普查的相关知识、工作流程和技术规范，对嘉兴港区（乍浦镇）涉及普查内容的 19 家单位进行全面培训；对全市各镇街道、村社区共计 320 名基层地名普查员，分两批次开展了普查培训。

坚持“四个注重”，确保普查质量

内收外调，注重翔实。严格按照工作规程中的地名分类和要素开展全面收集和调查，力求做到各类地名不漏不缺，地名属性信息翔实准确。一方面，抓好内业收集，充分利用前期编纂出版《平湖市地名志》（2013 版）、《平湖市地图册》（2014 版）、《平湖地名故事》（2016 版）优势，充实完善地名的文化属性信息。同时，依据专业部门提供第一手翔实资料，通过对已出版的部门（乡镇）志等志书，对上报的资料情况进行整理、甄别。另一方面，抓好外业调查，组织基层普查员对辖区内所有规模以上企业、金融机构、机关事业、学校医院等单位进行上门作业，实地调查采访地名现状，查清各类地名地理属性等相关信息，并做好 1:10000 比例尺工作图标注与多媒体照片拍摄工作。

业务指导，注重规范。按照《第二次全国地名普查工作规程》要求，结合平湖实际，因地制宜，科学制定了《平湖市第二次全国普查补查与资料更新工作规程》，对普查试点、普查对象、普查内容、操作方法、工作流程和验收标准进行统一。调整设计了37类地名登记表，制作了各类地名属性数据规范填写样例，将试点数据整理导出，分发到基层普查员手中。在此基础上，市普查办还经常组织上门培训辅导、开通地名普查咨询热线电话、建立普查人员QQ群、微信群，及时帮助解决普查中遇到的技术难题和疑难杂症，有效地规范了普查的业务操作流程，对各类调查表格的填写预先把关，切实提高普查质量。

逐级审核，注重把关。在地名普查资料成果验收阶段，采取了自下而上、逐级验收上报制度。村社区基层普查员按照工作规程要求，认真填写《地名普查目录表》《地名普查类别登记表》和《地名普查标志登记表》，正确标注《地名普查工作图》，经镇、街道初审后，上报市普查办审核。审核通过后，方可录入国家地名数据库；凡不符合要求的地名，一律要求退回重新调查补充和修订，确保了验收成果的真实可靠，有效地保证了全市第二次地名普查工作的质量。

查漏补缺，注重质量。对照《浙江省第二次全国地名普查质量评价体系》及监理过程中发现的问题，采取积极的整改措施：梳理地名普查采集的地名属性类别，依据《地名分类与类别代码编制规则》，重点是对城镇居民点与农村居民点、建筑物与纪念地的地名类别进行审慎判定；补充多媒体与地名标志数据。按照《第二次全国地名普查数据建库与管理软件设计规范》中对汇交数据格式及文件命名规范要求，确保地名多媒体数据及相关地名标志完全挂接；完善罗马字母拼写。依据《中国地名汉语拼音字母拼写规则》，对除自然村镇外的所有地名的专名、通名进行手动修改，并改正部分地名用字中多音字的汉语拼音拼写，对地名中部分原读音与汉语普通话读音不一致的地名，单独录制音频文件；强调地名来历、含义、历史沿革的描述。依据全省地名普查属性库存中主要问题的参考写法，按照描述准确、内容翔实、文字组织简练的要求，结合《平湖市地名志》（2013版）进行了多角度、多方位的充实完善，规范普查状态的填写。依照《第二次全国地名普查数据建库与管理软件设计规范》中有关地名普查状态，是指与国家配发的普查用矢量图相比较的地名状态，明确普查四种状态（不变、增加、删除、修改）的填写规范。

温州市注重保护传承地名文化

在第二次全国地名普查工作中，进一步规范了地名命名的程序，确立了地名规划的地位，拓宽了地名数据信息渠道。该市在此次地名普查中，注重清理整顿不规范地名。对多地重名、有路无名、一路多名等不规范地名进行一次全面清理筛查，实行标准化处理，依法依规设置路门牌；注重地名文化遗产保护工作。市民政局联合市规划局、市住建委、市文广新局、市旅游局五个部门下发《温州市地名文化遗产保护工作实施方案》，明确了温州市地名文化遗产保护对象及保护范围，确定了新增地名文化遗产的申报范围、条件和程序，规定了保护与管理方式，多部门联合认定机制更有利于地名文化遗产保护工作落到实处。五部门联合认定的地名将列入《温州市地名文化遗产保护名录》，坚持使用为主、注重传承的原则，这些地名一般不得更改；若因特殊原因不再使用的，相关部门将按照地域就近原则在新建地理实体命名时优先采用，未被采用的，将采取挂牌立碑等措施加以保护、宣传。

莱芜市构筑“三个工作体系”全力护航地名普查

莱芜市针对地名普查标准要求高、专业性强、涉及面广的实际情况，结合每个工作环节特点，通过构筑科学工作体系，落实工作责任，提供科学指导，强化工作监督，既加快了工作进程，又保证了工作质量，全力打造地名普查成果精品。

确立科学“导向体系”，以明确的工作思路和方法指导基层开展工作。地名普查工作面广量大，技术含量高，而各级民政部门大都是初次接触这项工作，缺少普查工作经验和技术支撑，为了引导他们尽快适应新工作，少走弯路提高效率，市地名普查办建立了多层次的指引系统，引导各级各部门开展普查工作。首先，结合上级下发的指导文件，并借鉴兄弟地市的经验，研究制定了一系列的指导性文件，编印《莱芜市地名普查指导手册》，为各个地名普查类别配以标准表格和详尽明晰的文字说明，包括调查内容、填写要求和注意事项等，全市地名普查工作人员人手一册，按图索骥，使普查工作人员在开展地名普查时有的放矢，会干巧干，大大提高了工作成效。其次，举办集中培训班，培训各区各单位的工作骨干，重点教授普查工作的组织方式、工作程序、普查内容和表格填写等，提高普查人员工作能力和业务水平，并借助他们的力量组织带动各级各单位工作的开展。最后，开展试点工作。选择典型的镇、村和部门单位进行工作试点，积累经验，同时在实践中培养工作队伍，增强工作人员的实战能力。这些科学实用的工作方法和得力能干的工作骨干，成为普查工作的有力支撑，推动整个地名普查工作攻坚克难，实现了一个个预期目标。

健全严密的“督导体系”，督促普查工作的开展。第一步立下工作标杆。地名普查工作时间紧任务重，而参与工作的部门单位和人员多，必须明确责任，加大工作监督力度。以市政府名义下发地名普查领导小组职责分工，对各职能部门的具体工作内容和要求进行了量化，实行了分工领导负责制，确定了联络员，做到责任到单位、到人。每个工作阶段制订了工作方案，明确任务要求和完成时限。工作伊始就立下规矩和标杆，使工作“有法可依”。第二步加强检查验收。工作的每个阶段都组织检查组深入各级各部门进行检查督促，并利用工作简报的形式公布工作进度，督促工作开展。在工作资料征集和地名数据库属性库建设等阶段性任务完成后，严格进行检查验收，事先印发省厅制定的普查工作标准和验收达标文件，指导各区和各职能部门自查，然后组织人员对照标准对普查成果进行全面检查验收。第三步强化整改力度。对检查验收中查出的问题召开会议进行说明，并从各区抽调工作人员进行集中办公，指导他们对主要问题进行集中修改完善。对省厅每次会议的部署要求和组织的三次现场指导活动中提出的问题和意见，市普查办都组织各级普查工作人员进行传达学习，形成工作文件，树立新的工作标准，针对检查组指出的问题，研究整改方案，督促各区和有关部门贯彻省厅指导意见，迅速整改，提高地名普查工作质量。

建立专业的“智库体系”，为地名普查工作提供智力支持。市、区两级以地名普查组织领导机构为依托，加强专业队伍建设，聘请地方文化名人和专业人士组成顾问队伍，对地名普查工作进行指导帮助，尤其是在地名资料征集整理和表格登记阶段，这些专业队伍起到了重要的作用。

为了加强外业调查和数据库建设，通过政府招标聘请具有丰富工作经验的专业公司开展工作，特别是在数据库建设的后期阶段起到了关键的作用，在数据库属性资料的修改完善和地图修测方面提供了大量技术支持，大大提高了地名普查工作进度和工作质量。

科学完备的工作体系，对全市的地名普查工作起到了很大的助推作用，通过努力全市地名普查数据库于 4 月底通过了省厅的验收，地名普查工作取得了阶段性成果，为下一步的成果转化应用奠定了坚实的基础。目前莱芜市正在谋划“地名志书”等地名图录资料的编纂，计划与史志办等文化教育部门加强合作，构建新的顾问指导班子，制订工作方案和编写指引，组织各级民政和有关部门共同完成后续的地名普查成果转化工作，使地名普查成果真正开花结果，服务于经济社会发展。

玉溪市着力抓好地名普查核查工作

按照国务院和省第二次全国地名普查领导小组办公室的统一安排部署，云南省玉溪市对所辖 9 个县区的地名普查工作及普查成果逐一进行实地核查，实现核查范围全覆盖。市级核查组以“严”的要求、“实”的作风，采取了“查、看、议、听、点、评”的“六步”工作法，即查阅台账资料、随机抽查实地核验和数据库比对查验、综合分析评议打分、听取分管副县（区）长汇报工作情况、专家点评、领导讲话点评，扎实有序地开展市级检查核查工作。目前，全市共形成国家区划地名数据库数据 28203 条，地名标准化处理 747 条，地名文化信息 489 条，深入挖掘和保护了一批极具特色的少数民族语地名文化成果。

层层压实责任，级级传导压力。玉溪市认真学习贯彻民政部部长黄树贤同志在第二次全国地名普查验收暨成果转化视频会议上的讲话精神，以《云南省第二次全国地名普查工作规程实施细则》和《云南省第二次全国地名普查验收办法》为依据，以《第二次全国地名普查质量评价体系》为基准，自下而上逐级逐一完成县级自查和市级核查。市、县两级地名普查办切实把责任扛在肩上，层层压实责任，级级传导压力。根据云南省地名普查工作情况的通报，针对玉溪存在的县级自查工作滞后、数据入库率较低等问题，市地名普查办对各县区进行了全方位的深度督查检查，从组织管理不到位、技术监理不到位、职责边界不清等方面进行了认真分析研究，及时建立一周两报质量进度表制度、上级约谈制度、向分管县领导通气通报制度等。峨山县充分发挥地名专家咨询委员会的作用，制定了地名成果表填报规程，明确规定了地名来历、含义、历史沿革、地理实体概况等表述内容和表述顺序，这些做法在确保地名普查的进度和质量上起到了良好的作用。

坚持问题导向，深入查找问题。玉溪市把质量控制作为整个地名普查工作的生命线，敢于碰硬较真，敢于红脸出汗。在检查核查中，各县区都不同程度暴露出存在的问题，既有本地的个性问题，也有面上的共性问题。各县区普遍存在“漏登”“漏采”“漏填”“漏报”“漏标”五漏现象，有的地名和语种分类不对，有的地名来历含义不清，有的少数民族语地名译写释义不准，有的罗马字母拼写有误，有的标准化处理不规范，等等。针对这些问题，市地名普查办要求各县区把“全、准、文、改、新”五个字作为整改的原则和方向。“全”就是地名普查要全面，“准”就是填报数据和内容要准确，“文”就是要注重挖掘地名文化特别是少数民族语地名文化，“改”就是要按程序进行地名标准化处理，“新”就是普查的内容要有时代性。易门县不断丰富普查内容，加强完善地名内涵，注重采集彝族等少数民族语地名的录音录像，共录入多媒体信息 6270 多条，其中少数民族语及方言读音 418 条。红塔区注重调动和激发成员单位、技术服务单位的工作积极性和主动性，凝聚普查共识，形成普查合力，不照抄照搬“一普”的资料，及时更新地名基础信息，用“一普”的精神推进“二普”的工作，高质量完成涉及 11 大类地名普查目录 4035 条，比“一普”时期的 895 条，数量增长了近 5 倍。新平、通海、澄江等县也针对跨界自然地理实体漏登、重要自然地理实体漏标、成果图标注严重移位等问题进行了现场整改。

及时整改不松劲，补齐短板抓落实。各县区以检查核查为契机，针对市级核查组提出的意见和建议，严格遵守普查验收和质量评价标准，不松劲，不歇脚，克服“差不多”的自满心理，树立彻底达标、不留死角的思想观念；克服“不会抽查到我”的侥幸心理，树立欢迎抽查随便抽查的思想观念；克服“已比别人好”的骄傲心理，树立“没有最好只有更好”思想观念。用钉钉子的精神，查缺补漏，精益求精；用啃硬骨头的毅力，及时整改，补齐短板。江川区针对地名重名问题，注重听取当地群众意见，按规范程序加强标准化处理，进一步推进全县地名规范化管理。通海县对核查中发现的问题，一条一条加以分析，一条一条制定整改措施，全面实行问题清单、措施清单、责任清单，“对策”“对标”“对账”“对人”抓好全面整改，彻查彻改、不留死角，真正做到改到位、改彻底。元江县针对少数民族语地名文化挖掘保护不够的问题，组织民宗、文化、民间艺人等专家，以羊街、那诺两个乡为重点，抓紧编纂哈尼族地名文化故事文集。

玉溪市在整个普查过程中，各级普查办、技术服务单位的干部职工，顶风冒雨、披星戴月进行外业采集，克服了“行万里路”的艰辛；废寝忘食、挑灯夜战进行资料翻阅，克服了“破万卷书”的寂寞。正是大家以这样一种燕子垒窝的恒劲、蚂蚁啃骨的韧劲、老牛爬坡的拼劲，才有力地推进了全市地名普查工作。下一步，玉溪市将按照省地名普查办的要求，在抓好整改落实的基础上，切实抓好图录典志编纂和普查档案归档工作，深入推进地名普查成果开发利用，向党和人民交出一份满意的答卷。

汉中市、安康市召开会议推进地名普查验收工作

日前，汉中市地名普查办结合实际采取“三项措施”推进地名普查验收阶段工作，走好提升成果数据质量的“最后一公里”。

汉中市召开全市地名普查质量提升推进会，会议分析了全市地名普查工作情况和存在问题，充分肯定了各县区自去年 10 月下旬以来的地名普查工作成果。会议强调，经过省级验收和互查活动，发现本市在成果表内容方面距离国家验收标准还存在较大差距，各县区不能有丝毫懈怠，还需严把质量关，尽早形成符合国家验收标准的地名普查成果数据。市普查办将省检查组反馈的意见和在实际地名普查过程中遇到的问题进行提炼和总结，形成《地名普查常见问题整改指引》并下发，从多媒体数据、空间数据、罗马拼音、成果目录等 13 个方面详细阐述了常见问题的整改途径，为各县区下一阶段的数据整改和完善指明了方向。汉中市地名普查工作已进入最后攻坚阶段，全市将秉持着“精神上不放松，行动上不迟疑”的信念，积极制定措施，确保各县区地名普查成果达到国家质量标准。

安康市在石泉县召开第二次全国地名普查工作观摩暨推进会，对全市第二次全国地名普查整改、完善和提升工作进行再安排、再部署、再推进。会议观摩学习了石泉、宁陕、平利地名普查工作档案资料，传达了 5 月 21 日全省地名普查工作会议精神，各县区围绕工作存在的问题和下一步打算一一作了表态发言，通报了全市“二普”工作以来的开展情况，分析工作中存在的问题，研究部署安排下一步整改、规范和提升工作，对地名普查属性信息规范填写进行了讲解培训。会议指出，第二次全国地名普查工作已经到了最为关键的冲刺阶段，各县区要进一步认清全市地名普查工作形势，进一步统一思想认识，继续发扬和保持前期忘我的工作劲头和状态，坚决克服松懈厌倦情绪，以高度负责的精神，不打折扣全面

落实好省、市普查办反馈的问题。会议要求，各县区要迅速行动抓整改，重点紧扣完善数据库、规范工作图标注、提升成果表填写质量、充实组织实施资料和开展普查保密专项自查整改等工作，突出薄弱环节，强化增补措施，抓重点、攻难点，迅速行动起来，奋力冲刺，在狠抓整改工作上下功夫，投入必要的人力、物力，再次掀起地名普查新高潮，坚决打好最后这一仗。会议强调，在国家检查验收中，哪个县区、哪个环节出现问题，要坚决追究“一把手”责任，各县区要强化责任担当，普查办继续发挥普查主导责任，细化任务分工，做好统筹服务，全面查缺补漏，确保把每一项整改中存在的问题全部解决，确保顺利通过国家验收。

知识普及

“二普”成果上报的资料有哪些

普查成果经国务院地名普查办审核通过后，由省级地名普查办组织汇总，上报国务院地名普查办。上报资料包括：

（一）国家地名和区划数据库数据。

（二）第二次全国地名普查地名目录。

（三）第二次全国地名普查地名成果表。

（四）第二次全国地名普查成果图。

（五）第二次全国地名普查地名标志登记表（数据库中的电子文档）。

（六）第二次全国地名普查地名用字读音审定申报表。

（七）第二次全国地名普查地名标准化处理统计表。

（八）地名普查工作总结。

（摘自《第二次全国地名普查指导手册》，中国社会出版社 2014 年版）

我国地方历史地名文化保护的主要做法及需求分析

雍玉国

当前，我国正在开展新型城镇化建设，新区开发、旧城改造、道路建设等都需要命名地名，都存在历史地名保护问题。在中央城镇化工作会议上，中央领导同志对历史地名保护提出新的要求。在这种形势下，总结全国各地历史地名保护的做法，分析今后工作需要注意和加强的问题，是必要和有益的。

历史地名是指具有一定使用时期的地名。在我国一般是指新中国成立前的地名，也有指改革开放前的地名。历史地名文化则是指历史地名中极具文化内涵的地名及所反映的不同地区、不同时期的不同文化特征。这种反映又因其对社会影响的大小不同而具有不同的文化价值。因此，我们说，中国历史地名中反映的文化特征是中国文化在一个地区的特殊印记，是中华文化的根脉和年轮。1992年联合国第六届地名标准化会议指出："地名有重要的文化历史意义，随意改变地名将造成继承文化和历史传统的损失。"历史地名文化保护不仅是从行政许可上不允许随意改变历史地名，这只是保护的一个方面，当然是很重要的方面。但更重要的是挖掘历史地名背后隐含的丰富文化内涵，并使广大民众得以知晓和珍惜，形成保护的文化氛围，才是历史地名文化保护的根本。正是从这个意义上讲，历史地名文化保护的过程，实际上是一个挖掘和弘扬历史地名文化的过程。通过与有关地区、城市交流，可以看出我国地方历史地名文化保护的主要做法，这些做法对全局的正确谋划和指导有重要意义。

一、大力宣传，动员民众重视保护

通过宣传造势，营造历史地名文化保护氛围。由于历史地名具有不可替代的价值特征，当地民众往往对与之朝夕相处许多年的历史地名怀有浓厚的情感，而且这种感情与历史地名的文化价值成正比。一个历史地名的消失往往会在当地社会引起关注，有的还会掀起对历史地名保护的广泛热议。因此，各地都十分注重历史地名文化保护氛围的营造。通过报纸、网站和电视等手段与群众交流互动，有的还开展“海选十佳历史地名”“复活历史地名”等活动，历时几个月，吸引了数万人次参与，努力将宣传效果最大化。有的城市还通过媒体开展“地名文化宣传大使”评选活动，把当地热心地名文化且成绩显著的人士评选出来，以此推动历史地名文化的宣传与弘扬。这一系列的活动，中央电视台、《人民日报》和当地媒体均曾给予报道，在全市、全省乃至全国引起反响。

二、搭建平台，组织专家参与保护

组织专家学者，深入挖掘历史地名的文化内涵。历史地名的特点就是其文化的隐含性。作为具体指代称谓的某个地名，你可能天天称呼、耳熟能详。但对这个地名的来历、故事、变迁和文化意义等你可能不了解或不全部了解。历史地名具有的这种实体指代称谓和隐含历史文化的双重性，决定了历史地名文化保护要充分发挥专家学者的调查和挖掘作用，把隐含在历史地名中的丰富文化内涵整理出来，并通过多种手段广为宣传，才能达到历史地名文化保护的目的。多年来，各地普遍成立地名协会，有的还成立专家组，协助地名行政机构，发挥专业优势。根据历史地名文化保护的需要，经常研究确定项目，搭建工作平台，组织协会和专家开展各种形式的历史地名文化整理挖掘和宣传工作。有的从单个地名入手，针对几十条、上百条有影响的历史地名，组织专家收集资料、详细考证、撰写释文，经过多次论证修改后，编著成历史地名释文选编。有的组织专家认真评选千年古镇，撰写释文评语，策划宣传景点。《光明日报》曾专门撰写了《××市认定12古镇，留住老地名就是留住历史》的评论文章。有的组织专家在不同节日、纪念日前夕介绍相应的地名文化和地名故事，使民众对历史地名中民俗文化不断了解、增强认知、提高自身文化内涵。有的组织专家编辑地名刊物，参与地名科普宣传、地名干部业务培训等，为历史地名文化保护作出了积极贡献。专家们虽然年纪较大，但责任心强，不计较报酬，工作一丝不苟、尽心竭力，成为各地历史地名文化保护的重要力量。

三、主动服务，推动社会共同保护

各地地名协会发挥专业优势，主动为社会服务。经常主动为开发建设单位提供地名命名服务，受到相关单位的欢迎和好评。在为建设单位提供命名服务的过程中，深入调查当地的历史文化资源，结合建设项目的性质，提出多种命名建议，反复讲解文化内涵，从而使建设单位主动接受采用了许多已消失的历史地名，使之重新回到现实生活，得以“复活”。在新起的名称中也注重现代和历史、人文和自然、诗意和民俗相结合，注意弘扬历史文化底蕴。进一步提升了命名区域地名的文化性、规范性，同时也提升了各地协会的知名度。

四、文化解读，总结特征综合保护

通过著书立传，夯实地名文化保护基础。盛世修志、传承文明。地名作为重要的历史文化产物，最基础、最传统的保护手段就是研究考证、编史修志。以此记载、保存，传承地名文化。如果说评选最有价值的历史地名并撰写释文、广为宣传，是对单个地名的文化保护。而针对一个地区、一座城市的所有历史地名进行文化解读，则是对区域性地名群文化进行的挖掘和诠释。这是一种更高层次、更广范围、更加综合的历史地名文化工程。如有的城市对当地一大批重要地名发展的规律、渊源、背景和文化内涵进行深入演绎，归纳出该城市地名群的九大文化特征，如山水形胜传佳名、历尽沧桑索正道、筑城霸业帝王气、龙凤崇拜同文脉、暮鼓晨钟引幽径、闻鸡起舞跃龙门、钟鸣鼎食土府宅、市井工商服锦绮、寻常百姓风土情等，不仅资料精准翔实，而且具有较高的文学阅读和收藏价值，出版发行后给人耳目一新的感觉。

五、多方考证，出版辞书规范保护

编写地名辞书，奠定地名文化保护基础。一座城市、一个地区的地名成千上万，每条地名各有不同的传说和故事，如何认真考证使之逐步规范统一，是历史地名保护的重要任务。有的城市编写地名大全，对几万条地名从音、形、义、位、类五大方面作了具体介绍，并请资深地名专家反复审核把关，由正规出版社印刷出版、公开发行，精装设计。按辞书编排，分为目录、序、前言、概述、凡例、首字索引、拼音索引、正文、附录和后记等内容，总计约200万字。此地名工具书出版后，受到该市社会各界的广泛赞许，媒体争相报道、高度评价。突破了《地名录》的局限，既有使用价值，又有文化意义。

六、注重“复活”，命名过程加强保护

重新使用历史地名，就是最好的保护。各地地名部门的同志深深感到，没有历史记忆的城市，是缺少文化内涵的城市。历史地名就是历史记忆，要使之流芳百世、千古传诵，手段之一就是要重新启用已消失的历史地名，使之焕发青春，只有继续使用它、称呼它，才是最好、最有效的保护，才能提升城市的文化品位。有的城市在市民提供、推荐的消失历史地名中，遴选了一批历史地名名单供有关部门在给新建的居民区、路街巷、桥梁、高层建筑、公交站、人工湖起名时作为参考。在命名工作中经常不断地向有关企业和建设单位建议使用历史地名。这一做法取得明显保护效果。《人民日报》曾对某市复活老地名的做法评论道：“对老地名的保护，就是让城市恢复它的历史记忆，让城市文化的‘血脉’源源不断地向未来岁月流淌，从而滋养着生兹在兹的市民，滋润着快节奏的生活。”

七、建立体系，统一评定分级保护

建立保护体系，实施统一评定和分级保护。众多的历史地名如何择其有文化价值的加以保护？有的城市采取“市民普选、专家评定、申报非遗、分级保护”的系统办法进行历史地名保护。就是首先动员市民根据自己的认识，普遍提出需要保护的历史地名名单，在此基础上统一汇总，由有关专家按一定的标准和规则进行打分，依分排序，分别纳入“申遗”地名名录，市级和区级历史地名名录。对申报非物质遗产的地名按一定的程序专门申报，经市批准后统一纳入非遗系列进行保护。从而使历史地名保护工作突破部门界线，成为全市的工作，成为全社会的行为，成为有关部门文保工作的重点之一，从而形成历史地名文化保护的合力。

八、地方立法，规范行为依法保护

规范的政策法规体系，是依法保护历史地名工作的制度基础。有的城市在制定当地地名管理条例时，特地增加了“历史地名保护”一章，明确了历史地名的

概念、保护原则、保护措施和保护机制等内容，特别强调了“列入非物质文化遗产地名保护名录的地名应当重点保护”“变更历史地名保护名录中仍在使用的地名时，应当充分论证、确定保护方案并经公示后，按照规定的程序办理”“历史地名保护名录中未使用的地名应当优先启用；未被启用的，应当采取挂牌立碑等措施加以保护”“建设部门在城市建设改造中，需要对历史地名保护名录中涉及的地理实体拆除或者迁移的，应当会同地名主管部门制订地名保护方案”“对列入非物质文化遗产地名保护名录的地名，应当由市地名主管部门设置非物质文化遗产地名标志。标志上应当载有名称、释义、历史文化价值等内容”的条款。从而使历史地名保护工作上升为法律行为，明确责任、各负其责。

在总结我国各地历史地名文化保护的基础上，展望我国新型城镇化发展的美好前景，可以预测，新型城镇化过程中人们对历史地名文化保护的需求越来越高，分析认为，在今后的工作中，以下几点需要地名部门和有关人员特别关注和重视。

第一、更名工作需要更加谨慎

以所谓发展为理由随意更改历史地名的现象受到社会的普遍质疑，不少地方由此引起群众不满和反对。在新型城镇化的过程中，我们应该吸取教训，诚恳听取专家和群众的意见，尽量不改名，特别是不改历史文化内涵丰富的地名。必须改名的也要谨慎处理，多采取移植的办法，尽量把历史地名都使用起来。

第二、地名工作需要扩大立法

随着我国地方立法范围的扩大，地名工作也要扩大立法地区。各地要根据实际积极推动本地区的地名立法工作。特别是已有上位法的地级城市，随着新型城镇化的快速发展，更要积极作为。没有为地名立法的省区市应尽快立法。已经为地名立法的地区和城市要根据新型城镇化的需要修改补充地名法规。不论是新立法还是修改补充都要尽量增加历史地名保护的内容。

第三、地名群文化需要加强挖掘

地名群文化是比单个地名文化更加丰富多彩、更加庞大纷繁的地名文化。

其挖掘整理的方式和表现形式与单个地名文化相比有很大的区别。今后，对地名群文化研究将会加强，要利用时机积极开展。有的专家已利用大运河成功申报世界非物质文化遗产的有利时机，正在研究进行的大运河沿岸地名群文化整理工作。有条件的地区都应积极开展各类地名群文化的研究工作，发展地名文化研究的层次和水平。

第四、地名命名需要提升文化内涵

新型城镇化的发展必然对地名命名工作提出新的更高要求。这种要求的内在要素主要有三，即在地名命名工作中要顺应民众文化需求，加强历史地名文化的保护，尽量保留和启用历史地名；要因地制宜，体现时代特征；要挖掘文化内涵，提升文化品位。地名命名管理部门要组织多方力量积极作为，在新型城镇化的过程中加强历史地名保护，顺应民众呼声，减少命名遗憾，避免引发热议和群谴，把管理寓于在服务之中，提高效率、增强能力，不断提升部门的公共形象，在新型城镇化的伟业中作出自己的贡献。

第五、历史地名文化保护氛围需要着力打造

要根据中央城镇化工作会议上中央领导同志的讲话要求，认真研究措施，切实贯彻落实，进一步营造历史地名文化保护的良好氛围。要加强督促检查和总结指导，表彰先进、促进后进，交流经验、互相启发，纳入有关部门的年度工作计划指标。要以中华文化复兴的大视野看待和认识历史地名文化保护事业，提高有关领导和地名工作者及相关人员的文化自觉，推动历史地名文化研究和保护工作的开展，相信这样的目标在不远的将来一定会实现。

（作者系南京市行政区划与地名协会会长、中国城市地名专业委员会会长）

地名文化释义

李炳尧

地名是一种文化形态,它伴随着人类历史的形成发展而发展,其文化内涵十分丰富。尤其是古老地名积淀了深厚的文化内涵,成为中华文化的活化石。我们要具体阐述地名文化内涵、揭示地名文化的含义,就应当从分析地名文化的形成与发展入手。

一、地名文化的形成与发展

人类的起源与文化的开端,是一对“孪生姐妹”而且血肉相连。地名在人类历史的长河中与文化共生并同步发展,因此,地名与文化也是一对“双胞胎”而共同出生于中华民族历史的“母体”中。如在图腾产生之前,原始人群过着游徙生活,没有群体名称。在图腾产生之后,每个人群都以某种动物或植物作为自身的图腾,并以此作为本群体(部落或氏族)的名称。当每个群体定居在一个地方后,便以图腾作为定居地的名称,这就是远古的聚落地名。我国远古龙虎图腾,传说是女娲、伏羲两部落的名称,经夏、商、周至秦汉,一贯而下,形成了大量的“龙”“虎”地名。据牛汝辰先生在其所著《中国地名文化》中引证,仅《中国历史地名大辞典》收入的以“龙”字起头的地名就多达225条(如龙潭、龙岩、龙山、龙屯……),以“虎”字打头的地名也有近百个(如虎门、虎市、虎邱……)。这一事例告诉我们:中华民族历史上曾经出现的图腾崇拜的原始文化,造就了一批古老的龙虎地名;同时,这些古老的龙虎地名又承载、传承了远古的龙虎文化。可见,地名的形成是一定历史时期的一定文化形态的伴生物,同时,历代形成的地名又是一定历史时期的一定文化形态的载体。

地名,是为某个地理实体命定的专用名称。由于人类已对宇宙星球进行探测，并对地理实体进行命名，所以，地名的定义随之外延：即地名是人们赋予地球和太阳系任何星球上的各个地理实体的专有名称。地名语词是语言词汇的组成部分，是一种语言文化形态。它除具有一般语词的音、形、义等语言文化要素，还有对所指代地理实体的指位和指示空间范围的功能，这是一般语词不具备的。地名语词的音、形、义、位等文化要素的内涵十分丰富，如地名的“音”和“形”涉及各民族不同语言、文字的读音与书写形式，地名语词的“义”（含义）涉及与其命名相关的历史、地理、民俗等方面的知识，地名语词的指位涉及它所处的地理环境及空间分布等地理、测绘、制图等知识。一个小小的地名语词竟然涉及如此丰富的多学科的文化知识。可见，一个地名的诞生之时，就是地名语词文化形成之日。

地名所指代的地理实体（或地域）所承载的文化内涵就更丰厚了。如政区地名省、市、县，在其辖域形成与发展的历史沿革中积淀了深厚的历史文化，其辖域所处的地理环境形成了独特的地理文化，其境内民间具有质朴的传统文化。又如自然地名山、河、湖、洞、泉、瀑等，除具有地质、地貌、景观、植被等自然地理文化外，许多的还有古代建筑、历史事件、名人足迹、故事传说等人文内涵。总之，地名实体文化比地名语词文化内涵更加丰富而深厚，其文化内涵形成的时间有早有晚，处于流变状态。有的是在为这个地理实体命名前或改为今地名前早已积淀的文化，伴随着这个地名的形成而发展；也有的地名实体文化是在这个地名诞生之后形成的，故其文化内涵是伴随着地名的诞生而形成的。虽然，更多的是伴随着这个地理实体的形成及其历史演进中逐渐形成、积淀下来的文化内涵，但只有为这个地理实体命名之后（即地名诞生之后），其文化内涵才能成为地名实体文化。

综上所述，地名的诞生就是地名文化形成的起点，而地名文化伴随着地名的传承、演变而传承、发展。这就是地名文化形成与发展的规律。

二、地名文化的内涵

从地名文化形成的规律可见，地名是文化的载体。地名语词承载着其本身形成的文化内涵，地名实体承载着自身（其空间范围）不断积淀的文化内涵，二者构成了地名文化的全貌。

(一)地名语词文化内涵

地名语词的基本文化要素包括其读音、文字书写、由来含义和所指代的地理实体的位置等语言、地理、历史等文化知识。加之地名语词演变的历史沿革涉及的相关知识,构成了地名语词文化的基本内涵。兹分述如下:

1. 地名语词的读音与书写文化内涵

中国地名标准化技术规范要求每个地名不仅要有一个统一的称谓、固定的书写形式,而且要求其读、写要符合正音、正字的有关规定。按照标准化的要求,汉语地名语词要以普通话作为标准读音,并用汉语拼音字母表示,用规范的汉字书写。少数民族语地名,按照有关技术规范直接从民族文字译成罗马字母(汉语拼音字母),或先将少数民族语地名音译成汉字再将汉字以普通话读音进行罗马字母拼写。我国语言文字形成发展的历史悠久,少数民族语言文字繁多,加之方言、异读、异写及土俗读写等情况,致使全国各类地名的读写十分复杂。归纳起来,主要有三种情况:一是保留的古读与古写。一些古老地名世代传承,把古代读音保留沿用至今。如广东省番禺县的“番”字读 pan 而不读 fan,安徽省六安县和江苏省六合县的“六”字读音 lu 不读 liu,河北省蔚县的“蔚”字读 yu 而不读 wei。与地名中保留的古音同理,一些古老地名中保留的古老生僻字较多,这在一些古籍中是常见的。如《说文解字》中收入的 450 个地名专用字,多为古老生僻字。广西隆安县普查地名 1504 条,其中 24% 的地名含有生僻字,且有的还一字多音,如“咘”读为“布、模、摸、草”几个音,“念”又读作“唸、稔、埝”等。二是少数民族语地名的读写。我国有 55 个少数民族,分别使用 60 多种语言、20 多种文字,因而少数民族语地名的读写情况十分复杂。尤其是一些历史上多民族聚居地区,有的地名形似汉语地名而实则为少数民族语地名,是很难辨识的。如吉林省、吉林市的专名“吉林”,并非汉语地名,而是满语“Girinula”(吉林乌拉)的汉译名,原意为“沿江之城”;包头市的专名“包头”是蒙语“包克图”的汉译,意为“有鹿的地方”。如果地名语词中几个汉字间无词意联系的,比较容易识别为少数民族语地名,但具体是哪个民族语地名则需要具体分析了。如“乌鲁木齐”虽一看便知不是汉语地名,但属于哪个民族语地名呢,有的专家认为是蒙古语地名,但也有的认为是突厥语地名;云南省玉溪市峨山彝族自治县有个村庄叫“栖木墀”,从读写看很像彝族地名,但经考证却是汉语地名。三是方言地名的读写。

由于历史原因，我国各地都有复杂多样且彼此差异甚大的方言地名。甚至在同一民族语言内部，也有不同读写的方言地名。如台湾通行闽南方言，故许多地名是闽南语命名的，如蚵（海蛎）壳港、芎蕉（香蕉）湾、树梅（杨梅）岭、枋寮（木棚）乡等。在闽粤客家地区，用客家话命名的地名也不少，如担竿（扁担）岛、草寮（草棚）等。在地名中用方言命名的通名也较多，且多与该方言区所处地理环境有关。如在秦晋黄土高原有西北方言地名通名塬、梁、峁、峪、滩等；同是河网地区，在长江三角洲的吴方言通名有浜、泾、浦、荡、溇、埭、圩等，而珠江三角洲的粤方言通名则为涌（音嵩）、冲、㙟、沥、塱、埌、石肯、石达等。一些聚落地名的通名，不同的方言区其读写也不相同，如北方农村聚落通名有堡、铺、屯、舍、庄、寨、家、集等，而南方农村聚落通名多为宅、里、基、屋、厝、墟、社等。

2. 地名语词的语义文化内涵

地名语词的由来含义，即地名的命名理据，是地名语词文化诸要素中内涵最深刻最丰富的。它不仅与古今地理学、历史学、语言文字学密切关联，而且涉及民族学、民俗学、训诂学等学科的知识。综析古今各类地名的命名理据，我国地名的命名类型主要有四大类：一是描写自然景观（或地理特征）的，以地名指代的地理实体所处的地理环境及特征（景观）作为命名依据的。此类可称之为"描述性地名"。有的是描写地理方位的，如山前、岭后、汤阴（水南为阴）、沁阳（水北为阳）等；有的是描述地貌特征的，如"井陉"（四周高、中央低，如井之深、如灶之陉）、笔架山、棒槌岛等；有的是描述生物特征的，如鸟岛、葡萄沟、榆树林等；有的是描述矿产资源的，如铁岭、锡山、盐池等；有的是描述地理景观的，如呼和浩特（蒙语意为"蓝色之城"）、白云鄂博（蒙语意为"富饶的丘陵"）。二是记叙人文历史的，以记叙中华民族历史演进中的社会变革、民族迁徙、历史人物、重大事件、历史典故（传说）等为命名理据的。此类可称之为"记叙性地名"。有的是记叙社会变革的，如河南省上蔡县，周为"蔡国"，因蔡昭侯迁都州来，遂名"上蔡"，记叙、见证了上蔡县曾为古蔡国地；有的是记叙历史人物的，如河北省涿州市的道元村，记叙、见证了此村为北魏地理学家郦道元故里；有的是记叙历史事件的，如河南省修武县，商代为"宁邑"，周武王伐纣时经此，时遇大雨，三天不止，遂在此修兵练武，后将宁邑改名"修武"，于秦代置修武县；有的是记叙历史故事的，如河南省汝南县的梁祝镇，是以梁山伯与祝英台传说故事源发地而得名。三是寓托思想情志的，以寄托人的追求、崇拜、祈福、意愿等为地名命名理据的。此类可称之为“寓托性地名”。有的是寓托追求与崇拜的，如河北省遵化市，其专名“遵化”以“遵循孔孟之道，教化黎民百姓”的寓意得名，在聚落地名中以“安、乐、龙、虎、神、寿”等为名的很多。有的是寓托祈福与意愿（志）的，如河北省丰润县，金大定二十七年（1177）置永济县，后因避金卫绍王完颜永济之名讳改为丰润，寓“润泽丰美”之意。“丰润”一名的由来既寓托了祈福之意又揭示了封建帝王“避讳”的意志。在聚落地名中以“太平、永安、光大、吉祥、如意”等为名的很多。四是其他命名理据的，有的是派生地名，即以当地知名度或历史悠久的地名作新地名的专名，如北京市的老街巷宣武门大街、永定门内大街等都是以一处古迹为名的；有的是移借地名，即用移花接木的手法，借用全国各地著名的地名作为城市街巷名，如上海市借用全国省、市名并兼顾方位作为市区主要道路名称；有的是以序号命名的，如北京市的胡同长巷一条、长巷二条……

（二）地名实体文化内涵

地名所指代的地理实体多是有一定空间范围的地名，尤其是省、市、县行政区域地理实体和山、河、湖、海等自然地理实体，都具有相当广阔的地（水）域空间。因此，地名实体承载的文化内涵比地名语词文化内涵更加广泛和丰富，尤其是历史悠久的古老地名实体的文化内涵就更加深厚了。

地名实体文化的构成要素，主要有三个方面：一是地名实体承载的历史文化内涵。地名实体积淀的历史文化内涵十分丰富，包含了揭示地域开发和先民繁衍生息的历史渊源，展现地名文化积淀深厚的文物古迹，推动历史文化演进的历史人物与重大事件，彰显中华民族创造力的科学技术，反映文化繁荣的文学艺术及典籍等。二是地名实体承载的地理文化内涵。包括地名所指代的地理实体的地质与地貌特征、自然景观、人造景观、自然资源及经济特征等，展现了地名实体形成与发展的自然环境，揭示了地名实体承载的历史文化与乡土文化形成与发展的土壤。三是地名实体承载的乡土文化内涵。包含独具特色的民俗风情、传统文艺、传统工艺与技能和传统饮食、服饰、民居等民族、民间传统文化表现形式及文化空间（许多已成为非物质文化遗产），揭示了当地多姿多彩的乡土或民族文化风韵。

三、地名文化的界定

从地名文化的形成与发展和地名文化的内涵中，我们清楚地看到：地名文化的基本构成包括了两个层面，一是地名语词文化，二是地名实体文化。地名语词文化属于语言文化范畴，是地名实体文化的标志，对于研究地名实体文化可以起到抓纲带目的作用，因此，它是地名文化的基本内涵；地名实体文化属于地域文化范畴，是地名语词文化形成、生存的环境，对于研究地名语词文化可以起到基础和深化的作用，因此，它是地名文化的外延。地名语词文化和地名实体文化是相互依存不可分割的统一体，二者构成了地名文化的全貌。

地名文化内涵十分丰富。既包含了物质文化又包含了非物质文化（精神文化、制度文化），是广义的文化概念。地名文化既包含了语言文化又包含了历史文化、地理文化和乡土文化等，是一个多元的综合性的文化体系。地名文化是伴随着中国文化的形成发展而形成发展起来的，既是中华传统文化的组成部分也是现代文化的组成部分。地名是信息的载体，它具有承载和传播文化信息的功能，因此，地名既是语词文化的标志又是地名实体所含历史文化的化石、地理文化的镜像、乡土文化的窗口。所以，我们可以把地名文化称为“地名载体文化”。

综上所述，中国地名文化，是以中华民族为创造主体，以地名为载体，在中华大地上伴随着民族文化的形成发展而形成发展的，具有鲜明特色和丰富内涵的且世代传承的地名语词文化和地名实体文化体系。

（作者系中国行政区划与地名学会名誉理事、中国地名文化遗产保护促进会常务理事及中国地名文化遗产专家委员会副主任）

中国省制问题探讨(下)

浦善新

四、现行省制弊端

新中国成立以来,根据各个时期党和国家的方针、政策以及社会主义革命、建设、改革、发展的需要,对行政区划包括省制进行了一系列的调整和改革,有力地推动和促进了社会各项事业的发展,对社会主义革命和经济建设及改革开放起到了积极的推动作用。但是,由于行政区划的复杂性、敏感性,更由于长期以来行政体制的改革相对经济体制改革而言重视不够,始终没能从战略的高度思考行政区划的发展方向,对省制问题缺乏系统性、科学性的综合分析研究,行政区划局限于就事论事式的局部调整,致使现行的省制已不完全适应经济、社会、文化发展的需要,特别是随着经济体制改革的日益深化、经济全球化和社会信息化步伐的加快,在全面深化改革、大力推进国家治理体系和治理能力现代化的今天,与全面建成小康社会的新要求越来越不协调,有的甚至背道而驰。

(一)省区数量偏少,省级政区特别是自治区幅员偏大,导致行政管理层次繁多,加剧了行政机构的臃肿状况

中国是全球第一人口大国,2016 年年末全国大陆总人口 138271 万人(不包括台湾省 2349 万人、香港特别行政区 737 万人、澳门特别行政区 59 万人);面积 960 万平方千米,仅次于俄罗斯和加拿大,居世界第三位;人口、面积综合规模居世界首位。而我国一级政区却只有 34 个,在全球 49 个人口、面积大国(人口超过 3000 万人或面积超过 100 万平方千米)中居第 12 位,其他 48 个国家平均人口 7800 万人,平均面积 217 万平方千米,平均一级政区 28.6 个,中国人口、面积、一级政区数量分别是 48 个国家平均值的 18.1 倍、4.4 倍、1.2 倍,省区数量与同等人口、面积的国家相比明显偏少。

与省区数量偏少相对应,省区幅员过大。大陆现有31个省、自治区、直辖市(不包括香港、澳门、台湾),平均人口4460万人,面积31万平方千米,分别是48个大国一级政区平均规模的16.4倍和4.1倍,相当于一个中等国家的规模。面积超过英国、意大利,接近波兰、德国,是世界上230多个国家和地区(全球陆地面积14870万平方千米,扣除南极洲1400平方千米)平均规模的0.53倍,是中国以外所有国家平均规模的0.57倍,相当于美国州平均面积的1.69倍、日本都道府县平均面积的38.5倍、法国省平均面积的55.6倍;人口则超过南非、西班牙、波兰,是230多个国家和地区(2016年全球总人口726231万人)平均规模的1.41倍,是中国以外所有国家平均规模的1.75倍,相当于美国(总人口32276万人)州平均人口的7.05倍、日本(总人口12682万人)都道府县平均人口的16.5倍、法国(总人口6702万人)省平均人口的63.9倍。人口最多的广东省10644万人,仅次于印度、美国、印度尼西亚、巴西、巴基斯坦、尼日利亚、孟加拉、俄罗斯、日本、墨西哥10国的人口,是230多个国家和地区平均人口的3.4倍,是中国以外所有国家平均规模的4.2倍。内蒙古、西藏、新疆3个自治区的面积都超过100万平方千米,相当于一个大国的面积,面积最大的新疆维吾尔自治区160万平方千米,仅次于俄罗斯、加拿大、美国、巴西、澳大利亚、印度、阿根廷、哈萨克斯坦、苏丹、格陵兰、阿尔及利亚、刚果(金)、沙特、墨西哥、印度尼西亚、利比亚、伊朗等国的面积,是230多个国家和地区平均面积的2.7倍,是中国以外所有国家平均规模的2.9倍。从一级政区规模的综合排序分析,中国省区平均人口、平均面积、最大人口、最大面积分别列第一、第四、第二、第三位,位次合计为10;四项都能进入前十位的有巴西(5、3、5、4)、印度(2、10、1、7)、美国(6、7、4、5),虽然个别项排列在中国前面,但位次合计都排在中国之后,分别为17、20、22,其他国家位次合计都大于30。单从平均人口、平均面积两项看,中国位次合计为5,其他排在前列的有巴西(8)、印度(10)、美国(13)、苏丹(15)。因此,从总体上讲,中国一级政区规模世界第一。

省区规模过大对国家而言,不利于国家的长治久安,不利于加强中央政府的宏观调控和集中领导。美国前国务卿基辛格博士在日本金泽市举行的"北陆地区论坛"演讲时指出,中国几乎每个省的面积和人口都比欧洲一个国家要大,中央政府的统一控制无论如何也会放宽。省区过大对省区而言,不利于上情下达和下情上报，容易助长官僚主义，不利于建立一个灵活高效的行政体系，也不利于根据各地的自然经济特点与优势，建立各具特色、协调发展的省区经济结构。而且省区幅员过大，导致省区与县之间增加一个中间层次，这是造成我国行政管理层次繁多的重要原因之一。以2015年年底为例，大陆27个省、自治区管辖334个地级单位（含派出机构，下同），平均每个省、自治区管辖12.4个地级单位，平均每个地级单位管辖8.4个县级单位（不包括4个直辖市），平均每个县级单位管辖14个乡级单位（中间还有区公所）。按照《中华人民共和国宪法》的规定，中国的地方行政体制为三级、四级并存制（在地方政权体制上分别为二级、三级、四级），实际上是省、市、县、乡四级制为主，加上部分地方县、乡之间存在县辖区，乡、村之间有管理区，再加上实际上存在的副省级、副地级、副县级，则地方行政管理层次（不包括村级）最多的达9个，是秦代以来行政区划层次最多的时期，即使在当今世界上少数几个多级制国家中也是管理层次最多的国家。

管理幅度小、层次多，加剧了行政机构的臃肿状况，助长了官僚主义作风，阻碍了先进生产力的发展，加重了人民群众特别是农民的负担。管理幅度小在客观上造成权力的过分集中，层次多则必然机构重叠，致使整个国家行政机构膨胀、臃肿，而机构臃肿必然人浮于事，效率低下，官僚主义、形式主义盛行，结果必然出现“高高在上，滥用权力，脱离实际，脱离群众，好摆门面，好说空话，思想僵化，墨守成规”，“不讲效率，不负责任，不守信用，公文旅行，互相推诿，以致官气十足，动辄训人，打击报复，压制民主，欺上瞒下，专横跋扈，徇私行贿，贪赃枉法”（《邓小平文选》第287页）等现象，与正在建立的社会主义市场经济体制和WTO（世界贸易组织）的运行机制格格不入。改革的实践和无数的事实充分表明，多一个行政层次，企业就多一个婆婆，政企分开就多一重困难，权力下放就多一级台阶，人民群众就多一份负担，信息的传输、反馈就多一道关卡，中央政策的贯彻就有可能多一道藩篱、多一套对策。增加一个层次，必然要有一套机构和相应的“人马”，这些人必然要找事干，找钱花，召开会议，批转文件，结果相同的文件层层转发，相同的会议层层召开，不仅使文山渐高、会海日深，而且影响中央政策的及时贯彻。有的为了个人或小集体的利益，还可能想方设法地增加手中的权力，同企业争权夺利，利用手中的权力对企业“雁过拔毛”，搞各种摊派，限制企业的自由发展,有的甚至遇到责任“上推下卸”,遇到权力互相争夺,争项目,抢投资,盲目建设、重复上马,致使微观难以搞活,宏观失去控制。

省(自治区)、县(市)之间增加一个中间层的另一个后果是,形成尖形三角形结构的行政管理体制,在客观上造成权力的过分集中。由于管理幅度小,必然层次重叠,人浮于事。结果,一方面,各个行政管理层次揽权过多,事无巨细,“管了很多不该管,管不好,管不了的事。”(《邓小平文选》第288页)权力高度集中,为了有事做就会事无巨细地统管起来,有的甚至没事找事干,人为地增加繁文缛节,搞烦琐哲学,同现代化大生产“用最少的人办最多的事”的要求大相径庭,致使该给企业的权力难以下放,束缚了企业的手脚,压抑了企业的积极性,影响了企业的活力,企业间跨行业跨地区的横向联系合作受到限制,使得以经济杠杆为主的间接控制手段难以正常发挥作用;另一方面,应该由政府办的事,因管理幅度小、层次多,越级指挥,多头领导,职责不清,不仅给国家统一的行政管理带来很多困难和不便,而且助长了官僚主义作风,造成互相推诿,办事拖拉,程序冗繁,无人负责,相互扯皮,敷衍塞责等状况,而办不了、办不好。

(二)省区规模大小过于悬殊,行政管理层次比较混乱

由于人口密度的不均衡性、自然条件的地域差异性,以及民族分布、历史传统等因素,更因为省区划分没有明确的标准,随意性大,致使省区在人口、面积、经济发展水平等方面规模过分悬殊。目前全国31个省、自治区、直辖市规模差距很大。一般而言,东南部沿海平原地区省区面积小、人口多、经济实力强,西北部边疆省区面积大、人口少、经济实力弱。面积最大的新疆维吾尔自治区160万平方千米,最小的上海市仅6340平方千米,相差251.4倍,与澳门特别行政区的32.8平方千米相比则相差48779.5倍;2016年人口最多的广东省达10644万人,最少的西藏自治区仅300万人,相差34.5倍,与澳门特别行政区的59万人相比则相差179.4倍;2015年地区生产总值最高的广东省72812亿元,最低的西藏自治区仅1026亿元,相差70倍。与其他国家相比,中国一级政区在人口、面积的悬殊程度也是比较大的。中国与17个主要大国相比,面积悬殊仅小于美国、澳大利亚、俄罗斯,人口悬殊仅小于俄罗斯、法国、美国、日本。需要指出的是,中国是中央集权的单一制国家,而其他一级政区规模比较悬殊的国家大多为联邦制国家,而且部分还是由于首都行政区范围过小造成的。例如,美国如果将哥伦比亚特区排除在外,则其面积悬殊倍数就由8551倍下降为488。再如澳大利亚除首都直辖区以外的一级政区面积悬殊比为37.24,而中国除京、津、沪、渝、港、澳、台以外的一级政区面积悬殊比为47.2。俄罗斯如果不算边疆区、州代管的自治区,则其人口悬殊倍数就由370.0下降为44.4。此外,中国一级政区规模偏离平均规模的幅度比较大,以中、日、法、美4国为例,面积和人口规模在全国一级政区平均值0.5~1.5倍之间的分别为15个和15个、33个和21个、14个和15个、31个和23个,分别占一级政区总数的48.4%和48.4%、70.2%和44.7%、63.6%和68.1%、60.8%和45.1%。

一级政区规模决定一级政区内部的管理幅度和管理层次,一级政区规模与行政管理幅度、管理层次之间呈正相关关系,一般一级政区面积大、人口多,则其管理幅度大、管理层次多,反之亦然。因此,省区规模过于悬殊,必然造成行政管理层次参差不齐的杂乱状态,结果各地的行政区划层次五花八门,形成"一条腿长、一条腿短"的管理体制。中国行政区划层次的基本框架为"四实"(省、自治区—地级市、自治州—县、自治县、县级市、市辖区—乡、民族乡、镇)和"三实一虚"(省、自治区—地区—县、自治县、县级市—乡、民族乡、镇)。但各地不尽相同,有的地方为"二实一虚",如直辖市—市辖区—街道,省、自治区—地级市、县级市—街道;有的为"三实",如直辖市—市辖区、县—乡、镇,省、自治区—县、自治县、县级市—乡、民族乡、镇,省、自治区—自治州、地级市—乡、民族乡、镇;有的地方为"三实一虚",如省、自治区、直辖市—县、自治县、县级市—县辖区—乡、民族乡、镇,省、自治区—地区—县、自治县、县级市—乡、民族乡、镇,省、自治区—自治州—县级市—街道,省、自治区—地级市—市辖区—街道;有的地方为"二实二虚",如省、自治区—地区—县级市—街道;有的为"四实一虚",如自治区—自治州—地区—县、自治县、县级市—乡、民族乡、镇;有的地方为"三实二虚",如自治区—自治州—地区—县级市—街道;有的地方为"四实二虚",如自治区—自治州—地区—县、自治县—县辖区—乡、民族乡、镇。如此参差不齐的行政管理层次,不仅给国家统一的行政管理带来很多困难和不便,不利于各省区之间的平等竞争和相互协作,而且给因神设庙、扩大机构、提高等级、增加编制、安排干部等种种不正之风提供了可乘之机,在客观上为种种不利于改革的行为提供了方便。

（三）省级行政区域边界犬牙交错，破坏了自然经济区域的完整，不仅不利于商品流通，给现代行政管理带来诸多不便，而且容易引起省级行政区域边界纠纷，不利于安定团结

元朝以满足中央集权统治和防止军阀割据的需要为首要准则，人为地把同一自然地理单元分割给若干个行省，突破了以前按山川自然地形划分政区的传统做法，形成犬牙交错的省级行政区域边界。以后各代虽对省制进行过多次重大变革，但省界犬牙交错的状况不仅没有改变，反而有所加剧。元朝的这种做法虽然在以冷兵器为主要武器的军事不发达时代有效地避免了分裂割据，且在封建社会，经济以自给自足的小生产为主，生产规模小，地域分工协作少，商品生产很不发达，市场狭小，商品流通数量小、距离近，地域内部自给自足，对外闭关自守，因此，省界犬牙交错的划分方式对经济社会影响小，副作用不大。而进入现代社会，社会化大生产和市场经济日益发达，地域生产专业化与分工协作不断加强，商品、人才、资金、信息交流日趋频繁，犬牙交错的省级边界人为地破坏了自然经济区的完整和统一，割裂了经济区内部的客观经济联系，阻碍了人、财、物和信息的正常流通，严重地影响了经济的发展，尤其是在社会主义初级阶段，与正在建立的社会主义市场经济越来越不相适应，对经济的影响愈来愈严重，不仅给现代行政管理带来诸多不便，而且容易引起边界纠纷，不利于安定团结。另一方面，在军事高度发达的今天，现代化的高科技战争早已不再局限于地面，利用人为破坏完整的自然地理单元来防止地方割据，对数字化、多维空间的立体战争几乎没有任何意义。因此，在当今世界，犬牙交错的行政区域边界划分方式有百害而无一利。

中国现有 34 个省、自治区、直辖市、特别行政区，不包括港、澳、台共有 70 条省级边界，总长度约 52.8 万千米（不含国界线 2 万千米，海岸线 1.8 万千米，以及粤港、粤澳）。除了海南、台湾 2 省自成一体，以海为界外，省级边界与自然地理区域界线一致的只有河北、山西以太行山为界（约 1000 千米），江西、福建以武夷山为界（约 870 千米），山西、陕西以黄河为界（约 800 千米），四川、西藏以金沙江为界（约 530 千米），甘肃、青海以祁连山为界（约 2000 千米），合计约 5200 千米，仅占总数的 9.8%。绝大多数的省界不符合自然地理区划，不利于省级边界的稳定，容易引起省级边界争议。

在古代，由于人口基数小，人口密度低，我国秦代以前总人口约1000万～2000万人，西汉时陡升到6000万人，此后，虽经数次大起大落，直至明末清初大体仍在6000万人以内，人口密度约为现在的1/20强，很多边界毗邻地区荒无人烟，根本不可能发生边界纠纷。同时，人口少，对自然资源的需求小，开发程度低，人口与资源的矛盾尚未出现，很多现在必需的自然资源，因技术条件或需求量不大，尚未开发，很多现在紧缺的自然资源，如水、草地、森林等，因当时供给量远远超过需求量，根本无人争夺。加上生产资料私有制，地方政府对经济的管理职能，主要是征收赋税，通常主要按户口而不是自然资源地籍收取，因此，尽管古代行政区域边界很不明确，但由于自然资源争议不多，而且即使发生资源之争，对行政区域边界并无异议，可以说基本上没有行政区域边界争议。

进入近代，我国人口激增，至1840年已突破4亿大关，对自然资源的需求量大增。同时，战争频繁，破坏了大量的资源，加上帝国主义列强的掠夺，人口与自然资源特别是土地资源的矛盾日益激化，人口由稠密地区向边远稀少地区迁移的态势日渐明朗，各地对自然资源尤其是双方边界毗邻地区尚未开发的自然资源的开发不断深化，资源争议愈演愈烈。而近代税收特别是对企业的税收，逐步由以户口为主改为以地籍为主，因此，不少资源之争最终演化为行政区域边界争议。

新中国成立以后，人口增长更加迅猛，1949年年底全国总人口54167万人，1953年第一次全国人口普查时达60194万人，1964年第二次全国人口普查达72307万人，1982年第三次全国人口普查达103188万人，至2016年年底全国总人口超过13.8亿人，比1949年增长了1.55倍。与此同时，耕地减少，环境污染迅速蔓延，自然生态日趋恶化，人口与自然资源的矛盾日益尖锐，农业资源接近承载极限，能源等矿产资源供不应求，各地对自然资源的开发不断向深度和广度进军，边界毗邻地区因为开发历史短、未开发的资源多、发展潜力大而成为开发的热点，很多原来认为没有利用价值而无人管理的地区，因资源的发现、开发而成为争议地区，很多原来认为取之不尽、用之不竭而不分彼此随便使用的资源，如草原、水资源、森林等，因严重紧缺而发生争议。结果，尽管在各级党委和政府的领导下，各级民政部门会同有关部门花了很大的精力，解决了一批“老大难”的省级行政区域边界纠纷，促进了当地的安定团结和社会经济的发展，保护了当地的自然资源。但是，由于绝大多数省界脱离自然区域界线，没有明显的地物为标志，划分的随意性很大，而且呈犬牙交错状，你中有我，我中有你，容易产生纠纷，加之大多数省区没有法定的行政区域边界，一旦发生资源之争，原有的习惯线就变成争议线，使大量的自然资源争议演化为行政区域边界争议，行政区域边界争议逐年增多。据估计，20 世纪 90 年代全国省、自治区、直辖市之间的边界争议 800 多起，涉及大陆除海南省以外的 29 个省、自治区、直辖市（重庆直辖市尚未成立）的 333 个县（县级市），占 849 个省级边界接壤县（市）的 39%，争议面积达 14 万平方千米，相当于安徽省或北京、天津、上海、江苏 4 直辖市、省面积之和。为此，从 20 世纪 90 年代开始，国家投入大量人力、物力完成了行政区域勘界工作，大部分省级边界争议得到妥善处理，但仍有个别地方至今没有彻底解决，犬牙交错的省级边界问题基本没有改变。

（四）省区名称混乱，专名重名、同音近音，通名概念含混，体系混乱，层次不清

一是省区专名与县级以上政区专名重名。如河北省与河北区（天津市）、吉林省与吉林市、河南省与河南蒙古族自治县（青海省）、海南省与海南藏族自治州（青海省）及海南区（内蒙古自治区乌海市）。二是省区专名与县级以上政区专名同音近音。如新疆（XINJIANG）维吾尔自治区与山西省新绛（XINJIANG）县。三是省级政区通名含混。如自治区与地区、市辖区、县辖区、特区、林区等“区”在等级、规模、类属上相混淆，也与习惯上、地理学中使用的“地区”“特区”“林区”“经济区”“开放区”“开发区”等相混淆。直辖市建制概念不清，与地级市、县级市、设区的市、不设区的市、较大的市、经济特区市、对外开放市、计划单列市、管县的市、市管的市、省辖市、自治区辖市、地辖市、州辖市、副省级市等相互交叉、重叠，难以区分各种“市”的等级、规模、隶属关系和市与市之间的相互关系。直辖市既管县又设区，点面含混不清，同名异实，一词两义，在绘图、地名普查、人口普查工作中很难处理，人们在日常生活中也难以辨别。例如，我们说北京市，既可理解为包括县在内的、面状的“大北京市”，也可理解为仅指市区的点状的“小北京市”。四是自治区名称不统一。广西壮族自治区和宁夏回族自治区带“族”字，而西藏自治区、内蒙古自治区、新疆维吾尔自治区不带“族”字；有的自治区只有族名，没有专名，如内蒙古自治区和西藏自治区。

五、省制改革设想

上述的种种情况充分表明，我国现行省制的很多弊端，特别是由此而产生的官僚主义现象已达到令人无法容忍的地步，成为社会主义市场经济进一步发展的障碍，如果再不坚决地加以改革，“人们就会说，为什么资本主义制度所能解决的一些问题，社会主义制度反而不能解决呢?”“只有对这些弊端进行有计划、有步骤而又坚决彻底的改革，人民才会信任我们的领导，才会信任党和社会主义，我们的事业才有无限的希望。”(《邓小平文选》第293页)也只有这样，经济体制的改革才会成功。习近平总书记明确指出，改革是最强大的发展动力，是解决中国现实问题的根本途径，思想僵化、故步自封，必将被时代所淘汰，我们要以更大的政治勇气和智慧、更有力的措施和办法推进改革。行政体制改革是政治体制改革的重要内容，是发展社会主义民主政治、全面推进依法治国、推动上层建筑适应经济基础的必然要求，必须随着改革开放和社会主义现代化建设发展不断推进。

(一)总体思路

按照“五位一体”总体布局和“四个全面”战略布局特别是全面深化改革的总体要求，以“推进国家治理体系和治理能力现代化为总目标”，以“进一步解放和发展社会生产力、进一步解放和增强社会活力”为目的，“坚持社会主义市场经济改革方向”，“以促进社会公平正义、增进人民福祉为出发点和落脚点”(《习近平总书记重要讲话文章选编》第90页、92页、94页、96页)，根据经济体制改革、政治体制改革的客观要求，以建立社会主义市场经济体制为指针，按照全面建成小康社会的总目标，坚持全面、协调、可持续的科学发展观，以发展社会主义市场经济和民主政治、构建社会主义和谐社会为指针，遵循有利于社会政治稳定、有利于改革开放、有利于国家行政管理、有利于经济建设、有利于民族团结和精简、统一、效能的原则，以转变政府职能、改进领导方式、提高行政效率、降低管理成本为目标，针对现行省制存在的主要问题，对省制改革提出如下框架：重划省区，减少层次，理顺通名，整合边界。

1. 重划省区

即适度扩大规模偏小省区的管理幅度，提高其管理效率，同时为取消地级层次，将幅员过大的省区适度划小，增加省级政区数量，扩大中央政府管理幅度，增强中央政府的权威性和统筹协调能力，从制度上保证国家的长治久安，防止地方分裂。

2. 减少层次

即将现行的省级、地级、县级、乡级和非正式的副省级、副地级、副县级以及部分地方存在的县乡之间的县辖区、乡村之间的管理区，共9个层次精简为省、县、乡3级，适当扩大中央和地方各级政区的管理幅度，改尖塔形管理结构为扁平形管理结构，为简政放权、改进政府管理方式创造条件。幅员过大的地方，可在“重划省区”、适度合并县、乡两级政区的基础上逐步减少层次。

3. 理顺通名

即将过于繁多、概念不清、等级不明的行政区通名简化为脉络清晰、等级分明的普通型、民族自治型、城镇型、特殊型4大通名体系。

4. 整合边界

即调整不合理的行政区域界线，从根本上避免行政区域边界纠纷，促进边界地区的稳定与发展。

（二）改革设想

1. 重划省区，总体上适度划小省区

根据人口、面积、经济发展状况、民族分布、自然地形、历史传统等综合因素，将现有的31个省、自治区、直辖市（香港、澳门、台湾各自作为省级政区不变）相对均衡地调整为50个左右的省级政区。重划省区尽可能以原有省级政区为基础，对规模比较合适的省、自治区，可根据自然地形进行小调整。省区划分尽可能地均衡，人口密度大的地方，省域面积小，人口密度小的地方，省域面积大。为了便于行政管理，保证新设省区的稳定，省级政区行政中心应选择在地理位置适中、交通便捷及通信、科技、文化发达的中等以上城市，但不一定非选择省内的首位城市。

2. 理顺省内行政区划体系，减少管理层次

撤销地区、盟和自治州，自治州所辖的县改为相应的自治县，取消市领导县体制，由省级政区直接管辖县级政区；以地级市市区（不包括辖县）、县级市、县、自治县等为基本单位，综合考虑人口、面积、民族分布、自然地形等因素，将现有

(2015年,下同)的291个地级市、1929个县级政区(包括921个市辖区)及部分县和县级市改设的市辖区整合为2000个左右的县级政区,平均每个省级政区管辖40个左右的县级政区;撤销县辖区,由县级政区直辖乡级政区,进一步适当合并乡级行政区,将现有的39787个乡、民族乡、镇、街道等合并为3.5万个左右乡级行政区,平均每个县级政区管辖17.5个乡级政区;按照城乡社区建设和全面建成小康社会的总体要求,将现有的58.1万个村委会、10万个居委会改建为50万个左右新型农村社区和城市社区,撤销乡、村之间的管理区,由乡级政区直接管理基层社区,平均每个乡级政区管辖14.3个社区。

3. 彻底理顺政区通名体系

保留省和特别行政区,自治区改为自治省,直辖市改为都市省;香港、澳门、台湾实行"一国两制",设置特别行政区;少数民族聚居地区设置自治省;城镇人口占总人口的比重超过50%、且至少有一个500万人以上超级大城市的省级政区改为都市省;其余地方设置省。保留县、自治县,增加都市县,旗、自治旗、林区、特区、市(包括地级市、县级市)根据具体情况分别改为县、自治县、都市县。少数民族聚居地区设置自治县(上面设有同一民族自治省的除外);城镇人口占总人口的比重超过60%、且至少有一个50万人以上大城市的县级政区改为都市县;其余地方设置县。保留乡、民族乡、镇,增加乡镇级市,街道、民族镇、苏木、民族苏木等视不同情况分别改为市、镇、乡、民族乡。少数民族聚居区设置民族乡(上面设有同一民族自治省或自治县的除外);总人口5万人以上,其中城镇人口的比重超过70%的乡级政区改设市;总人口3万人以上,其中城镇人口的比重超过50%的乡级政区可改为镇,作为乡(民族乡)向市的过渡建制;其余的一般农村设置乡。

4. 全面整合政区边界

在全面勘定省、县两级行政区域边界的基础上,结合遗留边界争议的调处和行政区划的日常变更,根据行政区划改革设想,利用重划省区、扩并县乡的有利时机,对飞地、插花地和犬牙交错、与自然地理界线明显不符的行政区域界线进行适当调整,使各级政区界线特别是省界尽可能地与自然地理单元和经济区边界相一致,保证行政经济区的完整统一,以便形成合理的经济网络,在没有明显地物标志的地区,行政区边界尽可能与经纬线(即天文界线)平行,或以两个定点之间的直线(即几何界线)划分,以利于边界的管理和稳定,从根本上避免边界争议,促进边界地区的稳定和区域经济的协调发展。

经过上述改革,我国除香港、澳门、台湾3个特别行政区外,将形成三大层次简洁、明了的行政区划体系:

(1)普通型:省—县—乡。

(2)民族地方自治型:自治省—自治县—民族乡。

(3)城市型:都市省—市—区—镇、街。

(作者单位:中国社会出版社)

知识普及

如何建立地名文化遗产名录体系

要结合各地实际进一步完善地名文化遗产评价、鉴定、确认的标准和程序,逐步建立国家和省、市、县四级地名文化遗产名录。国家和省、市、县地名工作主管部门分别负责本级地名文化遗产名录的认定批准工作。要按照《全国地名文化遗产保护工作实施方案》和《地名文化遗产鉴定》(MZ/T 033—2012)标准,遵循“公开、公平、公正”原则,坚持规范程序、科学认定、突出重点、有序推进,分级分类分批开展古城(都)、古县、古镇、古村落、古街巷地名以及甲骨文(金文)地名、少数民族语地名、著名山川地名、近现代重要地名等重点地名文化遗产认定工作。地方各级地名工作主管部门要从本级地名文化遗产名录中筛选出具有代表性的地名文化遗产向上级申报。对列入地名文化遗产名录的地名,要及时向社会公布,制订科学的保护计划,加强监督管理,进行有效保护。

兰州无兰，白银非银

方舆无形

甘肃历史悠久，是中华文化的发祥地之一，7000 年前，华夏始祖伏羲氏在这里推八卦、授渔猎，奠定华夏初始文明。

甘肃是秦国的发祥地，秦国从这里进入关中，从而征服六国，建立中国的第一个统一国家。自秦汉以来，甘肃就处于中原政权统治下，是中原的西部延伸之地。同时，这里也是北方草原政权、西南吐蕃政权、西域政权的争夺之地。河西走廊是西域通往关中的要道，草原的蒙古民族、高原的藏羌民族、西域的突厥民族与中原的汉民族在一起，留下了历史印记，一些印记凝固在地名上，成为永远不灭的纪念。

蒙古民族在甘肃省为世居民族，汉代时，有蒙古之先民匈奴人的《匈奴歌》：

失我祁连山，使我六畜不蕃息。
失我焉支山，使我妇女无颜色。

这焉支山与祁连山之间就是河西走廊，是匈奴人放牧的地方。焉支，也写作胭脂，“祁连”就是匈奴语“天”的意思。汉朝占据河西，打通西域，分裂同化匈奴人，奠定了帝国伟业，也奠定了 2000 多年生生不息的强大汉民族。

甘肃许多地名，很容易看出源自少数民族语言。如果我说“兰州”“白银”这样典型的汉语地名源自蒙古语，或许有很多读者难以置信。毕竟，字面上看，兰州，就是芝兰之州；白银，就是白银产地。

兰州名称来自皋兰，至今有皋兰县。隋开皇元年（581），文帝废金城郡置设立兰州。《皋兰县志》记载：“皋兰即兰州，皋兰之名，以南山名皋兰而得名。李唐时浑部内向以为兰州都督府，而兰州之名始焉。”

蒙古语称河为高勒，也写作郭勒、郭楞。匈奴人把这座黄河岸边的大山称为皋兰山，皋兰与高勒是同一个词源，都是大河的意思。兰州是跨黄河的大城市，堪当皋兰之称。至于有人认为“河边高地是为皋，高地兰草是为兰。皋兰就是生长兰草的河边高地”，不过是附会而已。

另一个地名白银，一般认为是源自明朝洪武年间的矿山“白银厂”，说是开采白银的地方。白银是否产白银没有查到相关史料，以白银厂命名矿山缺少例证，我大胆假设，白银一词是蒙古语。

蒙古语巴彦是富饶的意思，做地名或人名时，也常写作巴音、白音、白云、白银。例如巴彦淖尔市、巴音郭楞州、白云鄂博区、白银厂汉乡、白银蒙古族乡、白银库伦牧场。这里的巴彦、白银都是富饶的意思，有当地的蒙古语文为证。

蒙古语查干是白色的意思，做地名时，也常写作察汗、产汗、厂汉等。白色富饶之地就是“白银厂汉”了。

至于“白银厂汉”这种地名组合，举例如下：

1. 卓资县白银厂汉乡
2. 土默特左旗只几梁乡白银厂汉村
3. 武川县白音厂汉
4. 凉城县厢黄地乡白音厂汉
5. 林西县双井店乡白音厂汗村
6. 克什克腾旗巴彦查干苏木
7. 阿巴嘎旗巴彦查干镇
8. 锡林浩特市巴彦查干街道

“巴彦＋查干”这样的地名组合在蒙古族地区是非常普遍的。白银厂，作为“白银厂汉”之简化是再正常不过了，基于白银厂建市，自然就是白银市了。

兰州无兰，白银非银，研究地名，不可望文生义。蒙古语，是解开长城南北地名的钥匙。

城市地名命名与更名浅议

董　珂

综观我国历史上的各类地名，究其命名的缘由，绝大多数为以下几种类型：第一种是以自然景观得名，如以方位、距离、地理、形态、特征、物产和其他特征命名地名，此方法使用最多、最广泛；第二种是以人文历史命名，比如居民族姓、史迹事件、人物传说；第三是寓托思想感情的名称方式，如以歌颂、崇仰、祝福、言志；还有其他的名称方式，如古老原始地名、移用地名、序号地名。在我国，古人将地名的命名原则概括为“凡地名必从山、从水、从事迹，除此之外，必取美名”，山与水是自然环境，事迹是历史环境，美名则是社会环境。在我们国家数量庞大、浩如烟海的地名宝库中，有许多著名的地名成为中华文明的重要标志，像龙山、大汶口、周口店、半坡村等。中国地名内涵丰富、耐人寻味、美轮美奂，是中华传统文化的瑰宝，这些地名历久弥新，经久不衰，具有永恒的魅力，是中华民族灿烂文化的有机组成和骄傲。

近 20 年来，随着我国城市化进程的日益加快，新的城市和新的城区、街道呈几何倍数急剧增加，大批的老街区、城郊农村消失，由此而产生的新地名的命名和老地名的消失让地名管理部门应接不暇，接踵而至的是地名命名、更名的混乱和无序。在现阶段，全国各地的地名命名均已显现不同程度的误区和混乱，对于城镇建设中出现的新的地理实体，尤其是住宅区名称的命名，似乎已经不再遵循古人传下来的方法，而是变得更加实际和洋气起来，国家相关法律法规约束力几近摆设，甚至于还有了专门的起名大师，可是似乎人们并不买账，相反非议不断，在提倡文化大繁荣大发展的今天，怎么连地名都不会起了呢？城市改扩建中新建的城市道路和住宅区名称究竟应该如何命名，城市原有地名如何保护，已经成为当前及今后一个时期地名管理工作需要认真面对的问题。受制于城市管理者的管理理念和房地产开发商的营销策略,加之缺乏强有力的地名法规支持,当前全国绝大多数的城市地名管理工作都遇到了前所未有的问题。用当下最流行的话说,高端大气上档次的各类城市地名铺天盖地,令人眼花缭乱,贪大求洋、追逐个性另类的命名方式已经成为城市地名命名的弊病,关于城市地名的讨论屡屡为社会舆论关注而成为社会各界及专家学者热议的焦点,更成为地名管理部门必须面对的管理和研究课题。

对于城市改造中出现的新地名,是沿用原地名,还是另起新名,历来争议不断。有主张沿用原名的,比如城中村改造,新建的住宅小区保留原有地名,既有利于地名文化的传承,又保持了好找好记的地名指位作用;主张启用新名的,认为原有名称土气直白,不能体现现代化城市风貌,甚至有些地方官员要求地名管理部门要跳出地方文化小圈子,不要总在自家门前做文章,地名也要讲究高端大气响亮。孰是孰非?仁者见仁,智者见智。改革开放以来,随着人们思想观念的变化,许多地名的命名创意别开生面,洋溢着当今时代的全新气息,令人耳目一新。但也有一些人盲目求新求大求洋,一味地标新立异,出现一些不伦不类的名称。这其中既有审美问题,也有心理问题,还有社会思潮影响问题。大家知道,香港的尖沙咀、北京的三里屯、上海的陆家嘴都是享誉世界、知名度很高的地名,这些名称并不新潮,甚至有点土俗,但香港、北京、上海却不嫌弃它们,这些名称丝毫没有影响它们成为各自城市的名片和亮点,为人们所津津乐道,我们为什么就不能使用这类所谓土气、不上档次的地名呢?不要小看这一个个地名,它有着和生命一样丰富和深刻的含义,承载着人们心中最温暖的记忆,是一座城市的个性和魅力所在,我们为什么不珍惜它、守护它、传承它呢?!

同样,对于历史上已经形成的道路地名体系,更名也是要慎之再慎。依照国家地名管理规定,一路一名是城市道路命名的一条重要原则,好找好记,便于管理,在新建和延伸道路命名中是一定要遵循的。但是在一些大城市,分段命名的道路名称,往往记载了所在城市不同时期的发展历史和文化特征,比如横贯济南东西的几条主干道,一条贯通的道路不同的分段名称记载了济南老城区、商埠区、新城区几个时期的城市发展脉络,每个区片不同的命名方式也在印证着不同历史时期社会发展和文化进步对地名命名产生的影响,这些道路名称已经成为人们记忆中的经典,所以在规范统一的基础上,还是允许个性存在吧,这也符合可改可不改一律不改的命名更名原则，正所谓实事求是，以人为本。

需要特别注意的是城市住宅区命名是目前地名管理的一个盲区，是造成地名混乱、不规范的重灾区，在相关法规尚未完善的情况下，采取行政监督与正面引导相结合不失为一个解决问题的办法。面对来势迅猛、稀奇古怪的各种非标准的住宅区地名，由于还没有强有力的法规作支持进行查处，目前只能依靠加大地名法规的宣传力度，并且出台规范、科学、标准的通名体系，引导开发商在不影响其商业利益的前提下，遵循国家地名命名的相关法律法规和技术规范做好住宅区命名，地名管理部门要适时地给予指导和帮助。在政府可以掌控的范围内，比如公务员小区、政府安居工程等的住宅区命名要做好这方面的表率。

编制地名规划，是有效解决长官意志、命名无序混乱，突破管理盲区，保证地名命名科学、规范、标准、权威的好办法。由了解国家地名命名相关规定，具有学科和专业优势的地名专业人员或者相关专家，对未来城市地名作出总体规划，能够有效地保证城市地名系统的科学性、规范性和权威性。编制工作是在执行国家地名法规的基础上，依据城市发展建设规划进行的。前期需要对城市原有地名系统进行梳理，划出地名保护区域，制订严格科学的保护计划，对那些承载着深厚文化内涵和地域特色的地名更是要建立保护档案，予以保护，一般而言，这些通常会与城建规划不谋而合。在此基础上制定地名规划编制原则，着重于地名的继承性与稳定性，突出地域性文化特色，体现城市规划主题和愿望，以及实现地名标准化、规范化等原则。其指导思想在于挖掘、继承、弘扬区域地名文化特色，尊重地名发展历史和现状，科学预见未来城市和与之相关联的地名发展动态，建立科学合理、标准化、规范化、可持续发展的地名体系。以此而行的规划，是从城市自然环境、历史文化、城市规划、原有地名系统等方面整体考虑而建立的，体现层次性、序列性的科学性命名规划。新规划在完善和保护城市原有地名格局和地名文化的前提下，以地名的科学、合理、整体布局，体现城市功能分区，展示城市发展张力，彰显城市文化，培育城市个性。通过规划可以有效地预防传统地名文化的丢失，杜绝新问题产生，不留遗憾。新规划的编制和个体地名命名，还是应该在遵循我国传统命名方式的基础上，突出时代特色，反映当代社会发展和人类文明进步，有所继承，有所扬弃，推陈出新，形成城市自己的地名特色。同时，对于那些在城市建设中已经消失或即将消失的老地名，可以有条件地

“复活”和使用，留住城市曾经的记忆。

著名作家冯骥才曾经说过：“地名是一个地域文化的载体，一种特定文化的象征，一种牵动乡土情怀的称谓。故而改名易名当慎，切勿轻率待之。”面对在当今“城改”狂潮中，历史街区大片铲去，地名便成了一息尚存的历史的境况，他提醒说：倘再将地名删去，历史便会彻底荡然一空。我们早晚会感到这种文化的失落，我们已经感到这种失落和茫然了！那么，谁来守住这个至关重要的历史文化呢？他给我们提出了一个深刻又紧迫的问题，政府及相关部门在这其中该做些什么呢？在关心、关注未来城市发展，城市建设大手笔大投入的时候，不能忽略传统文化的保护和传承，这往往是城市软实力的体现，是城市个性的释放。所以，在城市地名命名过程中，无论是老地名保护，还是新地名规划，都要从弘扬传承中华民族传统文化角度来认识，这应该是在城市地名管理工作中我们应该遵循并为之努力的。

作为地名管理行政部门，是不是要做地名文化的守护者和传承人？在当前这种一轮又一轮城市改造扩建的大潮中，如何保护传统地名文化，俨然成为地名管理者需要面对的严峻课题，我们赶上了如今如火如荼的建设年代，历史赋予我们如此的重任，而我们责无旁贷！地名文化是中华传统文化的重要组成部分，许多著名的地名是中华文明的重要标志，有着丰富的文化内涵和永久魅力。继承、发展和有效地保护地名文化遗产，是弘扬传统文化的需要，是推陈出新、古为今用、服务现代经济社会发展的需要，也是树立科学的发展观，建设社会主义先进文化的需要。

移用城市或山川等名称命名街道，是20世纪30年代以来产生的一种对城市街道的命名方法，并成为近一二十年来许多城市街道命名的通行做法。但成功的不多，往往造成许多城市街道名称的雷同，不能反映城市的特征。所以，我们新的城市地名应该在既有地名特征的基础上，有所继承，有所扬弃，推陈出新，形成我们自己的地名特色，不能亦步亦趋，单纯地仿效别人。

（作者单位：山东省地名研究所）

试谈“红色地名”

秦培丰

2016 年 5 月 27 日，中国地名文化遗产保护促进会在京首次举办“红色地名文化保护和弘扬研讨会”。

“红色地名”的提法，对笔者来说是个新生事物。“红色”与“地名”如何联系在一起？我们知道，历史上除了非常时期的地名存在时间较短外，地名的存续时间少则几十年、几百年，多则上千年、几千年。因此，关于“红色地名”，笔者认为要弄清以下几个问题。

一、何谓“红色地名”

“红色地名”的研究尚处初始阶段，或者说刚刚起步，还有大量的工作要做。什么是“红色地名”？这是首先要界定的概念性问题。弄清这个概念，不但涉及时限问题，还涉及内涵问题、“红色”与“地名”的关联度等问题。

先说“红色”。在新民主主义革命时期，中国共产党领导的军队称为红军，长征队伍中年龄较小者称为红小鬼，军人佩戴的是红五星、红领章，革命根据地称为红色根据地，建立的政权称为红色政权，党的旗帜是红色的称为红旗。新中国成立后，在特殊的历史时期，将“地、富、反、坏、右”称为“黑五类”，将刘少奇《论共产党员的修养》称为“黑修养”等，以与“红”相区别、相对立。“文化大革命”中广大青少年学生称为红小（卫）兵；将毛主席比喻为“红太阳”，毛主席语录本称为“红宝书”。改革开放后，到革命圣地旅游称为红色旅游，有的商人称为“红顶商人”，与政府关系密切的中介称为“红顶中介”，歌颂党和祖国的歌称为红歌，革命中功勋卓著的高级干部的后代称之为“红二代”，不一而足。总之，无论是在新民主主义革命时期，还是在新中国成立以后，“红”赋予了新的、更多的含义。

再说“地名”。地名是人们对具有特定方位、地域范围地理实体赋予的专有名称。地名的起源可以追溯到原始人类创造语言的上古时代。原始先民在共同的劳动、生息、繁衍等群居活动中，彼此需要交流，由此产生了语言。语言的产生，是地名发端的先决条件。原始先民在劳动和生活中对地理环境逐渐有了认识和选择，便为所处的地理环境中的地理实体以语言的形式进行标志，这就是地名的发端。可见，地名是人类活动的产物，并且伴随着人类的发展而发展。地名既“古”且“老”，与人类和社会的发展形影不离、相伴始终。同时我们又从地名的演变和发展的轨迹看出，地名又是明显地带有反映着社会历史发展轨迹和烙印的。因此，我们将地名称之为人类文明的“活化石”。

复说“文化”。语言和文字本身既是文化，又都是文化的载体。就与地名关系而言，语言则早于地名，是地名的发端；而文字则晚于地名，是语言之于地名的“物化”。“文化”一词含义的外延非常广泛，可以说是无所不包。从哲学上讲，文化既指物质的，又指精神的；从形态上讲，文化既指有形的，又指无形的；从表里关系上讲，文化既指外在的，又指内在的；从心理体验上讲，文化既有主观的，又有客观的；从地理和民俗上讲，文化具有丰富的多样性、不一致性、差异性、区域性……总之，文化体现和渗透在不同民族、不同国度社会生活的各个方面。我们承认，伴随着社会不断进步、经济日趋繁荣、文明程度提升，社会分工会越来越细。但是，如何把“红色”“地名”“文化”三者有机地结合起来，作为一个整体，去加以保护和弘扬，是地名文化要研究的内容之一，也是一个新的、重大的课题。加强对“红色地名”的研究，既有现实意义，又具有历史意义。

除却“红”的其他义项，“红色地名”的含义，就是中国共产党领导中国人民在进行反封建、反殖民、反法西斯统治斗争的历程中，以及在新民主主义时期与社会主义革命和建设时期发生的有价值、有纪念意义的重要事件与地名有紧密联系的结合体。

二、关于“红色”与“地名”的关系问题

“红色”与“地名”的关系问题，这是首先需要认真思考和解决的问题之一。就某一地名而言，是因“地”而“红”，还是因“红”（多与革命事件和革命人物有关）而成就了“地名”（如提高了地名的知名度，或更名替代了原有地名），还是二

者相辅相成、相互关联？首先，具体的某个地名可能已存在几百年，也有可能已存在上千年。这个“地”与“红”是怎样的时间关系？其次，要弄清是否凡是与“红”有关的“地”是否都属于“红色地名”的问题。一个政党、一个团体、一个单位、一个人等，从辩证的角度来讲，都是一分为二的，都有正反两方面的经验和教训。只是对象不同，形成的成败得失的经验程度不同而已。尤其是具体到一个人，他可能会背叛自己的初衷，走到他当初选择的反面。因此，能否将凡是与“红”有关的人和事，只要与地名相关联都一概称之为“红色地名”？确定这个问题，既是一个难题，也是一个重要的问题。最后，即使与正面的人和事相关的地名，是否均可称之为“红色地名”？这要考虑“红”与相关的人和事关联的重要的程度，即“红”与相关的人和事，在当时或对以后影响程度和在历史进程中所处地位，历史事件和历史人物在历史评价中所处的“层级”，由此决定地名是否可以纳入“红色地名”。

三、关于“红色地名”的界定问题

怎样来界定“红色地名”？怎样来给“红色地名”定“性”和定“量”？这关乎“红色地名”能否得到有效保护和弘扬的问题。在此，只提出个人的意见，或仅提出问题和设想，以供有识之士或专业人士来研判。

（一）关于新民主主义革命时期红色地名的界定

从时间上看，新民主主义革命时期应是“红色地名”产生的鼎盛时期。这个时期是中国共产党领导中国人民推翻三座大山、抵御外侮、反对蒋介石独裁统治时期。这个时期在许多地方，如井冈山、延安、遵义、瓦窑堡、南昌、瑞金、西柏坡、平型关、赤水、六盘山、志丹县、韶山等发生过重大的、有纪念意义的历史事件。这些地名能否称为红色地名？笔者认为，是当之无愧的。尽管这些地名古已有之，但这些地名与中国命运密切相关。正是在这些地方发生了与中国命运密切相关的大事件，这些地名的知名度才得以大幅度提高，甚至使这些地名名声大震、妇孺皆知。

（二）关于辛亥革命时期相关地名界定问题

毛泽东主席在总结中国共产党革命成功经验时指出：党的领导、武装斗争、统一战线是我党战胜敌人的三大法宝。提到作为“三大法宝”之一的“统一战线”,就不能不提辛亥革命。辛亥革命是划时代的革命。孙中山在辛亥革命中提出“联俄、联共、扶助农工”的三大政策。中国共产党成立后,苏联是当时社会主义阵营中的老大哥。今天我们八大民主党派中的民革,党章中仍然明确要坚持孙中山继续革命、不断进步的革命思想。党的统一战线理论明确指出,民主党派与中国共产党在信仰方面是一致的。那么,以“中山”作为专名命名的道路、公园、城市等地名以及南京市中山陵等建筑物如何对待?能否归到“红色地名”之范畴?这也是一个尚待研究和需要解决的问题。

(三)关于国共两党合作时期有关地名的界定问题

大家知道,国共两党合作共有两次。平型关大捷、台儿庄大战,都是发生在国共第二次合作时期。平型关大捷是共产党领导的抗日战役,台儿庄大战是国民党领导的抗日战役。这两大战役都是为国家而战,都是为民族而战。从史料上看,在国共第二次合作期间,国共两党结成了抗日统一战线,并且领导抗日统一战线的是中国共产党。在纪念抗日战争胜利和世界反法西斯战争胜利 65 周年和 70 周年时,党和政府对国民党抗日将领颁发了纪念证章,把国民党阵亡将士追认为烈士。那么,这两个地名,是否都可归为“红色地名”之列?类似的地名又该怎样来定性?

(四)关于社会主义革命和建设时期红色地名的界定

社会主义革命和建设时期,在党和政府的领导下,地名工作出现了新的面貌:①在消除歧视,促进民族团结方面,如将迪化改为乌鲁木齐等。②在促进睦邻友好方面,如将镇南关改为友谊关等。③在经济发展方面,如大庆贡献巨大。④在改革开放方面,深圳、浦东等站立潮头。⑤在重大行政管理方面,设立了海南省和重庆直辖市。⑥在经济改革方面,小靳庄的开拓和创新精神及示范作用。这些屈指可数、大名鼎鼎、名闻遐迩的地名无不与国家进步、经济发展、改革开放的重大事件紧密相连。这些地名也应列入红色地名之列。

(五)关于其他地名界定问题

现举以下两例:

1. 关于北京名称问题

北平名称最早出现于 1368 年,而北京名称最早出现于 1427 年,北平早于北京近 60 年。民国时于 1928 年 6 月 20 日又改为北平市。1937 年 7 月 29 日,北平被日本侵略者占领,日伪政府于1937年10月12日又将北平改为北京。1945年日寇投降后,又改为北平。北平和平解放后,1949年9月21日,中国人民政治协商会议召开,9月27日,中国人民政治协商会议第一届全体会议通过《关于中华人民共和国国都、纪年、国歌、国旗的决议》,自即日起北平重新更名为北京,并确定北京是中华人民共和国首都。首都定在北平后,才又将北平改为北京市。因此,1928年6月20日到1949年9月27日这段时间,称北京为北平是准确的。因为此段时间,北京这个名称实际上并未得到中国政府和广大人民的承认,北平的名称在此阶段仍在沿用。

2. 关于重庆名称问题

重庆即《双十协定》的签署地,时间是1945年10月10日,在国共两党关系史上有着非常重要的地位。

与以上两个地名有关的事件都发生新民主主义革命时期。那么,这两个地名属于"红色地名"吗?尤其是重庆这个地名,曾是国民党的临时首都,无论是新中国成立前还是新中国成立后,对国共两党而言,都是非常重要的。

(六)关于红色地名的时限问题

大家知道,中国共产党诞生于1921年。那么,红色地名从时间上说,是否以1921年中国共产党成立为其上限呢?笔者认为,应以共产党人活动时限为其上限。共产党是共产党人活动到一定阶段,条件达到成熟时才成立的。成立既是一种仪式,也是一个组织诞生的标志。有鉴于此,红色地名的时限应适当向前推移。"三个代表"理论内涵之一,就是中国共产党代表着先进文化的前进方向。由此得出结论,凡与共产党组织或共产党代表性人物有关的重要事件,并与地名组成结合体,均可称其为"红色地名"。

(七)关于红色地名的"层级"问题

"红色地名"的层级问题,通俗一点说就是一个定"性"和定"量"的问题。譬如:红军长征途中的路线串联起来的地名从定性上说,可以统称为"红色地名",或者从广义上讲是"红色地名"。但是,红军长征途中所经过的村、寨、乡、镇等是很多的。有的并没有发生过什么重要的事件,只是经过而已,或只是住了一宿,等等。这样的地名算不算"红色地名"?显然不能算。那么,像平型关这样的地名算不算"红色地名"?答案显然是肯定的。这就是一个定性和定量的问题。如何处理好这个问题，实质上就是要处理好泛“红色地名”倾向化的问题。

“红色地名”从研究的角度看似一个业务问题，实质上很多涉及政治立场问题。“红色地名”作为一个新课题，它不是地名研究机构、地名管理部门、高等院校的相关学科共同努力所能完成的。“红色地名”的研究需要政策方面的“顶层设计”来加强指导。这是因为地名也属于上层建筑。从地名的演变和发展规律来看，地名在某些方面也体现着统治者的意志。研究“红色地名”，就必然要与中国共产党史结合起来，与国民党史结合起来，与中国革命史结合起来，与中国近、现、当代史结合起来……因此，研究“红色地名”，既有着重要的现实意义，也有着深远的历史意义。

（作者系郑州市行政区划与地名学会会长）

知识普及

如何深入开展地名文化遗产资源调查

各地要把普查摸底作为地名文化遗产保护的基础工作，结合第二次全国地名普查开展地名文化遗产资源调查，通过实地调查、资料考证、座谈论证等多种方法，全面查清本地区地名文化遗产情况，详细收集地名的拼写、读音、位置以及历史沿革、来历含义等文化属性信息，系统掌握地名文化遗产资源数量、分布、现状和存在问题。在调查现有地名的同时，要注重调查已消失不用的地名，保护珍贵的历史地名。要运用文字、图片、录音、录像和数字化多媒体等多种方式全面记录地名信息，深入挖掘、系统整理、综合利用地名文化遗产调查资料，建立地名文化遗产信息系统，推进地名文化遗产保护信息化。

略论中国地名文化对越南的影响

华林甫

地名是文化的载体之一，中国文化对越南的巨大影响也深刻地体现在越南的地名上，这一点学术界尚无系统的研究。举凡越南历史上的国名、政区通名、地名渊源解释、地名别名等，无不受到中国文化的辐射，从而在越南各类地名的不同侧面上均烙下了深深的印迹。

越南是与中国山水相连的南邻，位于印度支那半岛东部。其领土呈狭长的S形，从北部越、中边境的河江省安明到南端的金瓯角纵跨15个纬度，直线距离长达1650千米；而东、西最窄处仅有50千米（在广平省腰部）。其北部的莱州、老街、河江、高平、谅山、广宁诸省与中国的云南、广西接界。

一、越南历史与国名

五代十国以前，越南尚未形成现代意义上的国家，其北部原为中国的一部分。公元968年，骓州刺史丁公著之子丁部领称帝，建大瞿越国，定都华闾（今宁平省宁平市）。越南从此获得独立。大瞿越国含丁朝（968—980）、前黎朝（981—1009）和李朝（1010—1225）初期。李朝定都昇龙（今河内直辖市），圣宗甲午年（1054）改国号为大越。此后，陈朝（1225—1400）、胡朝（1400—1407）、后黎朝（1428—1786年，含南北朝、郑氏和广南阮氏）、西山朝（1786—1802）、阮朝（1802—1945）相继递嬗，直至1945年8月30日阮朝被八月革命推翻。

从历史上来说，越南近33万平方千米的领土由三大部分组成：横山（位于18°N附近）以北系原大越国本土，越南独立以前一直隶属于中国；横山以南至宁顺、平顺二省的今越南中、南部广大地区原为占城国之地（前身为东汉时期建立的林邑国，唐朝称环王，宋始称占城），占城国大部分领土在1471年被后黎王朝所侵占，1697 年广南阮氏最后攻灭了占城国；湄公河三角洲部分原为真腊国的领土，系 17、18 世纪时广南阮氏利用真腊王室内讧而逐渐获取的土地。

历史上的越南长期臣服于中国，所以“安南”“越南”这两个国名均与中国官方有关。“安南”之名，最早见于唐调露元年（679）所置之安南都护府[①]（治所在今河内）。“安南国”之名，南宋绍兴十四年（1144）、绍兴二十六年（1156）即见于记载；[②]到淳熙元年（1174）初，李朝国王李天祚遣使入贡，南宋孝宗始正式“诏赐国名安南，封南平王李天祚为安南国王”；次年八月，又“赐安南国王印”。[③]“安南国”之名自此始。[④] 此后，其国王屡为元、明、清各朝封为“安南国王”。嘉庆八年（1803），清朝改“安南国”为“越南国”，册封阮朝创立者阮福映为“越南国王”。为何国名叫“越南”？《嘉庆重修一统志》卷五五三有一个简短的说明：“先是，阮福映表请以‘南越’二字锡封。上谕大学士等曰：‘南越’之名，所包甚广。考之前史，今广东、广西地亦在其内。阮福映即有安南，亦不过交趾故地，何得遽称‘南越’？该国先有越裳旧地，后有安南全壤。天朝褒赐国号，著用‘越南’二字，以‘越’字冠其上，仍其先世疆域；以‘南’字列于下，表其新赐藩封；且在百越之南，著于《时宪书》内，将‘安南’改为‘越南’”。[⑤]“越南”之名一直沿用至今。拉丁化的国名 Vietnam，亦为此意。

二、越南地名通名

胡志明同志曾说过：“我们越、中两个民族，数千年来血统相通，文化共同，在历史上素称兄弟之邦。”由于长期受中华文化的熏染，致使越南的风俗习惯酷似中国，如节令、服饰、婚丧礼仪、宗族关系等与中国均大同小异，所以连胡朝国王胡季犛（1400—1407 年在位）也说：“欲问安南事，安南风俗淳；衣冠唐制度，礼乐汉君臣。”因而在地名学方面，越南历史上的政区如郡、县、道、路、镇、府、州、省等地名通名，莫不学自中国。

早在“郡县时代”，西汉王朝在那里置有交趾、九真、日南三郡，下辖 22 县，郡

---

① 见新、旧《唐书 · 地理志》。

② 分别见《宋史》卷三十、三十一《高宗本纪》。

③ 《宋史》卷三四《孝宗纪二》。

④ 郝懿行：《安南记略》，《晒书堂外集》卷下，光绪十年（1884）刊本。

⑤ 《清史稿》：卷五二七《越南传》同，但内容较简。另据学友孙宏年博士相告：改安南国名为越南事又见于《清仁宗实录》卷一一一、卷一一五嘉庆八年四月庚午、六月己丑。

治分别在今北宁省北宁市、清化省清化市和广治省东河市。“郡”“县”之名那时已传入越南,并为后代沿用。东汉后中国控制区北缩,原因是林邑国(即后来的占城国)的兴起。隋朝在保持原交趾、九真、日南三郡规模(当时下辖24县)的基础上,大业元年(605)隋炀帝出兵灭了林邑国,置为冲、农、荡三州,两年后改为林邑、海阴、比景三郡,下辖12县,今越南大部在短时期内被纳入了隋朝版图。

公元10世纪当丁部领称帝时,“大瞿越国”全国分为十道,组建十道军,任命黎桓为十道将军。[①] “道”制起源于中国,唐太宗贞观元年(627)曾分天下为10道,玄宗时分为15道。

黎桓篡位建立前黎朝后,改十道为路、府、州,但具体名称和方位已不清楚。[②] 李朝建嘉十二年(1222),“定天下为二十四路,路分公主居之”。[③] 但越南正史只记载了12路名称:天长路、国威路、海东路、建昌路、快路、黄江路、龙兴路、北江路、长安路、洪路、清化路、演州路。[④] 因此,越南史学家陶维英认为:“我们可以推断,李朝仿效宋朝制度,将全国分为若干路,每路辖一两个乃至三个府和若干州。”[⑤]事实正是这样,他们的路制是从宋朝学去的。早在唐朝中期,中国就已经出现了作为政区的“路”的雏形。[⑥] 北宋至道三年(997),分全国为15路,元丰六年(1083)析为23路,偏安江左的南宋则分全国为17路。李朝及陈、胡、后黎诸朝安南国的路制,正是模仿中国的结果。

陈朝因袭李朝路制,并且路级政区可能增置了不少,[⑦]到了末期有一部分路被改为镇。[⑧]

陈朝末年与“路”平级的政区“镇”,也系习尚中国的结果。中国古代,在边要形胜之地设镇,驻兵戍守。北魏时,曾在一些州、郡治所设镇,且多以镇将兼刺史、太守之任,如《魏书》卷一九《乐陵王思誉传》:“高祖初,出为使持节、镇东大

① 《大越史记全书》卷一《丁纪》。
② [越]陶维英:《越南历代疆域》(钟民岩译),北京·商务印书馆,1973年版,第146页。下引该书均据此本。
③ 《大越史记全书》卷四《李纪》。
④ [法]马司帛洛(H. Maspero):《李陈胡三氏时安南国之政治地理》,载冯承钧译《西域南海史地考证译丛》第四编,第103－123页。
⑤ [越]陶维英:《越南历代疆域》,第151页。
⑥ 李懋军:《以路作为政区道名不自宋始》,载《历史地理》第十辑,第332页。
⑦ 王颋:《陈氏安南国建置考》,载《历史地理》第九辑,第199－209页。
⑧ 参见《大越史记全书》卷八《陈纪》等。

将军、和龙镇都大将、营州刺史”；又如《魏书》卷四五《杜洪太传》：“太和中除绛城镇将，带新昌、阳平二郡太守。”六镇起义后，北边诸镇皆改为州。到了唐代，节度使、观察使、经略使辖区也简称为“镇”，如李吉甫《元和郡县图志序》：“谨上《元和郡县图志》，起京兆府，尽陇右道，凡四十七镇。”北宋初“杯酒释兵权”后，为了加强中央集权，罢镇使、镇将，节度使也成了虚衔，作为军事型政区的镇从此也就退出了中国历史的舞台，不料400年后又出现在越南历史上。直到后黎朝时将诸镇改置为直隶州，“镇”才走完了它作为大政区的历程。

越南的府制，也是从中国搬去的。他们的府制是从前黎朝开始实行的，比中国唐朝开始实行府制晚了200多年。宋代以后，中国的府级建置逐年增多；前黎朝以后，安南国的府也多了起来，李朝有天德府、长安府、应天府、都护府（即直隶府）、清化府、乂安府、富良府等建置，[①]据中国方面记载尚有“大通府”之建置。[②]属明时期，交趾布政使司在永乐五年（1407）辖有15个府，即交州府、北江府、谅江府、三江府、建平府、新安府、建昌府、奉化府、清化府、镇蛮府、谅山府、新平府、演州府、乂安府、顺化府，[③]次年升太原州为太原府、宣化州为宣化府，共有17府。后黎朝时，安南全国置有49府。[④] 并且，陈朝时有龙兴府路、新兴府路、乂安府路这样叠床架屋式的地名，这与中国元初的广宁府路、河南府路、嘉定府路、宁夏府路等地名结构如同出一辙。

安南国的州制，也是效法中国的。由前黎、李、陈、胡、后黎各朝“州”的建置情况看，他们学的应该是中国两宋时期的州制。至于作为政区基层单位的“县”，仍然是仿效中国的结果，至今仍在沿用。

陈朝末年，安南内乱，胡季犛乘机篡位自立胡朝而不为中国明朝政府所承认，明成祖永乐四年（1406）派兵讨平之，置为交趾布政司（相当于内地一省），下辖15府、5直隶州、36属州和210县。[⑤] 这些政区地名中，有些完全表现出大汉族主义对待少数民族的傲慢态度，如改交趾龙兴府为镇蛮府，国威州为威蛮州，天长府为奉化府，宣光州为宣化州，日南州为南靖州，安邦州为靖安州，布政州为政平

---

① ［越］陶维英：《越南历代疆域》，第151－153页。

② 周去非：《岭外代答》卷二“安南国”。

③ 《明太宗实录》卷六八永乐五年六月癸未，台湾“中研院”史语所校印本第十一册，第949页。

④ ［越］陶维英：《越南历代疆域》，第217－218页。

⑤ 《明史》卷三二一《安南传》。

州[①]等。宣德二年(1427),明军北撤,次年越人黎利建立了黎朝(史称后黎朝)。

后黎朝仿中国内地政区制度,改陈、胡二朝原第一级政区通名“路”为府、“镇”为直隶州,改原第二级政区“府”“州”为属州,原第三级政区“县”则不变。这与明朝布政司内的政区通名系统完全吻合。

阮朝(1802—1945)是靠镇压西山起义建立起来的,政治、经济、文化各个方面都向中国的清朝学习。例如,它的《嘉隆法典》几乎是《大清律》的翻版,科举制度也效法中国,所以“上学和应试的人只知埋头于儒教经典和汉、唐、宋诸朝的史籍之中”。[②] 无独有偶,阮朝在政区制度上也向中国看齐。嘉隆初年,全国有24镇、4营、2城,明命十二、三年间(1831—1832)将它们改置为30个省,省下辖府、州、县。这30个省是:广治、广平、乂安、河静、清化、河内、北宁、兴安、南定、宁平、海阳、广安、谅山、太原、山西、兴化、宣光、高平、广南、广义、平定、富安、庆和、平顺、嘉定、边和、定祥、永隆、安江、河仙。[③] 与清朝一样,阮朝也设总督、巡抚管辖各省,如河宁总督(管河内、宁平二省)、谅平巡抚(管谅山、高平二省)等。法占领时期,又新析置了20多省,如从河仙省析出沥架、龙川、北辽三省,安江省被分为朱笃、芹苴、朔庄三省等,从而使省级政区数目增加到50多个。按:“省”制也渊源于中国。金末、元朝,中国开始实行行省制度,明朝分天下为两京十三布政司(俗称15省),清朝康熙以后内地政区稳定在18省的建置。越南实行省制,比中国晚了500多年。

时至今日,越南仍实行省制,目前有57个省,它们是:河江、宣光、高平、谅山、莱州、老街、安沛、北件、太原、山萝、永福、富寿、北江、北宁、广宁、河西、和平、海阳、兴安、太平、南定、河南、宁平、清化、义安、河静、广平、广治、承天-顺化、广南、平定、广义、富安、庆和、宁顺、平顺、嘉莱、昆嵩、多乐、林同、平阳、平福、西宁、同奈、隆安、同塔、安江、前江、槟知、永隆、茶荣、芹苴、朔庄、建江、薄寮、金瓯、巴地-头顿(截至1997年年底的政区)。

按越南社会主义共和国《宪法》规定:国家划分为省、中央直辖市;省划分为省辖市和县;中央直辖市划分为郡、县和县级市;县划分为乡、镇;省辖市划分为

① 《明太宗实录》卷六八永乐五年六月癸未,台湾“中研院”史语所校印本第十一册,第948页。

② 越南社会科学委员会编著:《越南历史》(中译本),北京·人民出版社,1977年版,第443-446页。

③ 按:《清史稿》卷五二七《越南传》列出了30个省名,但左圻、北圻俱列有广平省,疑后一“广平”为“宁平”之误。

坊、乡，郡划分为坊。无论是省、郡、县，还是乡、镇、坊，抑或直辖市、省辖市、县级市，这些政区地名通名大多与中国有关。有趣的是，目前中国有4个直辖市（北京、上海、天津、重庆），越南也有4个直辖市（河内、海防、胡志明、岘港），并且中国重庆、越南岘港均是1997年新置的直辖市。

三、越南地名渊源解释

古代和近代史上，越南通行汉语，文献多用汉字写成，较为著名的地理著作，有1333年成书的黎崱《安南志略》、1435年成书的阮廌《舆地志》（又名《安南禹贡》）、1806年黎光定撰《皇越一统舆地志》、郑怀德编《嘉定通志》、阮文超《大越舆地全编》、佚名《皇越地舆志》、邓春榜《史学备考·地理考》等，其中最著名的当推《大南一统志》。

《大南一统志》前后修过两次。初修倡议于阮朝嗣德二年（1849），实际工作始于嗣德十七年（1864），至嗣德三十四年（1881）编成草本，内容除了包括越南全国从谅山至河仙30多个省以外，还包括了东京和交趾支那，甚至对柬埔寨、暹罗等邻国也有所记述。不久因适逢咸宜元年之乱（1885年，即中法战争），草本若干卷帙及补编部分遗失，故未及刊刻，仅有抄本流传，[①]是为《大南一统志》嗣德本。后来，维新帝令高春育、刘德稱、陈灿等人纂修安南本土的地理志书；诸臣以成泰十八年（1906）为标准年代，于维新三年十二月初八日（1910年1月18日）撰毕表上，仍名《大南一统志》，是为维新本。维新本内容仅包括越南中部的15省，共计17卷，于1941年3月由日本印度支那研究会据以影印，分为第一、第二两辑。

《大南一统志》是越南历史上一部"关于北部、中部、南部所有各省最完备的地理著作"[②]，体例全部模仿《大明一统志》《大清一统志》，每卷或每两卷著录一省，分为分野、沿革、形势、气候、风俗、城池、学校、户口、田赋、山川、溪潭、古迹、祠庙、寺观、关汛、驿站、里路、津渡、桥梁、堤堰、市集（铺店附）、人物（孝子烈女

---

① 据越南社会与人文科学国家中心汉喃研究所阮文原研究员相告，汉喃研究所图书馆内有《大南一统志》的嗣德本，乃属抄本，现有多种，编号为 A. 69/1－12；VHv. 129/1－8；VHv. 1448/1－4；VHv. 985/1－9；VHv. 1707/1－9；VHv. 1359；A. 2806；VHc. 624；A. 1033；VHv. 2684；法国巴黎也有此本，编号为 SA. Ms. b. 18；BN. A. 65；BN. A. 73 等。谨此致谢。

② ［越］陶维英：《越南历代疆域》，第14页。

僧释附)、土产等门类。与中国传统的地理志书一样,该书也解释了许多地名渊源。笔者将这 17 卷中的 146 处地名渊源解释归纳为 13 类,列表说明如下:

《大南一统志》的地名渊源解释

类别 \ 项目	数量	地名举例	地名渊源解释举例
象形地名	65	马鞍山(5/650) 望夫石(9/1106) 眼　屿(13/1425)	卷一三河静省:眼屿"在宜春县东南二十八里海外,突起二峰,相联如两眼,洋外船艘放驶以此为志,故名"
物产地名	16	燕　屿(5/654) 铁场山(6/774) 芭蕉山(12/1368)	卷一二平顺省附宁顺道:芭蕉山"多产水蕉,故名"
词义地名	13	横　山(6/777) 艰难岭(10/1189) 日丽山(13/1420)	卷一〇富安省:局剧岭"一名艰难岭,亦为富安、庆和分界,山路险阻,故名"
数字地名	10	什塔寺(9/1121) 九曲江(13/1426) 三叠山(16/1702)	卷一六清化省:三叠山"峰峦耸拔,连络重重驿路,所经有三版,第一版在清化界,西北稍平,第二版当中最高,是清、宁二省分界,第三版抵宁平界,稍低平,故名三叠"
史迹地名	8	旗　山(5/664) 御道岭(9/1103) 六年故城(14/1571)	卷五广南省:关南山"一名旗山。中兴初,大兵进攻富春,阮文张据险于云,黎文悦邀截于站野,山上立招军旗"
人物地名	6	儒　岭(6/779) 氏善塔(9/1116) 妃　山(14/1555)	卷九平定省:土山古塔"俗呼为氏善塔。相传有妇人氏善构店山脚,居住卖饼,故名"
方位地名	5	左辅山(2/196) 右弼山(2/196) 寺　冈(9/1106)	卷二承天府:"明命二年圣驾登幸屏山,周览京城形势,左右上山交峙,因名左山曰左辅山,右山曰右弼山"
传说地名	4	仙　山(7/877) 麻姑山(8/970) 玉　山(14/1542)	卷七广治省:仙山"在由灵县西二十里……相传昔有仙人围棋于此,故名"
因山为名	4	占　城(2/165) 富期江(8/966) 商岩溪(8/968)	卷二承天府:林邑"至德间更号其国曰占城,因所居有占不劳山,故名"
气候地名	4	雾　山(2/199) 雾湿水(13/1431) 冷水溪(14/1566)	卷一四义安省:冷水溪"溪从岩岫中涌出,冷冽逼人,故名"
颜色地名	4	白石峰(6/778) 白石山(8/973) 赤　沙(8/1007)	卷八广平省:赤沙"在丽水县西八里。沙色赤,故名"

续表

类别 \ 项目	数量	地名举例	地名渊源解释举例
地形地名	3	坦盘山(5/652) 独立山(6/775) 开帐山(13/1412)	卷六广义省:独立山“在美懿汛北岸,平沙突起一大石,高数丈,故名”
其　他	4	安堵山(11/1249) 合美山(11/1250) 富和山(11/1268)	卷一一庆和省:合美山“以其山界居庆合、庆美二户之间也”

说明:表中数码,指1941年日本影印本的卷/页。

有趣的是,古代越南不但一般地名的命名受中国影响,而且连城市地名建置也模仿中国。仅举一例。今承天-顺化省省会顺化市,原为占城国乌、里二州,占城国王制旻于1307年将此二州作为聘礼献给陈朝,次年陈朝改为顺州和化州,属明时期置为顺化府,后黎朝定为顺化承宣道。[①] 阮朝定都于此,曾有京畿、京师、京都、神京、长安等雅称。顺化城的建造,完全以中国清朝京师(今北京市)为蓝本,分为三重:最外是京城,呈四方形,每边长约2500米,四周有护城河环绕,共有10座城门,有百官办公的六部区、国子监、枢密院、都察院、习贤院、史馆等机构。京城之内为皇城,类似北京的故宫,也呈方形,南北城墙各长606米,东西城墙各长622米,共有四座城门,前为午门、后为和平门、左为显仁门、右为彰德门,其中午门共有五座门、上有五凤楼,前有三座金水桥。皇城内有太和殿(金銮殿)、太庙等。皇城之内是宫城,建于1804年,1822年改名为紫禁城,呈不规则的四边形,共有7座城门。紫禁城内有皇帝处理政务的勤政殿、皇帝居住的乾成殿、皇后住的坤泰宫、太子居住的光明殿、后妃居住的顺辉院和端庄院等建筑。时至今日,顺化皇城仍然完好地坐落在香江北岸,成为越南现存最大而又完整的古建筑群,被列入世界文化与自然遗产名录。顺化的西郊,还有若干座阮朝国王王陵(分别是嘉隆陵、明命陵、绍治陵、嗣德陵、建福陵、同庆陵和启定陵),以及天坛(与中国北京的天坛同名)等名胜古迹。

此外,历史上越南的府名、别名也多受中国影响。例如,丁朝称首都华闾为长安,李朝置为长安府。又如,李朝称首都昇龙为应天府,号为南京,这与中国北宋以应天府为南京(旧日河南商丘县)完全一致。越南历史上的府名如太平府、

① 《大南一统志》卷二:承天府沿革。

承天府、兴元府、重庆府、襄阳府、安庆府、建安府、建昌府、西宁府、广平府、临安府、临洮府、河中府、嘉兴府、嘉定府、中都府等，同名府名均在中国历史上存在过，并且中国名称均比越南要早。位于岘港直辖市郊区的五行山，是金、木、水、火、土诸山的总称（其中火山有阴、阳二峰），《大南一统志》卷五载："明命十八年（1837）敕赐三台山为水山，西南三顶为木山、阳火山、阴火山，西二顶为土山、金山，各勒其名于山之石。"可见"五行山"是以中国的阴阳五行思想为名。越南历史上也有过"三辅""四辅"等地名别称，《大越史记全书》卷八《陈纪》载：汉苍开大元年（1403）"清化府路为京畿三辅：改清化府为天昌府，并九真、爱州为三辅；又改演州为灵源府，并为四辅"。中国的"三辅"是指西汉首都长安附近的京兆尹、左冯翊、右扶风，唐"四辅"是指首都长安近畿的同、华、岐、蒲四州，北宋"四辅"则指首都开封周围的郑州、拱州、澶州和颍昌府。历史上越南的地名，同样也避国王名讳，如后黎朝弘定年间（1600—1619）因避黎敬宗（名维新）之讳，曾改新兴府为先兴府、新平府为先平府，这种做法也与古代中国完全一样。

以上一系列事实证明，中国与越南的文化交流源远流长，在越南地名的各个侧面均可以看到中国文化影响的印迹。

（原刊于《南洋问题研究》2001 年第 2 期。收入本书，略有修改。作者单位：中国人民大学）

南岳地名源流考

彭雪开

南岳，古名祝融峰，其得名当与祝融部落南迁有关；南岳得名，当在春秋之际。战国时期，衡山称名有数处，而最早称名者当为今之南岳衡山。楚国“吴起变法”（前382—前381）时，“江南衡”与“江北衡”（今安徽潜山县天柱山）皆著称于世。南岳，历属衡山县。民国之后归属多变。新中国成立后，政区随衡山归属而累改，终置南岳区，属湖南省衡阳市。

“尧时，南岳在荆州南境。舜时，属荒服，夏商未变。实为三苗蛮族和杨越杂居之地。”[①]事实上《尚书・禹贡》中，列“九州”，始有荆州之名，但其时荆州，是以自然地理实体为界限的区域地名，并非政区地名，称之为“荆”。《释名》中有：“取名于荆山也。”

《战国策・魏策一》云：“三苗之国，左洞庭，右彭蠡。”杜佑《通典》载：“今岳州、潭州、衡州，皆古三苗国。”《国语・楚语》《逸周书・尝麦篇》《战国策・秦》《吕氏春秋・荡兵》等典籍中，皆有九黎部落崛起，蚩尤率九黎部落联盟，与炎、黄帝部落联盟，长期争战的记载。《太平御览・卷一五》载：“黄帝与蚩尤九战九不胜。”后炎、黄帝部落联合起来，最终在涿鹿（今河北涿鹿）将蚩尤擒杀。[②] 据地下出土文物证实：古代三大部落集团之一三苗氏一支，确在南方活动，其活动范围正是南方几何纹陶主要分布区。[③] 这表明古越文化与三苗文化有传承关系。湖南地下文物考古发掘证实：商周至春秋中期，广泛分布着越族，春秋中期以后，楚文化才逐渐取代了越文化。至战国中晚期，楚国已全面掌控今湖南全境。[④]

---

① 南岳区地方志编纂委员会：《南岳区志》，长沙・岳麓书社，2000年版，第47页。
② 王光镐：《楚文化源流新证》，武汉・武汉大学出版社，1988年版。
③ 彭适凡：《中国南方考古百越民族研究》，北京・科学出版社，2009年版，第59页。
④ 彭雪开：《武冈地名源流考》，载《邵阳学院学报（社会科学版）》2016年第3期。

楚悼王（前401—前381）用吴起为相，实行“吴起变法”。《史记·吴起列传》记载：“南平百越北平陈、蔡。”威震中原诸侯国，秦、晋也为之震惊。《后汉书·南蛮传》记载：“吴起相悼王，南并蛮越，遂有洞庭、苍梧。”2003年湖南龙山县《里耶秦简》出土，其中有“洞庭郡”“苍梧郡”之载。秦初沿袭楚制。这表明约在楚悼王十三年（前397—前396）已置楚“洞庭郡”“苍梧郡”，并实行郡辖县。其时，南岳境域，当属楚“洞庭郡”或“苍梧郡”。秦属长沙郡，汉属湘南县，三国吴属衡阳县（非今衡阳县）。晋惠帝永熙元年（290），衡阳县更名衡山县，以境内有衡山而得名。历属之。至唐属衡州，宋属潭州，明、清复属衡州。民国至共和国隶属衡山县时，多实行“双管”制，隶属名目多有署、厅、县、局、区之称；区划名称更改无常，有局、处、区、县、组、区之谓。直至共和国1984年5月，设置南岳区，隶属衡阳市，与省辖管理局两块牌子一套人马。[①] 实为政区管理及利益分割之制。

南岳境域，历有祝融峰、衡山、南岳、南岳衡山之称，皆有历史文化渊源可考。今择其祝融峰、衡山、南岳、南岳衡山作初步考释。

祝融峰，何以得名？祝，古文中指祭祀时司祭礼的人。《诗·小雅·楚茨》云：“祝祭于祊，祀事孔明。”《战国策·齐策二》云：“犀首跪行，为（张）仪千秋之一。”《楚辞·招魂》云：“工祝招君，背行先些。”王逸注：“男巫曰祝。”《说文》云：“祝，祭主赞词也。”在甲骨文中，祝字像人跪于地有祷告之形，古今文中有十几种释义，其本义指男巫，义多引申为祭神祷祝词。

融，古文中有明亮之意。《左传·昭公五年》载：“明而未融，其当旦乎？”《墨子·非攻》载：“天命融隆火。”古今文中有十几种释义，其本义指炊气上出，或指祭祀时祭坛之火星外爆之状，近似甲骨文“融”字古形，后人却释之为炊气上出之状，应为引申之义。祝融，实为上古时主祭火神的官。《史记·楚世家》载：“重黎为帝喾高辛居火正，甚有功，能光融天下，帝喾命曰祝融。”后以封号为氏，曰祝融氏，亦称为祝融部落。

由此可知，祝融峰得名，与祝融部落密切相关。祝融氏为炎帝后裔。《国语·晋语》《左传·文公十八年》《管子·五行》《史记·五帝本纪》《路史·前纪》皆载炎帝、黄帝生成于今陕西省渭水上源岐水流域，为胞族。《世本·氏姓篇》：“姜氏，炎帝生于姜水因氏焉。”《水经注·岐水》：“岐水又东经姜氏城南为姜

---

① 南岳区地方志编纂委员会：《南岳区志》，长沙·岳麓书社，2000年版，第48–49页。

水。”《大明一统志》谓：“凤翔府宝鸡县（今陕西宝鸡市渭滨区）南七里有姜氏城，城南有姜水。”今地下文物考古证实：今宝鸡市石鼓山墓地，“其族属有可能是古代姜氏族群”。经专家考证：石鼓山墓地主人为姜太公之女——邑姜。[①]

之后，炎、黄部落与居于少昊之都的九黎部落，皆向中原争夺。结果炎、黄两个部落联合，擒杀九黎之君蚩尤于冀州之野（今河北涿鹿县）。之后，《史记·五帝本纪》载：炎帝“欲侵诸侯”，而诸侯又“咸归轩辕”。《大戴礼记·五帝德》记载：“炎帝与黄帝战于阪泉之野”，“三战，然后得其志”，黄帝终于战胜炎帝，成为华夏诸部落的共主。炎帝部落大部分融入黄帝部落。《国语·周语下》载：诸夏人自称“皆炎黄之后”。

据《左传·昭公八年》《左传·昭公十七年》《帝王世纪》载：炎帝战败后，一部分部落后裔，被迫南迁至今河南省郑州市北部一带“初都陈，又徙鲁”。（《帝王世纪》）今学术界多认同炎帝后裔东移至今河南省淮阳市（亦说陈仓）。“初都陈”时，创造了大河村类型文化。王震中先生考证：大河村类型文化，当是祝融部落先民。[②]

约在炎黄时代，祝融氏主支，又南迁至江南历山（烈山，厉山）。《左传》《礼记》《路史》皆载随州上古为烈山氏。《括地志》《元和郡县志》《元丰九域志》皆认同此说。今湖北随州市地下出土文物有“花园遗址”及“冷皮垭遗址”，其文化内涵为屈家岭文化和中原龙山文化之遗存。随州市共发掘旧石器时代、新石器时代遗址50多处，出土文物3000余件。[③] 由此可推定历山氏源于中原祝融氏之主支。《五帝本纪》张守节《正义》引《括地志》云：“历山在随州县北百里，山东有石穴。（曰）[昔]神农氏生于历山，所谓烈山氏也。”《春秋三传》谓烈山氏，“放火烧山而耕种也。”历山自古流传有农业和医药发明之神农氏的传说。《左传·僖公二十五年》《庄子·缮性》中有神农氏之载。《史记·五帝本纪》载：“轩辕之时，神农氏世衰。”[集解]引班固曰：“教民耕农，故号神农。”[索引]云：“世衰，谓神农氏后代子孙道德衰薄，非指炎帝之身……皇甫谧所云‘帝榆罔’是也。”

炎帝神农氏合称，始于秦汉间《世本·帝系》，有学者认为：由于战国时代学者的综合整理，故有炎帝神农氏之合称。[④] 郑樵《通志·三皇纪》载：“炎帝神农

---

① 《中国文化报》，北京：2016年7月14日。

② 王震中：《大河村类型文化与祝融部落》，载《中原文物》1986年第2期。

③ 黄建勋：《随州出土文物精粹》，北京·文物出版社，2009年版。

④ 徐旭生：《中国古史的传说时代》，北京·文物出版社，1985年版。

氏起于烈山，亦曰烈山氏，亦曰连山氏，亦曰大庭氏，亦曰魁隗氏。”《国语·鲁语》载：“昔烈山氏之有天下也，其子曰柱，能殖百谷百蔬，夏之兴也，后弃继之，故祀以为稷。”三国韦昭注：“烈山氏，炎帝之号也，起于烈山。《礼记·祭法》以烈山为历山也。”《左传·昭公二十九年》载：“有烈山氏之子曰柱为稷，自夏以上祀之；周弃亦为稷，自商以来祀之。”由此推断：约在屈家岭文化及龙山文化时期，亦即传说为帝榆罔时代，烈山氏之子曰柱时，已号炎帝神农氏，为祝融氏后裔。

祝融氏后裔之一支，何时迁至南岳衡山（今湖南衡山）一带，难以稽考。不过，亦有史踪可寻。

其一，古籍有载。《尚书·大传》云：“南方之极，自北户南至炎风之野，帝炎帝，神祝融司之。”《礼记·月令》云：“其帝炎帝，其神祝融。”《帝王世纪》载：“南方曰炎天，其帝炎帝……祀夏，配神农，从祝融。”《吕氏春秋·孟夏纪》记载：“孟夏之月……其帝炎帝，其神祝融。”高诱注：“炎帝少典之子姓姜氏，以火王天下，是为炎帝，号神农。死，托祀于南方，为火神之神。”《管子·五行》载：“黄帝得祝融而辨于南方。”《列子·汤问》云：“楚之南，有炎人国。”《越绝书》载：“祝融治南方，仆程佐之。”《淮南子·时则训》载：“南方之极，自北卢孙之外，黄颛顼之国，南至委火炎风之野，赤帝（炎帝），祝融之所司者万二千里。”

其二，地下出土楚帛书、楚简可证。楚帛书《五星占》载：“南方炎，其帝赤帝，其臣祝庸（融）。”此载与长沙子弹库楚帛书乙篇：“炎帝乃命祝融，以四神降，奠三天”相吻合。商代卜辞中，有对南方“火日”的祭祀。如合－2095号“壬午，扶幸火日，南，雨。”合－21581号“火日”。沈建华先生指出：“‘火日’，很可能是人神化的被祭火神，故称‘南’。《睡虎地·秦简》183支：‘烦及岁在南方，其人赤色，死，火日。’从秦简‘火日’来看，与卜辞的‘火日’有相类似的系统。”[①]《山海经·海内经》载：“炎帝之妻，赤水之子听沃，生炎居，炎居生节并，节并生戏器，戏器生祝融。”长沙子弹库楚帛记有“雹（伏）戏”和“祝融”，道出了楚人远祖与祝融的世承关系，填补了神话传说史的空白。《海内经》又云：“黄帝生昌意，昌意生韩流，韩流生颛顼。”《史记·楚世家》载：“楚之先祖出自颛顼高阳，高阳者，黄帝之孙，昌意之子。高阳生称，称生卷章（[史记集解]引谯周谓‘老童’即‘卷章’），卷章生重黎。重黎为帝喾高辛居火正，甚有功，能光融天下，帝喾命曰祝

① 沈建华：《由出土文献看祝融传说之起源》，载《东南文化》1998年第2期。

融。共工氏作乱，帝喾使重黎诛之而不尽，帝乃以庚寅日诛重黎，而以其弟吴回为重黎后，复为火正，为祝融。”

以上记载，虽终为传说，但湖北荆门市包山二号墓楚简第217支和237支简，分别记载有：楚先祖老童、祝融等族祖名。甲骨文中有“融”字初形。《楚帛书》中“融”字形与包山竹简217、237支简中“融”字形相近。陈梦家先生认为“虫虫”（即古融字）与神及“五土”（东、西、南、北、中土）关系密切。[①] 这与楚帛书中“五行”观念相合。《左传·哀公九年》史墨曰：“炎帝为火师，姜胜其后。”《左传·僖公二十六年》载：“夔子不祀祝融鬻熊，楚人让之……”然后又灭之。楚人自认祝融为其先祖，在殷商时期，被楚人所祭祀，极有可能。饶宗颐先生引《国语·楚语》云：“‘南正重司天以属神，北正黎司地以属民。’以神与民分掌，各有所属。如天地之划分，下土设官，独后代天文上之大官，分为五区，天人合应，然迹其所自始，殷代已然。”[②]

其三，地下文物出土遗址亦证实，炎帝后裔祝融氏，曾在今南岳衡山境内活动过。在新石器时代晚期龙山文化时期，有一支源自中原文化的部落，活动生息在今南岳境内。自20世纪70年代以来，衡阳市陆续在衡阳市南岳区南岳镇东8千米处，发掘了彭家岭遗址，范围约1万平方米，出土石器石斧、锛等，均为磨制；出土陶片有夹砂红陶、夹砂灰陶、泥质灰陶、夹砂黑陶，以及印纹硬陶。纹饰有回纹、菱形纹、人字纹、波浪纹、绳纹、篮纹、方格纹、附加堆纹与镂孔，其中方格纹多见。器形有罐、釜、壶及锅形器等。遗址下层发现的器具以夹砂红陶为主，属新石器时代晚期龙山文化时期；上层以印纹硬陶、泥质灰陶为主，相当于商代。另外，衡阳县福溪乡1974年发掘有金山岭龙山文化遗址。商代陶片多印纹硬陶，与彭家岭遗址印纹硬陶相同。衡南县泉湖乡发掘罗卜滩龙山文化遗址，其文化内涵与金山岭遗址相同。1986年耒阳市大市乡长洲村发现宜塘坳遗址，文化内涵与金山岭遗址相同。[③] 以上龙山文化遗存，与中原文化有渊源关系；商代文化遗存，多属古越人文化。

综合古籍文献所载及地下文物考古发现，可以初步推断，约在新石器时代晚

---

① 陈梦家：《殷墟卜辞综述》，北京·科学出版社，1956年版，第7页。

② 饶宗颐：《甲骨文通检官职人物·前言》，香港中文大学出版社，1995年版。

③ 衡阳文化：《衡阳古遗址》[EB//OL]：www//Email：wlzj080@163.com，2015：-4-24.

期龙山文化时期,即相传为炎黄时代黄帝之孙颛顼时期,高阳之曾孙“重黎”为帝喾高辛居火正,命曰祝融,后族属祝融部落,其首领历为炎黄部落联盟火官,功高威重,历为华夏族部落尊崇。至尧、舜、禹时代,祝融部落首领,仍袭华夏部落联盟“火正”之职,且分居四方。其中一支约在距今4600年炎帝后裔帝榆罔时期,仍继任火官,并委以“司徒”重任,主政南方,族居在今湖南南岳衡山一带。《路史·卷八》载其首领“其治百年,葬衡阳之阳,是谓祝融峰也”。

祝融首领死后,奉为南岳衡山之神。《南岳区志·大事记》记载:“周(代)祝融峰顶建祝融庙。”其时,是否建庙,待考。《衡山区志·概述》记载:“史籍相传舜帝南巡,曾会诸侯于此。大禹治水经过衡山,曾在中紫峰(位于今县城南郊)登紫金台望九嶷祭舜。”这些实难稽考。不过,也非无据之说。

有关史料载:西汉武帝元朔三年(前126),始在祝融峰顶原屋宇遗址上建禹王殿,亦称禹庙、禹祠,殿内塑有禹王像,为汉人纪念大禹所建;东汉顺帝时(126—144),张道陵创五斗米教,奉老子为教主,从浙江天目山来南岳,谒二坛,礼祝融祠,道教始传衡山;西晋末年(305—316)衡山已有寺庵。隋朝南岳衡山已列入国祀。[①]

由以上判识,约在楚悼王(前401—前381)任用吴起变法时,楚人于此建庙祭祀祝融先祖,极有可能。《后汉书·南蛮传》记载:“吴起相悼王,南并蛮越,遂有洞庭、苍梧。”而湖南龙山县《里耶秦简》中有“洞庭郡”“苍梧郡”之载。秦初沿袭楚制,故楚在吴起变法时,于湖南境内设置洞庭郡、苍梧郡无疑。[②] 其时,南岳境域是否置县,无考。后属秦洞庭郡(秦初改为长沙郡)当可信。楚人于南岳衡山主峰建祝融庙祭祀先祖,故名祝融峰。

南岳衡山何以得名?衡,古文中多指绑在牛角上的横木,以防抵人,有平衡人与物之间关系之义。《诗·鲁颂·閟宫》《周礼·地官·封人》皆有载。后又泛指北斗星系第五星为衡。《广雅·释天》《史记·天官书》记载:“衡殷南斗。”张守节正义:“衡,斗衡也。”《汉书·天文志》载:“衡殷南斗。”颜师古注引晋灼曰:“衡,斗之中央;殷,中也。”《文选·张衡(东京赋)》:“摄提运衡。”李善注引薛综曰:“衡,玉衡,北斗中星,主廻转。”由此可知,古文中“衡”皆持平衡之义。

---

① 衡阳文化:《衡阳古遗址》[EB//OL]:www//Email:wlzj080@163.com,2015:-4-24.

② 衡山县志编纂委员会:《衡山县志·宗教》,长沙·岳麓书社,2000年版,第2页。

山，古今文中多指由土石构成凸隆的部分。《书·旅獒》云："为山九仞，功亏一篑。"《周易·说卦》曰："天地定位，山泽通气。"《左传·成公五年》载："山有朽壤而崩。"《说文·山部》云："山，有石而高。"清人王筠《说文句读》云："无石曰丘，有石曰山。"

衡山，汉《甘石星经》云：九州中，正南面是荆州，荆州最著名山叫衡山。东汉郑玄注释为：南岳衡山，是据天上的星宿分野而得名。在上天为管生死的星宿，在下则管生长发育，像一杆秤一样，保持平衡，故名衡山。这是两汉时学者所言。

其实，衡山得名，约在战国中期。后代学者多释为：因衡山对应天上二十八星之"翼""轸"，度应玑衡，要像衡器一样，称出天地轻重，保持天地平衡，"铨德均物"意为褒贬人间真、善、美等。《南岳志》云："以其星宿当翼、轸，度应玑衡，故为名。"《方舆胜览》载："衡山者，朱陵之灵台，太虚之宝洞，上承翼、轸，钤总万物，故名衡山。"由以上可知：衡山得名约在战国末。因"二十八星"之说，源于战国末楚人甘德《天文星占》和魏人石申夫（石申）《天文》。衡山得名诸说，皆承天地对应"平衡"之义，而各自引申，实为衡山得名之渊源。

历史上衡山地望有数处，[①]而最早称名者，当为今湖南之衡山。

其一，《尚书·禹贡》云："荆及衡阳惟荆州。"孔安国为其注："北据荆山，南及衡阳之阳。"即认为"衡山"为今湖南衡山，亦指历史上所称"江南衡"。《山海经·海内经》载："南海之内，有衡山。"并自注："南岳"。郭璞《山海经注》载："今衡山在衡阳郡湘南县，南岳也。俗谓之岣嵝山。"

其二，《周礼·职方氏》载："正南曰荆州，其山镇曰衡山。"东汉郑玄作注："衡山在湘南。"晋代郭璞于《尔雅·释山》"江南衡"条下注："衡山，南岳。"又引《尔雅》云："霍山，今庐江潜县，潜水所出焉。别名天柱山。"汉武帝以衡山辽旷，故移其神于此。今其土俗人皆呼之为南岳。郭璞明指汉武帝始改霍山（天柱山）为南岳。《史记·孝武本纪第十二》载：西汉元封五年（前106），汉武帝"登礼潜之天柱山，号曰南岳。"《南岳区志·大事记》记载："西汉武帝建元初因惮于衡山道远，乃据黄帝曾以安徽潜县霍山为南岳衡山之副为由，而将南岳之祭祀改至潜霍。"这是有依据的说法。

其三，古代衡山地望，亦当指今湖南衡山。《尚书·序》称：殷人八迁，"汤始

---

① 彭雪开：《武冈地名源流考》，载《邵阳学院学报（社会科学版）》2016年第3期。

居亳，从生生居。”今考有郑州商城及河南偃师之说。至盘庚定都殷（今河南省安阳市）“至纣之下，二百七十三年更不徙都”。故商又称殷商。殷商所称“荆山”或“荆楚”“荆州”，当指今湖北省南漳县西“荆山”之广大南方地域，并非实指行政区划地名。《尔雅·释地》记载：“汉南曰荆州。”实指殷商正南向“荆山”之南广大地域，其正南向之山镇，应指今湖南衡山。故《汉书·地理志》记载：“湘南，禹贡衡山在东南，荆州山。”明确将湘南衡山与荆州山（“镇山”）联系起来。由此推知，两汉之前“衡山”在江南，是非常明确的。

其四，《尚书》《周礼》《战国策》《史记》《汉书》注疏引中，皆言“衡山”为今湖南衡山者：有《孔安国·尚书传》、郑玄《三礼注》、贾公彦《周礼注疏》、鲍彪《战国策注》、裴骃《史记·集解》、司马贞《史记索引》、张守节《史记·正义》、颜师古《汉书·注》、李泰《括地志》等。[①] 以上学者，皆为经学大师，都众口一词，古籍经典中所言“衡山”为今湖南衡山，即“江南衡”。郦道元《水经注·湘水》：“湘水又北经衡山县东，山在西南……《山经》谓之岣嵝，为南岳也……禹治洪水，血马祭，得金简玉之书。”《水经注·渐江水》亦记会稽山“石匮山”。此山即《吴越春秋》中所指衡岳。由此观之，郦道元《水经注》所记“衡山”在今湖南。

其五，《墨子·兼爱中》记载：“禹治天下，南为江汉淮汝，东流之注五湖之处，以利楚越之南夷之民。”文中“江汉淮汝”多指长江流域之北；所言“五湖”，一说指太湖附近滆、洮（长荡）、射、贵及太湖为“五湖”；一说指洞庭、青草、彭蠡、具区、洮滆为“五湖”。从墨子所言中，当指后者为五湖。由此，亦不排除大禹治水时期（非一代大禹治水），曾登上今湖南衡山，“血马祭”。

其六，著名地理学家谭其骧先生主编的《中国历史地图册·第一册》中，在“战国·楚越”版图上，明确标记：江南之“衡山”在今湖南，江北之“衡山”在今安徽。这表明在战国时期，“衡山”之名，已称名于长江南北，是著名的山系地名。衡山，上古称为祝融峰，其得名当与楚人先祖祝融部落密切相关。周初至春秋时期，衡山已得名。其得名当与“四岳”之封有关。最迟当在楚悼王“吴起变法”时期，于今湖南置郡、县时，便已得名祝融峰。衡山得名当在此之前。但其时江南衡山之名，被江北霍山移借，亦称“衡山”。史书上称之为“江北衡山”，这大概与楚国吴起变法时“北平陈、蔡”有关。

---

① 湖北人民出版社编：《中国文化知识精华》，武汉·湖北人民出版社，1989年版，第33页。

综上所述,南岳衡山之称名,应早于江北之衡山。约在春秋时期之前,“四岳”之封中,当有江南之衡山;约在战国中晚之交,古之“四岳”才加称为“五岳”。江南之衡山与江北之衡山,同时著称大江南北。其主因可能是便于周王室及江南江北各诸侯国首领,在自己封国内,登“五岳”祭祀天地、祖宗、神灵。吴起变法时,楚悼王开拓南疆时,将江南“四岳”之衡山地名,移借于江北之霍山(今安徽省潜山县天柱山),亦名“衡山”,含有宣示楚国北部疆域及主权之意,亦便于臣服的诸侯国祭祀。

南岳,其得名与古之“四岳”有一定联系。南,古文中为方位字。在甲骨文中,“南”字形几变,但不离本宗。其字形下部像倒置瓦器,上部像悬挂瓦器之绳索。唐兰认为此指瓦制之乐器,借为南方之称。①《周礼·地官·大司徒》载:“日南,则景短,多暑;日北,则景长,多寒。”《墨子·贵义》记载:“子墨子曰:‘南之人不得北,北之人不得南。’”《说文》云:“南,草木至南方有枝任也。”难以释其字义。《玉篇》曰:“南,方名。”古人认为面对日出方向左手向为南,与北相对。今文义同古文。

岳,古文中多指高峻的山。《诗·大雅·崧高》云:“崧高维岳,骏极于天。”《史记·周本纪》载:“我南望三涂,北望岳鄙。”南朝齐孔稚珪《北山移文》载:“偶吹草堂,滥巾北岳。”皆持本义。《国语·周语下》云:“共(工)之从孙四岳佐之。”《史记·五帝本纪》认为“四岳”为官,分掌四岳之政,亦指尧时分掌四方外事部落首领叫“岳”。后人常把主管外事的岳官与岳官驻地的大山名称统一起来,便名四方大山为“四岳”,实指岳官。实际上岳官当指借四方崇高之山,祭祀封国内天地、祖宗、神灵的官。《后汉书·顺帝纪》云:“敕郡国二千石各祷名山岳渎。”王夫之《尚书·稗疏》引《朱子言》及《周官》“内有百揆四岳”认为:百揆是朝廷九官之长,四岳乃十二牧之长。郭沫若认为:四岳为祝融后裔之一。由此观之,唐虞三代出现“四岳”,虽为传说,但应有其据。因以后裔朝京都,都邑累迁(谓之八迁),所封“四岳”,皆在黄河流域。有古文献可考。周初之后,“四岳”之封,主要在黄河流域,亦涉及江南,只是未记载而已。

春秋时期,有“金、木、水、火、土”五行之说。《尚书·洪范》记载:“五行:一曰水,二曰火,三曰木,四曰金,五曰土。”《国语·郑语》云:“故先王以土与金、

---

① 刘刚:《衡山考——宋玉辛赋地名考之一》,载《江汉论坛》2005年第4期。

木、水、火杂，以成百物。”《左传·襄公二十七年》载：子罕说：“天生五材（指五行），民并用之。”自此后，“五行”之说始行国中，至战国时颇为盛行。战国中晚期，由于齐人阴阳家邹衍（约前324—前240）倡行此说，演变成“五德”始终论后，才渐行“五岳”之说。故《诗话》云：“唐虞四岳，至周始有五岳。”《周礼·春官·大宗伯》载：“以血祭祭社稷，五祀、五岳。”因此之故，江南衡山，始成“五岳”之一。吴起变法时，才使江南衡山（今湖南衡山）与江北衡山（今安徽潜山县天柱山），并列齐名，为各诸侯国祭祀之山无疑。

秦置衡山郡，郡治今湖北黄冈市黄州区西北。古称邾，当以江北衡山（天柱山）为名。汉武帝遂改江北天柱山（霍山）为“南岳衡山”，便于祭祀。汉文帝十六年（前164），以淮南地刘安、刘勃、刘赐为淮南王、衡山王、庐江王。汉武帝元狩元年（前122），淮南王安、衡山王赐谋反案发，自杀。元狩二年（前121），汉武帝取消衡山六国，并以安风、安丰等县首字，改衡山国为六安国，含有“六地平安，永不反叛”之意（今安徽六安市），沿用至今不变。其后汉武帝逐以江南衡山辽旷，不便祭祀，乃改江北天柱山（原衡山国祭祀之山，亦名衡山）为南岳衡山，并以为祀。《史记·孝武本纪第十二》云：汉武帝元封五年（前106）“登礼潜之天柱山，号曰南岳”。

由此可知，江北衡山实为秦始皇时设衡山郡时，名声日隆。至隋文帝初（581—586），复定祭祀南岳于衡山。《湖广通志》载：隋文帝诏定衡山为南岳。为方便国祀于赤帝峰麓新建南岳神祠（即今南岳庙前身）。自此后，江北诸“衡山”之名（含天柱山）渐息，南岳衡山之名，历唐、宋、元、明、清、民国及共和国成立，至今不改。

南岳境域，在尧、舜、禹传说时代，属荆州地域（非行政区划）南境，夏禹之后实为三苗国后裔及杨越族杂居之地。战国中期楚悼王用吴起为相，“吴起变法”时，属楚，秦属洞庭郡，后属长沙郡；汉属湘南县；三国吴属衡阳县；晋惠帝永熙元年（290），衡阳县更名衡山县，南岳属之。唐属衡州，宋属潭州。明、清复属衡州，隶属均随衡山县异动而属之。民国之后归属多变。新中国成立后，亦如此。直至1984年5月，置县级南岳区，隶属衡阳市，亦隶属湖南省南岳管理局，两块牌子，一套人马。[①]

南岳，秀冠五岳，名扬国内外。在南岳区内坐落着南岳衡山72峰之43峰，且有10岩、6洞、12台、1坛、10泉、4池、6潭、8溪涧、2云梯、1石林、1“仙境”等

① 南岳区地方志编纂委员会：《南岳区志》，长沙·岳麓书社，2000年版，第47－49页。

众多名胜古迹。集山之秀、林之幽、泉之奇、物之美于一体;集道教、佛教、书院文化之大成,实为中国文化名山。自民国至今,广植竹木、拓修街道、兴办公益、保护古迹、振兴文教,形成享誉全球独特的宗教文化及福寿文化景观。今工商竞奔,文化繁育,学者、文人、官员、游者不绝于途!

——本文选自《湖南工业大学学报》(社会科学版)2017 年第 1 期

(作者单位:湖南工业大学湘东历史文化研究所)

试论创新行政区划管理机制势在必行

——兼论行政区划的理论与实践

庞森权

从国家行政的层面讲,行政区划工作是最基础、最直接、最有效的管理手段和方式。因此,无论是古代还是现代,国家的管理机关和各级领导都非常重视这项工作,为有效管理国家、治理地方而调整了许多行政区划。自新中国成立以来,在近70年的时间里,我国的行政区划调整数以万计,仅涉及省级以上行政区划的案例就有数十件。由此可见,我国的行政区划管理工作在政治、经济、文化等社会生活中占有重要地位。这说明,在这些不同类型的行政区划调整中,绝大部分是可行的、成功的。然而,不可否认的是,尤其是从今天的眼光看,有些则不尽合理,甚至是留下了深刻教训。那么,为了进一步搞好行政区划的管理工作,我们在今后的工作中应当采取哪些可行的措施呢?笔者认为,为了尽可能地避免在行政区划管理中出现偏差,应当创新行政区划管理机制——在行政区划调整的过程中,也就是在行政审核行政区划变更之前、之中、之后,应当向社会购买以专业知识为主导的第三方服务,引入事前规划研究、事中专题论证、事后跟踪评估的环节。下面,就为何建立行政区划的基础研究、科学规划、专题论证、跟踪评估的新机制问题谈点不成熟的意见和建议。

一、行政区划工作的基础性和复杂性

之所以行政区划管理需要合理的思路、创新的理念、科学的环节,在审核行政区划调整的全过程(前期、中期、后期)中开展必要的规划、研究、论证、评估等工作,是基于行政区划工作具有的多样性、复杂性。在此,先行介绍一下我国行政区划管理的基本情况,进而间接说明其所具备的繁复性与系统性。

（一）行政区划的简要情况

在论述行政区划管理创新机制之前，首先需要了解一下我们所面对的行政管理对象，也就是通常所说的行政区域。截至 2014 年底，我国行政区域数量分别为：省级政区 34 个（直辖市 4 个、省 23 个、自治区 5 个、特别行政区 2 个），地级政区 333 个（地级市 288 个、地区 12 个、自治州 30 个、盟 3 个），县级政区 2854 个（市辖区 897 个、县级市 361 个、县 1425 个、自治县 117 个、旗 49 个、自治旗 3 个、特区 1 个、林区 1 个），乡级政区 40381 个（镇 20401 个、乡 11262 个、民族乡 1020 个、街道办事处 7696 个、区公所 2 个）。从纯粹的理论上讲，上述行政区域都有可能被列入行政区划调整的范畴。如果其中的百分之一确实需要调整，数量也达到了数百个之多。

更为重要的是，从上述列举可以得知，我国的行政区域建制不仅有级别之分，而且有类型之别。在层级上分为 4 级：省级、地级、县级、乡级；在类型上又有传统的广域型、近现代的聚落型、少数民族自治型以及其他特殊型。而且，行政区域的层级与类型相互交错、各占要津，构成了一个比较繁杂的体系。即鉴于它们级别不同、形态各异，导致在实施行政区划管理时必然产生行政工作难以言明的差异性、复杂性。例如，不同级别的行政区划调整由不同管理权限的行政主体负责，不同类型的行政区划管理适用于不同的法规等。

事实上，我们面对的不仅仅是已经成型的行政区域，还有许多“准行政区域”，如各类“开发区”“高新区”“保税区”“园区”“新区”等，在条件成熟之际，或者进入行政区域行列更有助于其自身发展之时，它们就会提出变更现有管理体制的诉求，随时准备跻身其中。这样一来，使得行政区划的行政管理机关及其工作人员也需要及时关注它们的走向。

（二）行政区划的主要种类

这里所说的行政区划种类，是指各类行政区划变更的类别。由于其调整方式、变更事项等存在着显著的区别，致使行政区划的管理重点亦有所变化。其主要类型是：

1. 行政区域的设立

行政区域的设立分为两种：一是新建，一般是由下一级的多个政区或地域组成一个新的行政区；二是改建，由一种行政区域建制改建为另一种行政区域建制，如“撤县设市”“撤地设市”“撤县设区”等。

2. 行政区域的撤销

在任何情况下，行政区域的撤销都不是完全意义上撤销，而是在撤销之后的变更，其落脚点是后续的调整。通常行政区域被撤销后有两种结果：第一是改建，正如上面所言，设立新的行政区；第二是拆分，撤销的行政区域被拆分为多个部分，且并入其他行政区域之中。

3. 行政区域的拆分

行政区域的拆分往往与行政区域的合并紧密相连，拆分是第一步，合并是第二步。它分为两种情况：在保留本行政区域建制或主体的前提下，有部分行政区域被拆分到相邻的其他行政区域中，从而构成行政区域的析置；在行政区域拆分的过程中，全部的区域都被拆分完毕，且分别被并入到其他行政区域之中。

4. 行政区域的合并

行政区域的合并一般也包括三种形态：一是将多个下一级的行政区域予以合并，然后建立一个更高一级的行政区域；二是在保留本行政区域的同时，将其他低一级的行政区域（相邻行政区域的部分）并入本行政区域之内；三是同一级别的两个以上行政区域合并，并组建一个新的行政区域。

5. 行政区域的调整

当一个行政区域的面积或人口等指标不尽合理，如制约发展、不便管理时，则需要对其进行必要的行政区域调整。这种行政区域的调整总是伴随着行政区域界线的变更，其方式是析出或（和）并入部分行政政区面积和辖区人口。近年来，市辖区的行政区域调整尤为多见。

6. 政府驻地的迁移

行政区域的人民政府驻地整体迁移一般出于三种原因：政府驻地的地质环境不适于人类居住；政府驻地的区位条件不便于行政管理；政府驻地的资源因素不利于经济发展。该项行政区划调整事项的最大特点是，整个迁移的时间周期非常之长，而且所花费的财力、物力、人力都很巨大。

7. 行政级别的变更

如果行政区域设置不合理，尤其是在行政级别上与其事权存在偏差，则可能对其进行行政级别的变更。这类变更分为升级和降级两种形式。在其升级或降级的同时,抑或改变原有的行政建制(政区)类型。

8. 行政区域的更名

需要说明一点,行政区域的更名是专名的变更。如果改变其通名的话,则意味着行政建制(政区类型)的变化。专名的变更是与当地的历史、文化、地理密切相关的。

(三)行政区划的关联领域

需要指出的是,各级、各地的行政区划调整不是孤立的,它在调整之前、之中、之后都涉及多个领域,如政治、经济、文化、旅游、民族、国防、交通、治安、历史、地理、风俗等,可以说是牵一发而动全身,是该行政区域内的纲举目张之举,甚至也会影响其上下、左右、前后的经济发展、社会进步。也就是说,行政区划的变更作用巨大,直接或者间接地影响甚至决定着它的地位、作用和走向,如管理体制的变化、管理关系的位移、管理权限的增减、管理事项的多少、管理范围的大小、管理成效的好坏等。

在《中华人民共和国地方各级人民代表大会和地方各级人民政府组织法》中,规定了我国各级地方政府的组织构架、管理模式、行政权限等。在其第四条中明确规定:"地方各级人民代表大会都是地方国家权力机关。"第五十四条亦规定:"地方各级人民政府是地方各级人民代表大会的执行机关,是地方各级国家行政机关。""全国地方各级人民政府都是国务院统一领导下的国家行政机关,都服从国务院。"从某种意义上说,由法律赋予地方人民代表大会和地方人民政府的权利、职能等,都是建立在既定的行政区域及其建制的基础上的。如其不然,二者均为无本之源的空中楼阁。

二、行政区划行政的制度性和多样性

行政区划是国家大政,在国家行政与地方事务中举足轻重,这种常态化的重要性引出的结果是,需要由各项法律法规决定它的运行机制。这从另一个层面告诉我们,行政区划管理必须严肃对待,不仅审核的指标应当合理、可行,而且其程序、环节也应当科学、规范。为此,笔者引用部分法规,以诠释行政区划管理程序中每个环节都不可或缺的重要意义。

(一)国家法律确定的行政区划

《中华人民共和国宪法》是国家的根本大法,公民和法人都负有维护宪法尊严、保证宪法实施的职责。那么，行政区划有哪些法条呢？该法第三十条和第三十一条规定："中华人民共和国的行政区域划分如下：(1)全国分为省、自治区、直辖市；(2)省、自治区分为自治州、县、自治县、市；(3)县、自治县分为乡、民族乡、镇。直辖市和较大的市分为区、县。自治州分为县、自治县、市。自治区、自治州、自治县都是民族自治地方。""国家在必要时得设立特别行政区。在特别行政区内实行的制度按照具体情况由全国人民代表大会以法律规定。"同时，第六十二条还规定："全国人民代表大会行使下列职权：(12)批准省、自治区和直辖市的建置；(13)决定特别行政区的设立及其制度。"第八十九条亦规定："国务院行使下列职权：(15)批准省、自治区、直辖市的区域划分，批准自治州、县、自治县、市的建置和区域划分。"就行政区划而言，从以上引述的法条可以清晰地说明3点：一是行政区域划分具有层级化和类型化；二是行政区域建制应该区别化和个性化；三是行政区划权限体现固定化和层次化。

在上文提到的《中华人民共和国地方各级人民代表大会和地方各级人民政府组织法》中，对于地方各级人民代表大会和地方各级人民政府的管理规定了多个事项，如经济、文化、科学、教育、公安、卫生、体育、财政、民族、司法、民政、城建等。其中，最为重要的一点是，这些法律赋予的所有权限都是在本行政区域之内有效行使的。如此，郑重地告知我们，行政区划本身所具备的基础性、根本性、长效性的特征。

《中华人民共和国民族区域自治法》是实施宪法规定的民族区域自治制度的基本法律。其中，涉及民族自治地方行政区划的条款主要有："第二条　各少数民族聚居的地方实行区域自治。民族自治地方分为自治区、自治州、自治县。""第十三条　民族自治地方的名称，除特殊情况外，按照地方名称、民族名称、行政地位的顺序组成。""第十四条　民族自治地方的建立、区域界线的划分、名称的组成，由上级国家机关会同有关地方的国家机关，和有关民族的代表充分协商拟定，按照法律规定的程序报请批准。民族自治地方一经建立，未经法定程序，不得撤销或者合并；民族自治地方的区域界线一经确定，未经法定程序，不得变动；确实需要撤销、合并或者变动的，由上级国家机关的有关部门和民族自治地方的自治机关充分协商拟定，按照法定程序报请批准。"在这里，明确提出3项特别的要求：一是民族区域自治地方分为自治区、自治州、自治县3级；二是民族自治地方的名称由3个既不同、又关联的要素构成；三是民族自治地方的区划必须依据法律、按照程序办理。需要阐明一点：就少数民族的行政区划本身而言，少数民族自治地方的行政区划管理所具备的特殊性质，致使行政权限更趋具体、行政管理更加严格、行政区划更为规范。

（二）国务院规定确定的行政区划

为了加强行政区划的管理，根据《中华人民共和国宪法》和《中华人民共和国地方各级人民代表大会和地方各级人民政府组织法》的有关规定，1985年1月15日国务院发布了《关于行政区划管理的规定》。主要内容有："第三条　省、自治区、直辖市的设立、撤销、更名，报全国人民代表大会审议决定。""第四条　下列行政区划的变更由国务院审批：（1）省、自治区、直辖市的行政区域界线的变更，省、自治区人民政府驻地的迁移；（2）自治州、县、自治县、市、市辖区的设立、撤销、更名和隶属关系的变更以及自治州、县、自治县、市人民政府驻地的迁移；（3）自治州、自治县的行政区域界线的变更，县、市的行政区域界线的重大变更；（4）凡涉及海岸线、海岛、边疆要地、重要资源地区及特殊情况地区的隶属关系或行政区域界线的变更。""第五条　县、市、市辖区的部分行政区域界线的变更，国务院授权省、自治区、直辖市人民政府审批；批准变更时，同时报送民政部备案。乡、民族乡、镇的设立、撤销、更名和行政区域界线的变更，乡、民族乡、镇人民政府驻地的迁移，由省、自治区、直辖市人民政府审批。""第六条　行政公署、区公所、街道办事处的撤销、更名、驻地迁移，由依法批准设立各该派出机关的人民政府审批。"据此可以得知，国务院有针对性的规定，着眼点是解决行政区划的管理权限，以及在管理过程中的基本程序。

从行政管理的角度看，对某项事务进行审批是最常见的行政形式。但是，由于审批的客体（对象）不尽相同，会给审批的过程带来困难，甚而导致审批的结果不尽如人意。为解决审批事项过于复杂的现实情况，给审批工作确定评判的标准，国务院还针对行政区划管理工作的重点和热点，先后专门制定并发布了《设立县级市标准》和《设镇标准》等。这样一来，对于审核市的建立、镇的设立有了可循、可行的规范。然而美中不足的是，尚未建立或者近期无法全部设定行政区域的相关标准；即便是已经执行的上述两个标准也存在可以修订、逐步完善的情况。

（三）民政部职能确定的行政区划

作为国务院的职能部门，民政部是全国行政区划的主管机关，其职能的设定决定了该国家行政区划主管部门的权限。对于行政区划而言,它的职能是由5项内容构成的:“①拟定行政区划管理政策、规章,并指导实施;②拟定县级以上行政区划设置与调整的总体规划和体制改革建议;③审核县级以上行政区划建制的设立、变更和政府驻地迁移;④审核省、自治区、直辖市、特别行政区排列顺序及简称;⑤组织、指导编制全国及各省行政区划图。”不知读者是否注意到,在上列5项职能的表述中,民政部的职能界定是准确的,是与行政区划的行政事务管理相符的,除了延续国务院《关于行政区划管理的规定》中关于审批的事项并将其改为“审核”外,其他的职能均为宏观上的把握,使用的关键语词为“指导”“建议”“组织”“规划”等。而且,在这些“务虚”的行政事务中,有些还不是纯粹的行政业务工作,如行政区划的总体规划等。还应指出的是,即使是某些宏观上的行政区划业务工作,如“指导”“建议”等,也需要建立在前期理论支撑的基础上。

三、行政区划管理的严谨性和现实性

在现行的行政区划管理方式中,除了省一级的行政区划建置外,如“海南建省”“重庆直辖”等,都采取的是上报、审核、报批制。这种行政方式已经运行了多年,总体上看是可行的、有效的,取得了一定的成绩和显著的成效。但不可否认,某些行政区划的调整确实出现了偏差,甚至是不得不予以改正的错误。那么,为什么在各个层级的人民政府及其行政区划管理职能部门的严格审核把关之下还会产生令人遗憾的失误呢?根本的原因在于,前期的研究与论证可能缺位。为此,我们从法规的行政、管理及其现状中去体会。

(一)行政区划管理的群体性事件

在20世纪末期,随着改革开放政策的实施,我国各地的经济形势普遍好转,苏、浙、鲁、粤等省的县域经济发展尤其迅猛。在这种情形下,各地方政府渴望经济发展、渴求经济增长的愿望更加明显。于是,各地地方政府纷纷寻找招商引资、内引外联的最佳途径,抑或在行政区划管理体制上获得突破,进而为经济发展注入新的活力。此时,为了促进城镇化的有序发展,加快各地的发展步伐,国务院于1986年批转了《民政部关于调整设市标准和市领导县条件的报告》,明确了设市和撤县设市的标准。1993年5月17日,国务院以国发〔1993〕38号文件再次批转了民政部《关于调整设市标准的报告》。至此,各地迅速掀起撤县设市

的热潮，特别是东南部沿海地区，更是成为“撤县设市”的主要地区，有个别经济发达的省份每年“撤县设市”甚至高达2位数。截至1998年，我国县级市数量达437个，其中近350个为“县改市”。而且，在12年间，每年“县改市”的数量都呈递增的态势。统计显示，在1994年至1996年，全国共有95个“县改市”和1个新设县级市。

虽然“撤县设市”只是一字之差的“县”改“市”，甚至管辖区域没有改变，行政级别没有改变、机构设置没有改变、人员构成没有改变，但其“无形资产”的增长还是显而易见的，由此带来经济建设走入快车道的效果也是不言而喻的。而且，从法理上讲，县级市不隶属于任何地级市，如果它不是自治州下辖的县级市的话，则自然成为省、自治区直管的县级市。现在通常的管辖方式是，由地级市“代管”。故而，“县”改“市”之后，其身份得到巨大的提升。结果是，“县改市”一度引起盲目跟风，从而带来不少现实的问题。例如，许多地方“县改市”之后，出现了市区农村人口比重过大，城乡比例仍旧失调，城市与乡村的概念模糊不清，城市化建设大量占用耕地等问题，呈现出“假性城市化”的诸多问题。基于此，国务院采取果断措施，于1997年暂停了实施10多年的“撤县设市”政策。

目前，已经“冻结”20年的“撤县设市”工作又重新启动。为使“撤县设市”“积极稳妥、规范有序，防止一哄而上、盲目设市”，此次“撤县设市”的标准更加细化、条件更加严格、程序更加规范、数量更加稀少。然而，从多家媒体公开报道上得知，仅仅在去年全国就有165个县提出“撤县设市”的申请，将自身置于等待审核、审批的队伍之中。其基本的行政流程是，准备“撤县设市”的县自行提出申请，依次经所在的地级市（自治州）、省（自治区）批准，然后向上呈报进入国务院审批流程。尽管如此，为什么又一次呈现出“一窝蜂”的情景呢？这一点，值得行政区划的管理者和研究者深思。

其实，造成行政区划调整有如“趋之若鹜”者，不仅是“撤县设市”的一种形态。在现行的行政区划管理模式下，只要是能够被利益所驱动，就可能会形成“大波轰”的非常态景象。众所周知，我国除了正常的直辖市、地级市、县级市外，还有一些副省级的市。这些副省级市的出现尽管是历史上的多种原因造成的，但它们的存在无疑与法律规定的3级市制有所区别，甚至是有损行政区划的生态环境。其中，其下设市辖区配备干部的级别高于普通地级市市辖区行政人员的级别,直接导致其属县改区的热情有增无减。最为极端的示例是,某些副省级市已经无县可管辖,其次级行政区域均为市辖区。但是,有些业已改为市辖区的县与真正意义上的区相差甚远,其通名的变换并未改变县的本质属性,只是通过行政区划这一捷径获得了从业者的集体升迁而已。这,应当引起大家的警觉。

此外,凡是上级行政管理部门热衷的,都有积极“跟风”者。例如:由于县级政区名称中“用字生僻难认难写”,故被列入审查更改范围。1955—1964 年,全国有 10 个省区陆续更改含有生僻字的县名 35 个。其中,有的行政区域名称是随简化汉字自然简化,有的行政区名称则是纯粹用另外的汉字予以代替,本质上就是政区更名。例如:黑龙江省铁骊县改为“铁力”县,瑷珲县改为“爱辉”县;江西省新淦县改为“新干”县;贵州省鳛水县改为“习水”县;陕西省盩厔县改为“周至”县等。当时,主导思想是加快汉字简化的步伐,却忽视了汉字固有的文化内涵,割裂了原有名称所承载的地域文化。所以,当时间的指针走过半个世纪之后,一些当地人民政府又提出恢复原有地名用字的请求。对此,上级行政区划主管机关权衡利弊之后,部分拟恢复的县名得到“同意”的批复。

(二)行政区划调整的个体性事件

为说明行政区划管理的重要性、紧迫性,现列举几个行政区划调整及其管理的典型事例:

对于《三国演义》中描述的“大意失荆州”,想必读者朋友略知一二。不过,在行政区域名称上也曾经上演过类似的“剧情”:1949 年,设立县级沙市市。在计划经济体制下,沙市所属的日用化工产业发展势头良好,产业规模、企业数量、产品声誉逐渐扩大。1979 年,沙市市升格为地级市,成为与地区平级的行政区域。1994 年,荆州地区与沙市市合并,为体现荆州地区与沙市市的平等地位,且沙市市并非并入荆州,故新成立的地级市被命名为“荆沙市”。然而,“荆沙市”行政区域名称甫一出现,立即遭到历史学家、地理学家等社会各界的口诛笔伐,认为“荆沙市”之名不足以承载甚至割裂或破坏了荆州的历史文化、地域文化等。1996 年,即设立“荆沙市”的两年之后,不伦不类的“荆沙市”不得不更名为被公众认可的“荆州市”。

北宋宣和三年(1121),改歙州为“徽州”,是为“徽州”之肇始。清康熙六年(1667),析江南省分设两省,取安庆府、徽州府的首字得名“安徽省”。1952 年,太平县划归徽州专区。1971 年,徽州专区改称徽州地区。1987 年 11 月,国务院撤徽州地区,成立地级黄山市,辖屯溪区、黄山区(原太平县、县级黄山市)、徽州区(原歙县岩寺区)、歙县、黟县、休宁县、祁门县。至此,延续近千年的府、州、专区、地区之名称“徽州”被“黄山”所取代。于是,产生了两个明显的问题:由于徽州已经降级为市辖区,其所指代的行政区域与一直作为中间层级的“徽州”差距巨大,承载并延续原有“徽州”的历史、文化、传统等都难堪大任;而地级黄山市、县级黄山市、现辖黄山区、黄山(自然地理实体)、黄山风景区、黄山市驻地屯溪区以及黄山机场(在屯溪区)、黄山火车站(在屯溪区)等纠集在一起,致使地名之间的隶属关系、区位关系等极易造成不必要的混淆。由“黄山体制”带来的后果是,有不少人大代表、政协委员纷纷建议恢复名正言顺、名副其实的“徽州市”。

东北地区的某地级市,无视国务院《关于行政区划管理的规定》,自行进行了该市的行政区划调整,主要变更事项包括:将两个自治县的部分行政区域划入市区,原属多个市辖区的行政区域被划分、置换,市辖区的行政区域界线重新界定。更令人吃惊的是,这种超越权限的整个市域行政区划调整行为,居然获得了省政府的批复同意。问题是,面对地方政府的违法行政,有关部门或上级机关应当对其采取哪些补救的措施呢?即撤销地方政府的决定、默认地方政府的决定、追认地方政府的决定等,都是我们需要直面的课题。

1954 年 2 月,为促进边境贸易的发展,设立畹町镇(县级镇)。1985 年 1 月 31 日,经国务院批准设畹町市。畹町为全国最小边境城市的国家级口岸,本地人口仅 1 万多人。1999 年 2 月 8 日,撤销畹町市,所辖区域并入瑞丽市。从后来运行的结果看,该项行政区划调整克服了人浮于事、降低了行政成本、减少了办事环节、提高了工作效率等。然而,看似一件简单的行政区划变更,在当时却引起了轩然大波,很多畹町市的机关干部、公职人员具名向上申诉,不同意云南省政府撤销畹町市的意见,要求保留这个全国人口最少的县级市。

1950 年 1 月 18 日,泰州专区与扬州专区合并为泰州专区,专署驻泰州市,辖泰州、扬州 2 市及泰县、泰兴、靖江、江都、兴化、高邮、宝应、仪征、六合 9 县。1950 年 8 月,扬州市直属苏北行署,泰州专区辖 1 市 9 县。1953 年 1 月,泰州行政区撤销,泰州市划归扬州行政区。1953 年 2 月 8 日,泰州专区改称扬州专区。1954 年 11 月 21 日,泰州市改为省辖市。1958 年 7 月,泰州市属扬州地区。1959

年1月9日,泰州与泰县合并为泰州县。1983年1月,江苏省实行市管县体制,泰州市属扬州市。1996年8月12日,经国务院批准,扬州市进行行政区划调整,县级泰州市从扬州市划出,组建地级泰州市,下辖海陵区、高港区(1997年设立)、靖江市(代管)、泰兴市、姜堰市、兴化市。无论是从泰州市本身的角度看,还是从更大的行政区域范围上讲,地级泰州市的设立无疑是成功的范例。因为,在调整扬州市行政区域之前,有关方面对"三泰(泰州、泰兴、泰县)问题"非常重视,专门组建专业化的工作团队,经过较长时间的调研、分析、论证、规划,最后形成了有理论支撑、有数据支持的行政区划方案。实践证明,这种做法值得推荐。

上述所列的行政区划个体性实践,从正反两个方面都说明,行政区划的复杂性、系统性、基础性决定其必须有的放矢,打"厉兵秣马"的有准备之仗。

四、行政区划研究的系统性和必要性

事实上,就行政区划管理工作来说,它所具有的政策性、复杂性、系统性、基础性等,使行政区划的行政事务更加繁杂、愈加困难。为彻底解决这一问题,给行政区划主管部门提供鼎力支持,超前、系统地开展行政区划的研究工作是正确的选择。

(一)行政区划法规存在缺陷

综上所述,行政区划是一个大的系统工程,除却自身自成体系之外,还与周边诸项事务发生着千丝万缕的联系。如果这些本应顺理成章的联系出现偏离或者断裂,则给行政区划管理工作带来无法解决的困难,甚至陷入不得不畏葸不前的窘境。因之,在此列举部分示例,以阐述未来行政区划课题研究与行政工作的艰巨性。

在《中华人民共和国宪法》中,第八十九条确定了国务院行使的职权,规定:"批准省、自治区、直辖市的区域划分,批准自治州、县、自治县、市的建置和区域划分。"对此,国务院《关于行政区划管理的规定》将其加以细化,更加明确了国务院在行政区划管理上的权限。然而,这里有一个具体的问题需要解决:假如国务院批准撤销某个县且同时设立某个县级市,即所谓的"县改市"或"撤县设市",则意味着某个行政区域建制的改变。以此推演得知,这里所撤销的不只是一个"县"字,而是一并撤销了该行政区域原有的人民代表大会,亦即"皮之不存，毛将焉附”。可是，令人遗憾的是，这一在实践中与相关规定抵牾的做法是否有法律依据呢？因为，在我国现行的法律中，国务院“是最高国家权力机关的执行机关，是最高国家行政机关”，是否有权“间接”地撤销作为“地方国家权力机关”的县级人民代表大会以及相关法律赋予它的权力，显然有关法律没有给出符合法理的正确答案。

1954 年 12 月 31 日，全国人民代表大会常务委员会第四次会议通过、中华人民共和国主席令公布了《城市街道办事处组织条例》。该条例第三条规定：“街道办事处的管辖区域，一般地应当同公安派出所的管辖区域相同。”显而易见的是，街道办事处的管辖区域与“公安派出所的管辖区域相同”，有本末倒置之嫌。原因在于，街道办事处是当地人民政府的“派出机关”，公安派出所是当地人民政府所属负责公共安全事务公安局的派出机关，其所治安区域应与街道办事处的管辖区域相同才对，而不能相反而为之。还好，经过 50 余年的等待，2009 年 6 月 27 日，第十一届全国人民代表大会常务委员会第九次会议决定废止该条例。不过，在未出台新的办事处条例之前，抑或尚未授权各省、自治区、直辖市可以自行制定并颁布相关管理办法之际，在设置或者撤销街道办事处时，同样会遇到无法可依、无章可循的问题。

诚如上面所说，国务院审批地方“人民政府驻地的迁移”。但是，这里的“人民政府”是一个不确定的概念。在我国现行的行政管理体制下，“人民政府”有广义和狭义之分：广义的“人民政府”包括地方“党委”“人大”“政府”“政协”；狭义的“人民政府”只包括“政府”本身。这样一来，此处的“人民政府驻地的迁移”也产生了歧义：是“四大班子”整体的驻地迁移，还是其中之一的“政府”驻地迁移，仿佛有了使人疑惑的悬念。其实，在《中华人民共和国地方各级人民代表大会和地方各级人民政府组织法》中，已经给出了明确的规定：“全国地方各级人民政府都是国务院统一领导下的国家行政机关，都服从国务院”，这其中的“人民政府”是狭义的“政府”。于是，此事陷入了两难的境地：如果国务院仅仅批准了狭义“人民政府”的驻地迁移，那“四大班子”除了“人民政府”之外者的驻地迁移又由谁来批准呢？更让人不解的是，国务院批准“人民政府”驻地迁移后，实际上“四大班子”的驻地都一并迁移，这是否隐含着国务院有越权行为的嫌疑，还是各地超越权限、超出范围自行执行了国务院驻地迁移的批准文件呢？对此，我们存疑的同时,只能期待以后的深入研究。

此外,在行政区划调整事项中,每一种类型的行政区划变更都具有自身的个性。其中,“人民政府驻地的迁移”最具有典型意义。与其他行政区划调整不同,它有5项显著的特征:一是迁移的时间周期较长;二是迁移的花费占用较多;三是迁移的手续环节较繁;四是迁移的影响范围较大;五是迁移的批文规定较广。于是,给行政区划的管理带来许多意想不到的事项,例如:如果国务院批准了某个县的人民政府驻地迁移,那么其批复的时间节点应在何时——是在该县级行政区域驻地新址的征地拆迁之前,还是之后?是在驻地新址的城市规划批准之前,还是之后?是在新址建设资金到位之前,还是之后?是在新城区建设开工之前,还是之后?是在新的建成区建设完工之前,还是之后?这一系列的问题一直困扰着行政区划的管理部门。因为,它直接关系着国务院批复文件的权威性和可行性。与此同时,也极大地影响着当地的管理程序、工作效率、行政成本以及其未来的经济走向、社会进步、民众幸福等。

上述所举行政区划法规的缺憾只是其中的一部分,如果仔细分析、认真研判,还会发现一些诸如缺位、矛盾、偏差、重叠、错位、遗漏、越位等问题。这些问题的梳理、厘清、解决,不是一朝一夕的事情,需要在今后的工作中深入研究、逐步完善。

(二)行政区划设置存在的问题

按理说,尽管对行政区划的调整业已经年,虽然允许尚存一些无关大雅的不足之处,但现在运行的行政区域应当基本科学、合理、规范才是。然而,这种美好的愿望只是一厢情愿。实际情况为,仍有少量的行政区域设置显示出这样或那样的问题,需要我们去面对、去研究、去修正。

1. 市的行政级别

为了便于行政管理,在通常的情况下,行政区划采取分级管理的模式,如省级、地级、县级、乡级等。而且,不同级别的同类行政区域也以不同的通名加以区分,如省级的自治区、地级的自治州、县级的自治县等。但是,对于市的建置却“独树一帜”,不管级别高低、范围大小、人口多寡,统称为“市”。虽然,有些时候根据法律的需要和管理的要求,分别将它们称之为“直辖市”“较大的市”“设区的市”“不设区的市”“市”等,却未将前述4“市”之前的修饰词作为整个通名不可或缺的组成部分。即使是《中华人民共和国宪法》中明确与省、自治区并列的“直辖市”，实际上它的全称仍旧省略“直辖”二字，称为法定的××市，如“北京市”。况且，还有些“市”的级别突破了法律规范的3个等级，形成了不与省级、地级、县级相对应的多层级“市”，即还有上面所说的副省级市，省、自治区直管的副地级市等。更有甚者，居然还有不管辖任何区、县、自治县的地级市，这严重违反了行政区域划分的原则和目的。

2. 行政区的规模

行政区的规模主要由两部分构成：一是行政区域面积；二是管辖人口数量。行政区的规模过大，在管理上有力所不逮之感；行政区的规模过小，在行政上有无所事事之虞。鉴于行政区的规模涉及两个方面，因此人口密度的大小就成为衡量其规模是否合理的重要参数：人口密度大者，行政区域面积可稍小；人口密度小者，行政区域面积应稍大。但是，在现有的行政区中，与上述相反者“大有人在”，不仅面积大、而且人口多，或者面积小、同时人口少，面积可能相差数十倍、人口或许相差十数倍。

3. 飞地

划分行政区域的目的在于，便于管辖和管理。但是，如果某块地域不在所辖的范围之内，而是位于需要跨越的其他地域上，形成鞭长莫及的飞地，则严重违反了行政区划划分的初衷和目的，必然给行政管理带来诸多不便。按理说，在和平年代飞地现象是不应该存在的，但颇为遗憾的是，少量的行政区域恰恰相反，仍有自身边界线之外的管辖区域。是否将其置换，或者直接舍弃，值得因地制宜地予以考虑。

4. 非法定的行政区域

在我国，法律明确规定的行政区域有：直辖市、省、自治区、特别行政区；(地级)市、自治州、地区；(县级)市、县、自治县、(市辖)区；乡、民族乡、镇。令人感叹的是，还有部分法律未予设定的行政区域仍在运行中，如“盟”“旗”“自治旗”“特区”“林区”“民族区”“区公所”“民族镇”“苏木”“民族苏木”等。对于这些非法定的行政区域应当分析并确认，是法律本身的遗漏问题，还是非法设置的问题，应探讨后续逐步的解决方式。另外，还有个别省、自治区自行设置的行政区域，更是严重的违法行为。

五、行政区划创新的可行性和紧迫性

以上,笔者列举了行政区划的诸多缺憾,既有行政区划基础不够健全的问题,也有行政区划执行未能到位的问题。如果对其仔细分析,这些不足之处都有共同指向性的特点:涉及领域大、业务范围广、研究课题杂、工作头绪多。总之一句话,需要在行政区划管理的机制上予以创新。现在看来,行政区划管理机制的创新应当及早提到议事日程上来。甚至可以说,为早日克服行政区划的各种积弊,完善行政区划管理业已刻不容缓。据此,这里给出的建议是,组建行政区划研究的专业化队伍,通过科研人员的系统研究,为行政区划管理提供技术支撑、理论支持。

(一)行政区划创新机制的内容

通过以上的举要和论述,我们大体上知道了行政区划的主要问题以及它的症结所在。基于此,后续的工作就需要对症下药,给出一剂“手到病除”的良药。这一行政区划机制创新的良方就是,行政区划管理不能凭经验办事,必须舍弃以往事无巨细都自己“大包大揽”的做法,向第三方购买除了行政事务以外的技术性服务,以便为现代意义上的行政区划的行政管理注入生机,从而在制度上、程序上、指标上保障行政区划管理的科学性、可行性、合理性。于是,给行政区划的科研活动紧急“下达”了下述的主要研究课题:

1. 开展行政区划的总体规划

无论是从全国的大局着眼,还是从省级行政区域的全局出发,抑或以地级行政区域为单元,行政区划在时间上、空间上都不是孤立的。如果不打算搞不疼不痒的小修小补,而是要抓大放小、整体推进,其最好的方式、最佳的选择是,由政府直接组织、参与,在适当的时候开展一定区域内行政区划的总体规划。主要规划的事项是,根据当地的政治、经济、社会、历史、地理、文化、资源等的具体情况,在动态科学数字的支持下,确定未来行政区划的基本走向,如是否改区、如何调整、怎样更名、何地撤县等,从而使当地的行政区划管理工作做到未雨绸缪、有章可循。同时,为了确保该行政区划总体规划的权威性,有序、稳妥、科学地进行行政区划管理,该总体规划应当从技术的层面上升到行政的层面,由当地(或者上级)的人民政府审议并批准该行政区划的总体规划。这样做的好处是,限制甚至杜绝了不必要的行政区划调整,使行政区划管理工作正式步入科学化、规范化、程序化的轨道。对此,已有类似的先例。在20世纪的末期,国务院办公厅曾专门发出通知,要求各省、自治区编制本地的"设市预测与规划",并在科研单位与研究人员等的共同努力下,集中、汇总各地的规划之后,研制完成了《中国设市预测与规划》。《中国设市预测与规划》作为专题性的规划,不仅受到国务院领导同志的首肯,也曾获得"国家科技进步三等奖""民政部科技进步一等奖"。

2. 对行政区划的变更进行科学论证

对于一个行政区域的行政区划调整,鉴于附着于它的各种数据、条件是动态的变量,即使是业已列入某个行政区划的总体规划之内,也会由于更高层面的重新布局而取舍。因此,需要在其进入正式的审核之前,由负责行政审核的机关与相关科研单位建立工作上的关联机制,以购买服务的形式委托行政区划的研究机构,由受托方组织开展针对个案行政区划调整事项的专家论证,然后将该论证结果正式回复给委托方。之后,行政区划的行政审核机关再参考专家论证的结果进行审核,然后向负责审批的上级机关呈报审核意见。至此,行政区划的审核工作告别了"无源之水"的被动局面。补充一点,在世纪交替之际,为做好县级以上行政区域更名的审核工作,审核机关业已将该更名是否科学、合理、可行这一议题委托给相关地名科研机构,由地名科研机构组织专家进行论证,然后将论证意见反馈给委托机关。从实践上看,这种专家把关、论证先行的运行机制取得了很好的效果,并被各地积极效仿。

3. 跟踪并评估行政区划的调整

从纯粹的法理上讲,某个行政区划的调整事项一经审批,行政区划的管理工作就宣告完结。但是,如果建立了行政区划调整之后的跟踪与考核制度,毫无疑问会促进当地充分利用行政区划调整的契机,去实现行政区划调整的目的以及预定的目标。而且,通过跟踪与考核机制的建立,还会积累相关的数据资料,也为后续类似的行政区划调整提供了宝贵经验,进而起到了前车之鉴、树立标杆的作用。

4. 为完善有关行政区划法规提供理论依据

行政区划特有的政治属性、法制属性、行政属性、社会属性,产生了许多与之相关的法律法规,以便约束、规范行政区划的种种行为。但是,我们应当承认,这些法规散落在不同的法规文本之中,是从不同的角度进行的法制限定,尚未形成一个有机的整体,甚至还有某些矛盾、遗漏的地方。因之,作为行政区划的研究机构与研究人员,需要针对行政区划法规的缺憾、不足,以及行政区划管理的未来发展方向,及时展开基础性、前瞻性的研究活动,为完善有关行政区划管理的法律法规奠定理论基础。

5. 参与制定行政区域的设置标准

任何一个层级、任何一个类型的行政区,都不是无缘无故设立的,都需要具备一个特定的设置标准。在各种不同的行政区域设置标准中,根据它们先天具有的基本属性,设立不同的指标、条件,包括地域指标、人口指标、经济指标、政治指标、组织指标、历史指标、民族指标等,以期在设置上区分不同类型、不同等级的行政区域,如自治州、县、乡、地级市等。不过,从政治学的角度说,这项工作属于法制建设的范畴,在我国被列为行政事务之中。对此,行政区划的科研队伍不可袖手旁观,应当掌握区分各级各类行政区域和行政区划方面的大数据,进行分析、归纳、整理,然后将分析结果提交给相关责任单位,作为其制定各类行政区域设置标准或各个组织条例的参考和依据。

通过以上分析和举例得知,虽然行政区划千头万绪,涉及多领域、多层面、多事务、多环节、多专业,但解决这些问题的关键是,如果行政区划的研究能够跟上行政区划管理的步伐、契合行政区划管理的本质,包括对政治、经济、文化、地理、历史、管理、民族等研究进而整合形成成果,然后使之成为行政区划工作的有力保障,则行政区划管理就会"更上一层楼"。所以说,开展行政区划方方面面的研究,让行政区划研究成果发挥行政管理的现实作用,是行政区划管理更进一步的创新所在。

(二)行政区划创新机制的保障

其实,这里所说的行政区划管理的创新机制,如果单纯从理论指导实践的角度说,已然不是完全意义上的新生事物。因为,对于行政区划的学术研究及其成果,散落民间者多不胜数。然而,这些颇有见地的行政区划研究成果,为什么没有达到预期的效果呢?原因在于,行政区划的研究及其成果没有形成一股贴近实际行政区划工作的重要力量,更没有建立好一整套的工作机制。为此,在这里提出加快建立保障行政区划创新机制的建议。

1. 组建一支专业化的行政区划研究队伍

众人皆知,行政区划在现行的学科分类中,不属于任何一级或二级学科,这导致一个直接的结果是，寄身于各大专院校的现有行政区划研究人员，其研究方向、研究成果均为兴趣所在，有很多是脱离实际、远离现实的。而且，受各个专业学科彼此不相关联、互不统属的限制，往往容易形成片面的一孔之见。因此，只有将这些不同专业背景的人才聚拢起来，组建一支多学科、多专业、多领域的专家队伍，才能发挥大家“拧成一股绳”的团队作用，才能更好地进行有的放矢的研究活动。

2. 建立行政区划的研究机构

要有一个好的行政区划研究团队。如果这些专家、学者仅仅是在一个松散的民间组织之中，如在行政区划研究会、行政区划促进会等任职会员、理事等，是不足以显示出其在行政区划科研领域中的影响力的。为此，需要成立一个专门的科研机构，或者在现有相近研究方向的研究院（所）之下增设行政区划的研究机构。最好的选择是，该行政区划的研究机构与行政区划的管理部门属于一个职能系统。只有这样，才能做到有针对性地开展切实可行的行政区划研究工作。其优势是，理论与实践相结合、研究与行政相结合、项目与管理相结合。更何况，还可以在人力、物力、财力上进行统筹，以便上下呼应、彼此响应，进而可以统筹兼顾、突出重点、各个击破，极大限度地展示出行政区划科研单位服务行政管理事务的终极效果。

3. 完善行政区划创新机制的制度保障

更为重要的是，尽管有了行政区划的专业研究队伍和研究机构，但如果没有完善的制度作为保障，其在运行的过程中也会改弦更张。故此，应当出台相应的管理规定或工作条例，规范以行政区划为研究对象的科研单位在行政区划管理事务中的地位、作用、责任，以及其介入行政区划管理工作的程序、环节等，使行政区划的行政管理与研究活动有机地结合起来，两者相互补充、相互衔接、相互促进、相互契合。注意，该制度应为硬性的规定，凡与此有关的部门或机关均应无条件地予以执行。

总而言之，行政区划的管理与研究任重而道远，只有根据新形势、新问题、新案例，在创新行政区划管理机制上寻找出路，通过非利益关系人的第三方介入，进一步完善行政区划的管理程序和行政方式，才能做好这项利国利民的工作，使大家真切地看到未来的美好希望和工作成果。

（作者单位：民政部地名研究所）

论如何应用普查数据建库与软件管理

——以“速度中国”地名普查技术特点分析为例

朱必亮　李　俊

第二次全国地名普查日前在全国广泛开展中,速度中国公司在全国各地承担了大量地名普查项目的实施工作,同时为多个省份提供地名普查数据建库与管理软件,本文通过对速度公司地名普查过程中涉及的技术方面进行分析,为地名普查工作在技术方面改进和提升提供一些观点供参考。

一、混合运用多数据源作为基础地理信息数据

地名普查是一项涉及面极为广泛的系统性工程。普查过程中,通过收集各种资料,以工作图为图载制作地名调查目录是非常重要且关键的一个环节。地名调查目录是整个地名普查的大纲,其制作的好坏直接影响整个地名普查的质量。速度公司在项目实施开展过程中,运用技术手段将目前市面上公开的各种地图数据,包括百度地图、高德地图、腾讯地图、搜狗地图、天地图等通过其公开的 API 接口,编写程序算法进行叠加混合处理,将各类地图进行纠偏,对各类地图的影像进行叠加,形成一个统一的多源的混合地图影像数据库。在其基础上,开发了多种应用工具,可以快速地对同一地名在多种数据中的分布情况进行综合对比,通过对算法的改进,对相似地名、一地多名、一名多写、地名重名等情况进行自动出具报告表格,辅助项目组进行地名标准化处理工作,极大提高了工作效率且确保地名调查目录的完整性。

二、综合运用各级图书馆资源及学术期刊数据库作为地名调查基础资料

地名普查涉及地名文化方面,有大量的书籍资料对其进行了记载。做好地

名普查工作，就必须要收集大量地名相关书籍资料，这些资料分散在各行各业，除了从各党政机关成员单位调取相关地名资料外，速度公司在总部设立了“地名资料检索中心”，通过技术手段，对公司实施的每个区县的项目根据其区、县名称及其政区历史沿革演变情况，重点分析其在国家图书馆、各省图书馆、各大高校图书馆、网上各类书店中是否有相关的地名书籍资料可供借阅参考，此外还综合运用各类学术期刊数据库，检索相关区县的信息，将有价值的地名相关资料进行下载汇总，整理后转交给各区县的项目组，项目组根据总部提供的地名资料清单到各图书馆进行借阅，极大提高了各地收集资料的效率，确保各类书籍资料收集完整无重要缺失。公司特别利用孔夫子旧书网系统性收集到一大批地名、一批相关的旧书籍、旧地图资料，由总部统一进行购买，交给各区、县项目使用。

三、运用大数据技术进行地名地址库汇总分析

地名普查过程中，需要对各类地名进行准确定位。首先，需要在电子地图上对所有收集到的地名进行大致的定位，之后才能进一步到实地进行走访调查、核实确认。公司总部建立“大数据中心”，运用互联网爬虫技术和群智感知技术，结合各地地名资料、地名调查目录数据，以区、县为单位，将互联网上跟此区、县有关的所有地名、地址和重要地点信息进行抓取，再通过复杂的匹配算法参考地名普查类别进行分类，通过空间、时间维度进行分析，给所有地名建立一个初步的空间位置数据，将此作为地名外业调查的参考坐标，并将提取的部分地名文化信息数据进行归类汇总，从而作为地名来历含义沿革的参考。这样便可极大提高地名外业调查的效率。

四、运用自主 GIS 引擎技术，对地图进行快速分析处理

速度公司通过自主研发 GIS 引擎技术，基于本身在 GIS 领域的技术实力，将 GIS 技术有效地与地图数据的多源处理整合相结合，实现对地理信息的快速化处理，包括地图数据属性的自动化分类处理，并输出相应的分类及汇总表格用于地名调查目录的编制及空间位置信息的参考；对矢量地图空间信息的分析处理，也通过自主 GIS 引擎技术进行对基本分析的组合，从而提炼出更为有效的地理空间信息，一方面用于对地名普查信息数据的补充和完善，另一方面对地名普查空

间信息的数据的有效性进行合理验证;运用自主研发 GIS 引擎技术,不再拘泥于现有的 GIS 平台已有功能的限制,从数据最底层进行定制分析和定制提取,从而提供最为准确的信息为地名普查服务。

五、结合普查软件,定制普查工具集,强力支撑地名普查工作

速度公司开发实现了第二次全国地名普查数据建库与管理软件,从而建立了对地名普查工作技术的强力支持;在满足国家地名普查软件设计规范的前提下,结合地名普查的专项特点和工作实施便捷要求,在普查软件的基础上,专门定制相关普查工具集,诸如多种格式普查登记表自动化识别批量导入、地名自动化布点、地名辅助匹配、全属性自定义查询、属性批量化赋值、属性批量化修改、全词索引替换、任务分配和任务汇交、快捷组合键操作、地名目录清洗合并、照片分辨率批量处理、普查数据综合检查、错误或缺失项快速定位修改等,极大地提高了普查的工作效率;通过实施地名普查工作,不断对软件进行完善和改进,将普查软件和普查工作形成一个良性的正向反馈机制,使这两个方面都得到了有效提升。

六、通过地名普查项目标准化作业程序(SOP)进行项目管理和普查实施

速度公司根据其在地名普查领域的技术优势和丰富项目经验优势,在进行第二次全国地名普查试点时,就总结了地名普查“十步曲”,用于指导和规划地名普查实施工作的开展;在第二次全国地名普查工作全面开展的时期,速度公司又根据当时的工作,总结制定了地名普查 SOP1.0 版本即地名普查项目标准化作业程序体系,可用于指导地名普查所有阶段每项工作的具体开展,并建立资料库和财富库,对每项工作产生和需要的文档资料进行列举和示例;在第二次全国地名普查质量评价体系发布之后,速度公司又根据其对 SOP1.0 版本进行局部调整和完善,从而发布了 SOP2.0 版本,既满足第二次全国地名普查质量评价体系的每项要求,又结合实际工作的开展,把 SOP2.0 总共分为 8 个方面 152 个节点 399 个子节点和约 400 个文件案例和模板,有效地指导了各省各地地名普查项目工作的开展。

综上所述，在第二次全国地名普查工作开展过程中，速度公司通过上述六大环节，在地名普查工作开展中不断推陈出新，综合运用了多种手段、技术和方法，提高地名普查的工作效率和有效性，减少了地名普查的工作量，并且事先根据地名普查成果转化的方向，有所指向地在地名普查工作中预先实施了一些地名普查成果转化的前置事项，也为后期的成果转化铺平道路。相信随着第二次全国地名普查工作不断推进和深入，各地的地名普查工作逐渐进入验收和成果转化阶段，这些普查时沉淀下来的有效方法和手段，也能为项目验收和成果转化提供强大的技术支持。

（作者单位：江苏速度信息科技股份有限公司）

知识普及

长江、黄河的乳名有色彩

长江、黄河是我们中华民族的母亲河，它们都发源于青藏高原，但你知道它们涓涓细流汇聚的源头究竟在哪里？这些山川河流在当地人民的语言里都有什么寓意呢？

黄河发源于青藏高原巴颜喀拉山脉的卡日曲。巴颜喀拉山地处青海省中部偏南，为昆仑山脉南支。“巴颜喀拉”是蒙古语，意为“富饶黑色的山”，引申为“富饶巍峨之山”或“富饶美丽的山”。卡日曲发源于巴颜喀拉山脉的各资各雅山北麓，“卡日曲”为藏语，意为“紫铜河”。

长江的北源楚玛尔河出自青海省可可西里山，南源木鲁乌苏河出自唐古拉山，后合为通天河。可可西里山横贯西藏自治区东北部及青海省西南部，为昆仑山脉南支，“可可西里”为蒙古语，意为“青色的山梁”；“楚玛尔”为藏语，意为“红水河”。唐古拉山在西藏自治区东北部及青藏边境，“唐古拉”为藏语，意为“高原上的山”；“木鲁乌苏”为蒙古语，意为“冰河”。

不难看出，这些名字多带有颜色，昆仑山支脉是黑色的，而河流多红色，这是运用地理特征命名法，自然就是你眼中的颜色，简单朴素正是当地民风。（麦陇）

沧江百折来　及此始东流

汤传银　施　颖

东流镇位于安徽省池州市东至县西北部，濒临长江南岸，是历史文化名镇。晋代陶渊明任彭泽县令时，曾在东流种菊，古称东流为"菊所""菊邑"；北宋诗人黄庭坚，看到滚滚长江曲折而来，并由此向东流去，在其诗《丙申泊东流县》中吟道："沧江百折来，及此始东流。"取大江东流之意。《明·一统志》云，东流"以大江自湓城（今九江市）而下，迤逦东流，故名"。同时还因镇内秀峰、天然两古塔对峙，又称"双塔"。

东流历史古老，源远流长。建县史可上溯1500多年前。汉至东晋，东流主要归属于彭泽县，此地设黄菊乡。东晋时陶渊明任彭泽县令，为官89天后脱靴挂印归田，相传即在此种菊、吟诗、躬耕。后人为仰慕陶公之志，在东流兴建陶公祠、菊江亭、爱菊亭等纪念他，改东流一段的长江为菊江，称县邑为菊邑，留下菊台、菊圃、菊所等遗迹。南朝梁、陈时期，政治动荡，北人南迁，曾设太原郡所属和

城县（今东流、香隅、马当一带）于此。隋灭陈后，撤销和城县，将此地仍然并入彭泽县。隋唐以来，政局趋稳，人口逐渐增多，经济趋于繁荣。唐会昌初（841—846）在原和城县旧址（今东流镇）设置东流场，属彭泽县管辖。至五代十国中的南唐保大十一年（953）由东流场升为东流县。北宋太平兴国三年（978）自江州划归池州，以后无所更易，至1959年与至德县合并，县城遂成为东至县的一个滨江重镇。

明朝时东流有比较大的发展，东流老街市面已具相当规模。万历元年（1573），县令陈春相地形，度高下，始筑县城。据县志记载，城积方三里半（实地勘察有五里半），围约四里，东西径约一里弱，南北一里强，高一丈七尺，厚一丈五尺。城五门，门各有谯楼：东名迎曦，南名历山，西名菊江，北名瞻极，西南名通津。此时，县内大兴土木，整修古迹，保护名胜，并在县内设置兵防、驿站，民房、民居、庙宇、祠堂广为兴建。崇祯年间（1628—1644），知县许茂莘增高城墙三尺，知县张云翚筑土城于外。清顺治初，因城久倒塌，知县苏宏谟重修。雍正七年（1729），东门续塌，知县陆培捐修。乾隆九年（1744）建天然塔，二十四年（1759）建秀峰塔、四十二年（1777）修建秀峰书院，在城内同时整修、移建学宫、书院、菊江亭等古迹。乾隆至嘉庆年间，县城先后重修5次，后毁于战乱。今古街呈“十”字形，东西长880米，南北长380米。现存明清古建民居300多幢。

东流镇历史古迹较多，现存著名历史古建筑有陶公祠、东流老街、东流双塔。

陶公祠又名靖节祠，据《东流县志》记载，始建年代无考，复建于明弘治三年，

万历元年(1573)重建,1981 年 9 月被列为省级文物保护单位,同年复修。该祠坐落在镇南鳖石矶山上,临江依湖,为砖木结构,一进三间,中立陶公塑像,左右间分别为书房和陈列室,正厅立陶公塑像,顶挂“松菊犹存”匾,两旁是八幅耐久的烫字烫画,院内植的数株菊花,看上去质朴简约,体现了陶渊明一贯的思想风格。

一千多年前,东晋大诗人陶渊明任彭泽县令时,常在属地黄菊乡(今东流)植菊赋诗,并作《九日闲居》《劝农》等诗篇,“采菊东篱下,悠然见南山”等千古名句老少皆诵。岁月悠悠越千年,陶公不为五斗米折腰,开中国田园诗派之先河的精神与文化深深印植在东流;历代文人墨客慕名而至甚多,著名的有昭明太子、颜真卿、欧阳修、于谦等,并留有诗作,《东流县志》中均有记载,研究汉文化的日本早稻田大学学者曾多次来东流谒祠。

东流老街自唐初逐渐形成,历经千年沧桑,现存的“十”字形老街,位于镇西南隅,老街全长 1240 米,其中东西街道全长 880 米,路面宽 3 米至 4 米,石板铺道,共占地 20 万平方米。老街明清古民居鳞次栉比,共 1067 幢 5300 间,建筑面积 18 万平方米。

老街街房多为“前店后坊，闺阁深藏”的古建布局，“青砖小瓦马头墙，朱角飞檐鱼悬梁”，是典型的徽派建筑风格。房屋建造结构是块石基础，青砖小瓦，木柱横梁，生漆白灰，地板木镶。做工精细，结构合理，设计完美。绘画有山川墟陌、鱼虫花草、飞禽走兽；人物有秦琼、尉迟恭、八仙、仕女图等；吉祥类有童子观音、龟荷麒麟、鲤鱼跳龙门、和合神仙、长命百岁图、金鸡报晓、八卦图、鸳鸯等。雕刻种类有砖雕、石雕、木雕。雕刻工艺有浮雕、镂空、彩绘、堆漆以及石木料拼饰和文字记事等。这些都充分体现了民间工匠技艺精湛和人民对幸福安康生活的追求。

老街是昔日东流县城的中心繁华地带。沿街官民混居，店铺林立，车夫、茶商穿梭不息。明清时，老街四周建有城墙，由山城、水城、平城构成。如今城墙虽塌，但仍是“青砖小瓦马头墙，回廊挂落花阁窗”，保留了明末清初江南街市风貌。

在保存较完整的460余米街道上，大多数古民居为清末所建，明代建筑为数甚少，其中朱家大屋迄今有400余年历史。保存较好、年代久远、特色鲜明的古建筑还有汪家、金家、高家、安家、李家、鲍家、杨家、周家大屋，原县府、炎帝庙及子母井等。

东流双塔是天然古建筑博物馆的一朵奇葩，是传统建筑艺术与民族佛教文化的融合物。尤其值得一提的是，就一个地方而言，同时建有遥遥相对的一对风水宝塔，这在八百里皖江沿岸是绝无仅有的。无论从它的外观造型，还是文化内涵来看，都象征着东流人民挺拔向上的民族气节，寄托着人们向往安定祥和、奋发向上的美好愿望。

东流自古地僻民贫，文风不振，明清两朝科举只考中三名进士。于是风水先生便诉诸阴阳，说其原因在于县城周围的山不高，都是培娄小丘，《左传》云“部娄（培娄）无松柏”，难出人才。因而，须建塔改良风水，以振文风，遂兴建双塔。天然塔坐落在镇北面四龙山上北面的迦龙山祝家矶上。因地势“培娄卑伏，形家短焉”而建塔，始建于清乾隆十年（1745）春三月，历时三载，由东流知事万皞倡

天然塔

议，东流邑人周士信夫人陈氏资助建造。塔五层六方，砖石结构，高十一丈，周长六丈六尺，每层门开六扇，塔体飞檐，内画栋，拾级登攀，可至塔顶。“上顶以金，下底以石”，飞檐翘角，规制壮观。清人冯荃写道：“一塔天然俯碧流，登临四面景全收。山色吴楚开云白，江涌潇湘过客舟。远树烟浮元亮圃，近城风扇谪仙楼。春光到处都成画，茅屋人家隔水州。”因建塔筹款施工一帆风顺，又巧逢邑人李承祚乡试中举，时人认为“天然趣事”，故名“天然塔”。塔下曾设天然书院及道教真武祠，后废，现存宝塔。清嘉庆十八年（1813）六月，周士信之裔周振柱等兄弟三人重修。

秀峰塔与天然塔相对，矗立在镇南面牛头山上，位于陶靖节祠一侧。始建于清乾隆二十四年（1759），为候选刑部司狱金城买丽山门外山地所建。他认为：“县学之脉，发自历山，少耸拔之势……若南关当学宫之巽，再峙一塔，培补文枢，更增秀气。”故建成后取名“秀峰塔”。塔五层六方，高十余丈，以砖石砌成。除第一层外，其他各层开六扇门，内设阶梯直通顶层。其构造与天然塔大致相同，差异在于塔顶装饰。天然塔沿用佛教相轮饰顶，秀峰塔则饰之以“斗笔”装饰，

秀峰塔

有“彩笔干霄气象”,意在倒写天文,是东流标志性建筑物。1983 年被列为县级文物保护单位,现为省级重点文物保护单位。

据史料记载:东流双塔一是因“培娄卑伏,形家短焉”而建塔,一是因“增补文枢,更增秀气”而建塔,所以人们称其为风水之塔、文化之塔。

游东流双塔,最惬意的是登临。

登临者只要沿着环壁梯道,逐级登临,在每层侧面的门洞或窗口鸟瞰大江、湖泊、群山、阡陌、城郭,就会油然升起一种天宽地阔、心旷神怡的感觉。万里长江从塔下“百折东流”,奔腾而去,江上的轮船来往如梭,笛声不断,木船白帆点点,风吹帆鼓,破浪向前。向东望,巍峨的历山,林竹葱葱,寺庙相嵌其间,笼罩在一层烟雾之中。向西望,“雷池”就在眼前,同马大堤如苍龙伏地,固江护岸。向北望,升金湖烟波浩渺,水鸟翻飞,阡陌纵横,绿浪滚滚。再把眼睛向下望,塔脚下的东流新镇,楼房林立,高大的陶公铸像竖立在四通八达的进城公路边上。倘若你有兴致,在东方刚现鱼肚白的早晨,登塔远眺近望,你还可以看到太阳这个红色火球从东方地平线上喷薄而出,瞬间,江面上就披上了一层红色的朝霞,那波涛汹涌的长江宛如一匹绯红的彩绸,在织布机上缓缓蠕动。若是夕阳西斜时,登塔远望两边天际,还可以看到火红的晚霞,给小山丘、给广袤的原野、给乡村农舍、给滔滔的江水都涂上了一层橘红色,江面上的船只,岸边的怪石都映得红彤彤。圆圆大大,并不耀眼的夕阳慢慢地从江面上向江底滑去,那个气势、那个壮烈,令人怦然心动。若是暮色四合的时候登临双塔,古镇已是万家灯火,远望一泻千里的长江波光粼粼,江面上长长的船列,闪闪的灯光,宛如水中夜市。塔下的学湖就像一面镜子,闪着明亮的光辉。散建在沿江的陶公祠、觉心庵、大士阁、东流新闸以及江边的港口、滩涂,统统隐现在淡淡的夜霭里,犹如一幅远古的画。

这时候扬州平山堂中的一副楹联就会自然而然地浮现于我的脑际:"衔远山吞长江,其西南诸峰岭壑尤美,送夕阳迎素月,当春夏之交草木际天"。这是一种多么美丽的景致啊!

(作者单位:汤传银,东至县民政局;施颖,池州市民政局)

知识普及

老北京地名趣闻

"大栅栏"

大栅栏的名字是在康熙年间开始流传的,那时候,康熙住在紫禁城内,老百姓住在城外,为了搞好治安工作,康熙皇帝下了个命令,规定城外的胡同也要在胡同口修上栅栏,前门往南的一块地由于靠近紫禁城,栅栏比别的地方要修得高大,于是,这一带叫"大栅栏"。

大栅栏儿(dashilaner)是北京的方言,这个名字已经叫了几百年了,已经形成了一个特定的名词,一种概念。这和一般的日常用语中的方言是不同的。北京是有一个地方叫大栅栏(dazhalan),但是那是西长安街的一条胡同,另外一个地方。

北京师范大学中文系研究现代汉语的周一民教授认为:大栅栏的读音属于地名的特殊读音,历史悠久的"DASHILAN"读法属于保留古音。虽然目前国家还没有专门的地名名词规范,但播音教材中都专门谈到应读为"DASHILANER"。

天桥

原来的天桥是有桥的,位于天坛西北,南北向跨过龙须沟。明朝在此建有汉白玉单孔高拱桥,以通"御路"。皇帝又称为天子,天子所走之桥,故叫天桥。

山水背后的传说

——南京玄武湖、紫金山

徐忠建

地名，虽然只是一个简单的名称，却道尽了祖国大地上地与人、地与事、地与物之间的各种关系。每个地名的背后都有一段故事。一个地名的来历、历史沿革，就是一段历史记忆的重塑；一个地名的实体、风物，就是一幅山水画卷。

玄武湖与紫金山这两个地名对于任何一个南京人来说都不陌生，对其他地区的人来说这些地名也并不陌生，可又有多少人知晓这些地名背后的故事与传说呢？今天，速度中国东部大区地名普查小组就带你走近南京，向你讲述那些你熟知却又“陌生”的地名。

一、玄武湖

任何一个文明的诞生与发展都和水有着说不清的联系，一切动人的故事也都是从水开始的，那就先来说说玄武湖。南京玄武湖，最早叫后湖，又叫北湖，后来怎么改叫玄武湖的呢？

南朝宋文帝时，有一年大旱，干得湖底朝天，田像龟板。上自皇帝，下至百姓，个个烧香求佛，龙王就是不下一滴雨。

宋文帝有个大臣叫江左，专管农桑，眼看庄稼颗粒无收，急得整天吃不下，睡不着。江左有个 18 岁的女儿叫江玉，长得聪明标致，见父亲唉声叹气，也跟着心急如火。

这天，宋文帝召文武百官进宫说：“如今大灾临头，哪个能除得旱虫，朕必定为他加官三级。”文武百官没人答话。

这时，有个奸臣叫石刮的说：“陛下，要除旱虫，不难。”

"何谓不难?"文帝高兴地问。

石刮递上一本奏折说:"陛下,臣夜得一梦,梦里的话已写在折上,请万岁过目。"

文帝打开奏折一看,上面写了20个字:"龙王丧正宫,四海寻美颜。要想天不旱,就得把玉献。"皇帝念了一遍,弄不明白,就问石刮:"献玉,这玉在何处?"石刮对江左指指:"玉在江家。"江左一听,大吃一惊,心想"石刮啊石刮,你真毒呀,竟把祸水引到我的爱女身上!"

原来两年前,石刮为他儿子石不全托人说媒,想要江玉做媳妇,可江左晓得石不全的德性,没有答应,哪晓得因此得罪了石刮,他今天就来报复了。"嗯?"宋文帝还是不懂石刮的意思。石刮就讲:"陛下,再过三天是东海龙王生日,到那天把玉送到北湖,用檀香焚化,玉魂入东海,龙王接到玉,便成妻室。龙心喜悦,就会把水送来。这不是除旱虫不难吗?"

宋文帝点点头,转脸对江左说:"江爱卿,你舍一美玉可救天下百姓,也值得的,就这么定了。"

"这,啊……"不等江左答应,宋文帝就叫石刮准备高台,三天后到北湖祭玉求雨。

江左回到家,愁得像个木头人。女儿一再追问,江左才把石刮陷害的事实说了。

江玉一听,并不着急,反而安慰父亲:"不愁,女儿自有办法对付。"江左问她什么办法,她笑而不答,只叫爹爹三天后上北湖看热闹。

三天后的中午,建康城的百姓都涌到湖边来看皇帝祭雨。江左父女、石刮父子也到了。

午时三刻,宋文帝站上高台,面朝北湖高声念到:"朕,东土人主,知龙王驾下新丧正宫,数月来四处遍寻美颜,致使东土大旱。近朕觅得美玉来献龙王,祈求大雨,以保东土黎民之生机……"

石刮等皇上一念完,就凶神似的走到江左跟前,一把拖出江玉,押到祭台前,对皇上说:"万岁,玉已带到,可以焚香祭玉了。"

宋文帝看也没看,就打火点着了高台上摆的檀香。石刮父子正要推江玉下湖,江玉忽然大喊一声:"慢! 小女有话要对万岁说!"

宋文帝一听，才低头往台底下看，见是一个粉团花色的黄花闺女被人押着，就讲："有话尽管说。"江玉朝台前一跪："万岁，小女想听听石大人的20字奏折。"

"可以。"宋文帝就大声念了一遍。"哦，龙王要玉不是要人，小女子带来一块和田美玉，情愿献出。"江玉不急不慌地说。

宋文帝见到江玉蛮怜爱的，又听她说得有理，头直点："玉者石也，献玉，当然是献宝石！"石刮急了，连忙插嘴："万岁，'龙王丧正宫，四海觅美颜'，指的当然是人了……"

"万岁，小女子昨夜也梦见20字的忏语。"江玉一边说，一边呈上一个折子。

"哦？"皇帝连忙打开一看，折子上写着："龙王觅美颜，须把美玉献。双石抬美玉，北湖把眼填。"宋文帝问："双石是哪个？"江玉指指石刮父子："就是他两人啊！"石刮急得脸煞白："万岁，千万别听这女子瞎说，她明明想陷害我们父子！"

宋文帝没得主张了。

"万岁，小女子有个方法最公道。"江玉讲："此刻湖水已干，我和石家父子各从一方入湖，他献美玉，我献人，随他龙王要哪个！"

这一说，左右大臣都点头夸好，宋文帝也答应了。他打开木匣，里头果然有块光滑透明的美玉，就叫石刮父子抬木匣下湖啦，石家父子只好一步一捱地慢慢走进北湖。江玉也整整衣裳，从另一边向湖心走去。

这时的北湖，干得只剩湖心一点浅水，石刮父子俩快到湖心时，下半身也已经湿透了，最苦的是那个石不全，他一只手、一只脚地在水里爬，好不容易爬到湖心，两人把木匣朝小土墩上一放，掀开盖子赶紧往回走。哪晓得湖心陡然蹿出一条黑龙，嘴一张，吞下那块美玉，升上天去，搅得满天黑云沉沉。石刮父子吓得腿肚子发软更加跑不快，抬头看看江玉早已上了岸，父子俩心里格外着急。这时候，黑龙在天上嘴一张，又把那块美玉吐了出来，猛砸湖心，把北湖砸开一个大洞，涌出哗哗的水，霎时白浪滔滔，把石家父子淹得连影子也看不见了。干了几个月的金陵土地，又风调雨顺了。

宋文帝因为看见黑龙吐珠，就叫北湖为黑龙湖，因为"玄"也就是"黑"和"北"的意思，所以后来就改叫玄武湖了。

二、紫金山

山水相依，山庇护起水，水滋润了山，山因水而巍峨，水因山而秀美，山水产生了文明，山水延续了生命，山山水水相互交织就是一幅大美的水墨画，说完了动人的水，怎么能少得了巍峨的山呢！

传说，从前的紫金山是会长的，因为它山肚子里有棵紫金树，紫金树一天长一寸，紫金山就一天长一尺。一天天，长呀长呀，紫金山越长越高，惊动了天上的玉皇大帝：照这个样子往上长，不要把我的凌霄宝殿都顶塌了吗？他赶紧派了一个山神爷下来，要他想法子不让紫金树往上长。

山神爷想了个法子，他做了好多个铁坠子，挂在紫金树枝丫上，东挂一个，西挂一个，挂了一树。这么一挂，紫金树果然不再往上长了。山神爷怕铁坠子被人偷走，在山肚子里盖了座房子，住在那儿专门看守着。说也奇怪，慢慢地，山神爷住的房，睡的床，烧的锅，用的碗，都变成紫金的，连挂在紫金树上的铁坠子都变成紫金的了，就像树上长的果子一样。山神爷生怕有人拱进山肚子里来偷紫金宝贝，看守得更严实了。

那时候，紫金山脚下，住着一户人家，只有兄弟两个，老大好吃懒做，老二忠厚勤劳。兄弟俩分家时，老大把山坡上三亩山地分给了老二，自己拿了山脚下三亩好田。

这一年，老二在山坡上种了二亩西瓜，西瓜长得又圆又大。西瓜熟了，老二在瓜田里搭了一个瓜棚，天天夜里睡在那里看瓜。

一天夜里，一只刺猬偷了一个西瓜朝山上跑，老二看见了，就在后面追，追呀追，忽然刺猬“嗤啦”一声，不见了。老二抬头一望，啊！到处金光闪闪，紫光迷眼，定神一看，原来是个山洞，洞里有棵好高好高的树，树上结满了紫颜色的果子。紫金树旁边，还有一座好大好大的房子。

老二正在纳闷呢，山神爷从房子里出来：“喂，你这小孩儿，从哪里来的，到这里来干什么呀？”

“老爷爷，我是来找西瓜的，我家就住在山脚下，有只刺猬在我西瓜田里偷了一个西瓜，跑到这里一下子不见了。”

山神爷见老二老实巴交的，笑笑说：“噢，西瓜给我吃掉了，我赔你。这里都是紫金的东西,很值钱,随你挑一样拿去吧!”

“一个西瓜能值多少钱呢,你吃了就算了,我不要你赔。”

山神爷一定要他拿,老二没办法,东看看,西望望,看见紫金树上的果子很好玩,心想这东西不值钱就拿一个紫果子吧!

老二谢了山神爷,拿了紫果子朝外就走,才走几步,只听“轰隆”一声响,回头一看,老爷爷不见了,紫金树、房子都没了,那个紫果子倒还在手里。

老二回到家里,把这事一五一十告诉了老大。老大一听,懊恼死了:“唉,你个呆子,拿个不值钱的紫果子到家来顶什么用,明儿个夜里你歇着,我代你去看瓜。”

第二天夜里,老大去瓜棚看瓜了。到了半夜,真有一只刺猬到瓜田里偷了一个西瓜就跑。老大高兴死了,挟着一只大麻袋,跟在后面紧追。追呀追呀,追了一阵,刺猬跑不见了,抬头一望,到了山洞里了,紫光闪闪刺得他眼睛都睁不开。只听有人说话:“小伙子,你从哪里来,到这里来干什么?”

老大一看,他就是老二说的那个山神爷,急着说:“老……老头子,我……是来找我的西瓜的,刚才有一大群刺猬,到我瓜田里偷了好多好多西瓜跑到这里来了。”

山神爷一听,晓得这人心眼不好,就说:“一大群刺猬?!我怎么连一只也没有看见啊!”

老大见山神爷不认账,就大嚷起来:“明明看见一大群刺猬跑到这儿来了,你吃了我的西瓜还想赖!”山神爷说:“好吧,我赔你,你丢了多少西瓜,你就挑多少样你喜欢的东西吧!”

“好,好,这还像话。”老大二话没说,眼睛骨碌骨碌地专找值钱东西朝麻袋里装,他贪心地挑呀、装呀,麻袋口都塞满了,他还在挑。

山神爷提醒他:“天快亮了,天一亮,山洞门一关,你就再也出不去了。”

老大哪里听得进去呢,他还想爬上紫金树摘紫果子哩,正攀着枝丫摘果时,只听“轰隆”一声响,山洞门关起来了。老大吊在紫金树枝丫上,就像一只“坠子”挂在那儿,再也没有出来。

老二在家等他的哥哥哩,谁知一天、两天、三天不见老大回来,就跑到山里去找,哪里还找得着呢!

第二年，老二不种西瓜了，把那个紫金果子劈开，取出种子种在田里，很快就长出一棵一棵小紫金树，慢慢地，小紫金树开花了，又结出了一个一个紫金颜色的果子。老二摘下来，烧烧一吃，味道蛮好。后来紫金山区家家户户都种上了紫果树，到开花结果季节，再赶上下雾，满山紫色金光。从此以后，紫金山再也不长了。“坠子”叫成了“茄子”，紫茄子就一直流传了下来。

这些地名传说也许在多数人眼里看来有些过于不着边际，但仔细想来这些看似荒诞的地名传说却又都是在教化众生。那些我们或熟悉或陌生的地名背后都有着关于“智慧”“淳朴”“勤劳”等美好的字眼。在我们这样广袤的土地上有数不尽的与山水相关的地名，也有如“乌衣巷”“杏花村”“风陵渡”这样充满诗情画意的地名，相信它们背后都有着诸多动人的故事。

知识普及

老北京地名趣闻

亮马河

东直门外有条小河，远来客商的马车队来到这里，经常在河里给风尘仆仆的马匹洗涮，洗完的马匹就在河岸上晾干身体，故名“晾马河”，时间长了，就叫成“亮马河”了。

黄庄

位于中关村南一站地。原为“皇庄”，意为皇家的庄田。明代土地分为官田和民田。皇室的皇庄、官庄、太监庄遍于京郊，占尽丰腴之地。北京的皇庄源于明太祖洪武二十三年(1390)，始于永乐初年，武宗即位仅一月，就增设皇庄7处，就包括此处。嘉靖初年，皇庄废除，但性质相近的官庄保留到明末。

沙县的状元和状元坊

沙县民政局

历史上福建省三明市沙县有两位状元，一位是南唐末年的张确，一位是南宋嘉定年间的张安。明代以来县城临沙溪的前街有两个坊，一个叫上状元坊，一个叫下状元坊。

五代十国大多不重视科举，唯有南唐中主李璟、后主李煜都擅长诗词歌赋，重视以科举选拔才俊。《续资治通鉴》第八卷记载，南唐自保大十年（952）开始开办贡举，共取过 17 榜，钦点过张确在内的 10 位状元。宋开宝八年（975），风雨飘摇中的南唐王朝，已处于宋军攻打首都金陵城的险境，但仍坚持开科取士。这年二月，李煜举行了南唐最后一次科考，取张确等 30 人为进士，张确名列榜首。

张确在史志典籍多有记载，但生平资料几乎阙如。明嘉靖重修《沙县志》卷之六《选举》所载最详，但也只是一鳞半爪，抄录于下：“张确，开宝八年乙亥，江南后主保大三年。《剑志》书确为开宝八年榜首。及考是年榜首，乃王嗣宗，非确也。询诸耆长，皆谓确为江南榜首也。按开宝八年十一月，宋下江南，确登第时或在春欤？马鄱阳曰：江南将亡，犹命张佖典举贡。是亦其征也。故以确系江南，大统则系于宋也。近得私录南唐与确诰词云：进士张确，丘山挺秀，词学驰名；较艺文闱，首登科第；扬芳艺苑，特出时流；俾摛藻于禁林，宜升华于芸阁；斯为清擢，或表优恩，可授文林郎守秘书省校书郎。又得陈招捕牒文云：进士张确，擢秀士林，驰声上国。文场较艺，既首擢于高科；世泽下流，果飞腾于翰苑。曜光乡里，超冠古今。设无激扬，何奖劝其？所居崇信乡，可改为翔鸾；德星里，可改为化龙。本户徭差，并与蠲免。故牒。”开宝八年是公元 975 年，而南唐保大三年，则是公元 945 年，上下句时间相矛盾。根据《沙县茂溪张氏族谱》等资料佐证，张确中状元之年应为公元 975 年。陈招捕是宋绍定年间知南剑州提举兼招捕使陈铧，由他签发的官府文牒，说明沙县的崇信乡德星里，因状元张确，更名为翔鸾乡化龙里，并免除张确家族徭差之役。

在《沙县志》卷之二《疆里》记载：“高桥，宋开宝八年建。里人张确，举南唐状元及第，而桥适成，因名高桥。盖取高科之义。”清康熙《沙县志》说：“翔鸾乡，其村数十，高桥最大，按旧志，桥始建，里人张确举状元及第，故名，取高第之义。”据明嘉靖《延平府志》《福建通志》《八闽通志》和《福建省志・人物志(上)》等史志文献记载，张确是闽西北最早的状元。沙县建县虽早在东晋，但长期以来皆处于未开化的南蛮之地。据史志记载，最早到沙县的文化人是唐末诗人韩偓，他避难居于城西的天王寺，并创作了许多诗歌。张确是沙县的第一位进士，还是闽西北的第一位状元，可谓异峰突起。其后两宋时代，沙县进入文化大发展的鼎盛时期，出现了康熙版《沙县志》所称道的“五步一塾，十步一庠，士以诗书相劝……乘朱轮，曳金紫者不知其凡几也”的繁荣局面，涌现出了数以百计的举人、进士，而张确是骄傲的领头羊。

沙县民间至今流传有关张确的传说。其一说是沙县张氏始祖孺公的五代孙令资公住在吴早山下，一天夜里，其妻梦见一只玉燕飞投入怀。夫妇俩觉得这个梦很奇异，找人圆梦。圆梦的人说：“玉燕投怀，将生贵子。”果不其然，不久张家生了个男孩，取名确。张确少年时聪颖好学，文章蜚声乡里。后来，以第一名登第，高中状元。消息传到家乡，正逢村里建桥，乡亲因张确高第而取“高”为桥名。相传新坡村附近的吴早山下，有一个小山村叫吴早村，山上有一座庙，叫西金庙，张确幼时曾在庙里读过书。其后村民迁徙到新坡村等地居住，庙久无人烟，已然荒芜，据说仍可寻到庙址。又相传张确在朝做官多年，告老致官时，皇帝赐他一把湘妃竹金扇，扇面画有金鱼嬉水图。后来，翔鸾乡一带，凡有婚嫁喜庆的人家，常张贴这样的对联：

清河水静金鱼现，吴早山春玉燕投。

扇赐金鱼文仕第，梦占玉燕相臣家。

皇帝殿上金鱼赐，吴早山下玉燕投。

沙县县城临河前街中间一段旧称坊，师古门以上(绿园大酒店至西大桥)称上状元坊，师古门下至南门兜(绿园大酒店到府前广场)称下状元坊。上状元坊为南唐状元张确建立,下状元坊则是为南宋特科状元张安建立。沙县有民谣云:“上三担,下三担,中间一大缸。”旧时相传,状元是向皇帝进贡一粒金螺得来的,称为进宝状元。张安不是正式状元,只是特奏进士,不过名列于特奏进士中的第一位,后来人们把他也列为状元。宋初的科举制度规定,举进士诸科不中者,阅贡籍已经十五举以上终场者,试论一道,皆赐本科出身,谓之特奏名,以别于正奏名进士而言。景祐以后,其法渐恕,进士三举,诸科五举,虽文不合格亦取。《八闽通志》记载:“张安为嘉定七年特奏进士”,明嘉靖重修《沙县志》卷之六《选举·特奏名》也记载:“张安。七年。第一名。”可见张安是特科状元。抗日时期,为纪念南宋抗金名相李纲,上下状元坊合并更名为李纲路。现在人们只知李纲路或滨河路,却不知状元坊了。

征稿函

“大地芳菲”栏目

本栏目旨在为地、县、乡三级区划地名工作部门及从业人员提供一块“田地”,在这里可以抒发自己的工作成绩、经验、见解或建议,也可以登载地级(含)以下区划地名部门的相关活动、工作的新闻报道,一般每篇控制1000字以内。作者主要为地方区划地名工作人员。

天津市地名文化特色及保护

张占佳　孙　斌

中国历史文化名城天津虽然只有600年的历史，但是作为近代城市发展的典型代表，其地名文化的发展与内在含义也是独具特色的。因此，为更好地开展地名文化保护工作，笔者重点对天津市地名文化的历史沿革与其命名特色两方面进行梳理总结，旨在对天津地名文化的保护工作做好基础研究。

一、天津地名文化特色

天津城市最初的发展与水密切相关，“九河下梢、漕运兴盛”促进了天津城市的初步形成，也是天津地名命名的基础。清末民初，北洋新政促使天津成为近代城市发展的典型代表，引入先进的城市规划理念，也带来了新的地名命名方式，中山路片区以“千字文”及“经、纬”相组合的命名方式也是近现代地名命名方式的经典案例，而租界地权属的频繁更迭，也促进了城市地名的不断变化，这是我国地名文化中的典型代表，极具有研究价值。

（一）天津地名历史沿革

天津地名文化按其命名发展规律，大致分为五个阶段。

第一阶段：天津建卫之前，漕运初始。天津早期名称包括“直沽、海津”，地名文化多与天津的自然环境特征即水文化、漕运文化相关。沽、海、津均有水偏旁。

天津带沽字的地名很多，有“七十二沽”之说，如贾家沽、大直沽、小直沽、三汊沽、东沽、西沽、丁字沽、邢家沽、咸水沽、葛治、大沽、东泥沽、中泥沽、西泥沽、郝家沽、邓善沽、四里沽、盘沽、桃源沽、草头沽、塘沽等。

第二阶段：明清时期，天津城市面貌初步形成，地名文化以口语体的俗名为主，突出环境特征，多以标志物、地区活动特征命名。沿南、北运河和三岔河口一带形成大小不一的系列聚落和街巷。这个时期的地名以派生为主，如玉皇阁大街、大观楼后、鼓楼东大街、河沿胡同等。

第三阶段：清末民初时期，地名变更频繁，极具时代特征。从租界地时期殖民色彩突出的命名方式，民国时期以“北洋新城”为代表的“千字文”系列路名，到租界地被中国政府收回后，以中国省市名命名。地名更迭变化之快是地名文化史上特有的，也是天津地名文化的时代特色。

（1）北洋时期，中山路片区以“千字文”命名的系列路名。千字文原文为“天地玄皇，宇宙洪荒。日月盈昃，辰宿列张……”，片区命名包括“天纬路、地纬路、宇纬路、宙纬路、日纬路、月纬路、辰纬路、宿纬路”等，既传承了中国的传统文化，又具有方位和序列性，为近现代的道路命名方式奠定了基础。

（2）租界地的地名命名变革，以“大沽路”为例：1739 年修筑，名海河叠道，《天津县志》简称海叠道，俗称海大道；1860 年沦为英、法租界，营口道以北称第一号大沽路，又称紫竹林大街，营口道以南称大沽路；1943 年改称兴亚三区一号路；1946 年国民政府收复，统称大沽路；1952 年以徐州道为界，以北称大沽北路，以南称大沽南路。

第四阶段：从中华人民共和国成立至 2013 年，指位性和规律性趋于科学、规范。新中国成立以来，天津城区建设飞速发展。随着城区扩大，街道名称结合实际形成了不同的地名群。南开区有以南开为字头加序数命名的街巷，如南开二马路、南开三马路；河东区有以“经、纬”命名的街巷，如十一经路、六纬路；河西区有以“江、水”命名的街巷，如郁江道、陵水道等，都具有较强的指位性和规律性。

第五阶段：2013 年至今，完善地名规划。规范通名、优化专名，强化指位性和方向性。《天津市中心城区道路地名规划》明确了中心城区命名原则、命名规范、采词范围等内容。进一步规范通名、优化专名，强化了命名的方向性、指位性、文化性。如文化中心片区，东西向以道为通名，以红字为词根的命名包括红云道、红升道、红霞道。南北向以路为通名，以山为词根的命名包括尖山路、黄山路、泰山路等。

（二）天津地名命名特征

除了随着城市发展的不同历史阶段有不同的命名特色外，天津地名文化按其命名类型，大致分为五种类型：

类型一：地名的由来与地理环境有关

（1）以河流水系等自然地理特征为名，如上文中的“七十二沽”。

（2）以漕运码头及仓廒设施为名。天津在历史上是中国北方的漕运重地、物流中心和交通枢纽。沿海河和南北运河多处建有囤粮的仓廒,在天津地名中有典型体现,如北仓、南仓、上仓、下仓、仓廒街、仓门口、军粮城、河西务等都沿用至今。

(3)以地理方位命名。如以老城区严谨的方位为名,北马路、东门里、南门西、北门外、西南角等地名。

类型二:反映历史文化的地名

(1)与军事防御设施有关地名。如以"营门"命名的地名,如大营门、小营门、南营门、北营门、西营门、营门东等。以"靶"为名的街巷,由打靶场派生,如河东区的靶村、靶道、靶里等,南开区的靶道、靶东街等。

(2)与宗教寺庙有关的地名。天津地区在历史上存有多种宗教,如道教、佛教、伊斯兰教、基督教、天主教、东正教等。五六十年以前,天津城内有寺庙近百座,"大悲院""天后宫""吕祖堂""清真大寺"等都是著名的宗教庙宇。南开区老城里长仅 1 华里的二道街,当年就有 5 座寺庙,即"韦驮庙""药王庙""行宫庙""弥勒庵"和"关帝庙"。

类型三:反映城市不同历史时期特点的地名

(1)租界街道地名。旧租界的街道命名,风格各异,但无不呈现出殖民主义色彩。

英租界多以英国人名、地名为街名,例如:狄更斯道、爱丁堡道等。法租界多以带职务官衔的人名为街道名,例如狄总领事路、葛公使路、福煦将军路等。德租界除了用人名之外,还用数字和西文字母序号为街道命名,如 1 号街、2 号路、B 街等。俄租界多以俄国地名为街名,如彼得堡路、乌拉尔路等。日租界的部分街名以单字命名,如曙街、寿街、旭街等;另外的街名多取自日本姓氏,例如福岛街、山口街等。

(2)北洋政府时期特色地名。如河北区有建国道、民主道、进步道、光复道、自由道、博爱道、民生路、民权路、民族路等。

(3)以中国省市名命名的地名。如贵阳路、昆明路、兰州道等,五大道:大理道、常德道、睦南道、马场道、重庆道等。

(4)"文化大革命"时期命名的地名。"文化大革命"期间更改的地名,如文革楼、红卫里、人民里、育红胡同、反帝胡同、灭资胡同等。

类型四:以吉祥之意命名的地名

表达美好愿望、吉祥寓意的地名,如福安街、寿安街、庆安街、永安街、平安街等。另有用一句诗或一首诗组成系列地名。如用“福贵乐康宁观览”诗句的字为首字,第二个字固定为“桥”字组成,如福桥里、贵桥里、乐桥里、康桥里、宁桥里、观桥里、览桥里。

类型五:以姓氏命名的地名

以始建时期居民的职业或姓氏身份为名的胡同。如红桥区文昌宫大街的严翰林胡同,1824 年修建,因胡同里有清末教育家、翰林学士严范孙住宅而得名。

带“家”字的街巷地名,如范家胡同、项家胡同、朱家胡同等。

职业带家族姓氏的地名,如茶叶王胡同、鸡鸭李胡同、郭家水铺胡同、单家面铺胡同等。

以上这几类都是非常具有特色的命名方式,是天津地名文化应该保护的内容,也是我国地名文化中独具特色的典型代表。

二、天津地名文化的保护建议

天津地名命名可谓独具特色,但遗憾的是,在旧城改造的快速推进中天津老地名正在以前所未有的速度减少。对地名文化亟须进行抢救和保护,深入开展地名文化保护工作,对保护地名文化资源、弘扬中华优秀文化具有重要意义。近年来,天津市已开展了一些地名文化保护工作,但仍存在一些问题,表现在:①地名文化研究的基础工作不扎实,最基础的图录典志不够完善,缺少系统研究。文字信息与图纸信息的一一对应、电子信息系统的建立等,还有很多的基础工作需要进一步推进。②地名文化保护名录尚不明确:缺少可作为依据、科学合理、分级分类的保护名录,缺少地名保护依据。③地名文化保护制度尚不完善:保护管理体系尚不完整,宣传弘扬城市地名文化不够,地名命名存在贪大求洋的情况。

针对以上问题,笔者通过对国内外城市地名保护的案例研究,结合天津地名文化特色及保护现状情况,借鉴成熟经验,提出以下几方面的保护建议:①加强地名文化遗产保护的基础工作,深入开展地名文化资源调查,细化基础资料搜集整理。②确定地名文化名录体系的评价体系,完善对地名文化的价值评价,建立分级分类的地名文化保护名录。③建立健全地名文化遗产保护工作机制,加强地名文化传承与管理,完善数据地名信息库。

除以上保护措施外,天津市应借鉴其他城市先进经验,积极开展地名产品的开发宣传,打造地名文化品牌。通过报刊、电视、网络等多媒体手段大力宣传历史地名,促进地名文化的开发利用,通过编制地名文化图书、拍摄影视作品、举办文化讲座、开展地名评选活动等方式,利用媒体和其他有效手段,加大教育和宣传力度,提高文化地名的影响力和知名度。通过开展地名文化保护的知识普及,提高全社会保护和弘扬地名的意识,广泛动员人民群众参与地名文化保护工作。

(作者单位:张占佳,天津市规划局地名处;孙斌,天津市城市规划设计院)

江苏省不规范地名清理整治的对象分析

莫俊洪

不规范地名清理整治的范围,主要包括居民区、大型建筑物(群)、道路、街巷、桥梁等。清理整治的对象主要为上述范围地名中存在的非标准地名、不规范标准地名、不规范标准地名标志三种。

一、非标准地名

现今使用的地名,必须根据国家地名管理有关法规进行标准化处理,其读音与书写符合正音、正字的规定,含义健康,不重名,对其命名、更名必须履行法定审批手续,并由一级政府予以公布使用。这样的地名以及符合地名译写规则的少数民族语和外国语地名的译写地名,才属于标准地名。反之,就属于非标准地名。

非标准地名问题,主要表现为:

1. 有地无名

指地理实体已经存在或者变化,但相关单位未及时办理地名报批手续,致使该地理实体还没有经过批准、公布的指代名称(即标准地名)或者名称指称范围不一致,或者相关单位未经法定程序和权限批准,即以所谓的“规划名”“策划推广名”“项目销售名”等作为该地理实体指代名称(非标准地名)的现象。

案例1:某地地名管理工作人员在某开发区发现一块路牌,上面标注的是非标准地名“永旺路”。为此，工作人员走访了路牌设置单位，设置单位认为该地名符合当地地名主管部门编制、政府认可的地名规划方案，不存在使用非标准地名问题。但实际上，“永旺路”因路旁建有一同名外资商业企业项目并存在重名问题，最终的地名规划方案并未被采纳。同时，按照地名管理法规规定，即使名称方案列入地名规划，也必须先履行申报审批手续，才可以设置地名标志。

案例2：某地有两个住宅楼盘，开发商未经当地地名主管部门批准，擅自以“巴黎春天”“加州阳光”作为楼盘宣传推广名对外广告宣传使用。实际上这两个楼盘不仅与巴黎、加州没一丁点关系，房屋建筑风格也不符，而且存在通名缺失问题，其命名方案是通不过地名主管部门审核的。

2. 一地多名

指同一个或同一段地理实体，有多个同时存在、使用的指代名称。造成一地多名的原因有很多。有些城市中，有些看着是一条贯通的道路，但实际你会发现隔一段就是一个名称，有人认为这也是“一地多名”。其实，这是由于城市建设的循序渐进而不断延伸拓展城市道路造成的，虽然对人们的出行会造成一定的误会，但严格意义上来说，这不属于“一地多名”问题。

随意乱改地名，是现今地名产生一地多名问题的主要根源。例如，有些开发建设单位为了取得轰动效应，违反各级地名管理法规规定，无视行政许可事项的严肃性，在履行申报手续确定标准地名并以此取得商品房预售证之后，在宣传、预售所开发楼盘时，舍弃标准地名不用，使用一个所谓的“策划推广名”“项目销售名”进行公开宣传、发布广告。这种行为，可以称作“标准地名批而不用”。这类问题，不仅违反了国务院《地名管理条例》中“必须命名和更名时，应当按照本条例规定的原则和审批权限报经批准。未经批准，任何单位和个人不得擅自决定。”的规定，也使同一个楼盘存在两个乃至多个名称，形成了事实上的一地多名。由于广告效应的放大，致使非标准地名大行其道，社会上却对标准地名知之甚少。在实际社会交往中，就连地名管理者也不得不使用这个非标准地名，不然就没办法与人交流。

案例1：有些开发建设单位以住宅区主出入口所在道路编门牌号，并以“××路××号”作为小区的标准地名去编制住宅楼幢号并办理房屋预售证、公安户籍登记等，理论上讲，这样开发建设单位就不需要再到地名主管部门申请命名住宅区的标准地名了。但实际上,开发建设单位是不愿意以门牌号来宣传自己开发的楼盘的,所以往往擅自以所谓的“策划推广名”“项目销售名”这些非标准地名对外宣传、使用。

在实际工作中,这种情况不少。以路编号作为住宅区的标准地名后,再命名一个住宅区地名,就不可能再以住宅区地名进行楼幢编号,因此,其行政管理的实际意义已经没有了,但是其指位作用即地名意义尚存,从这个角度来说,只要社会实际需要,还是可以再单独命名的。这种情况,我们可以不视作“一地多名”,但前提是必须按照法定程序批准、公布才能使用。以路编号作为标准地名的住宅区,其通名如何确定?此类住宅区地名,在地名普查登记时,可以参照北京的做法,在门牌号的后面添加一个“院”字来解决,如“西直门外大街135号院”。

案例2:某住宅区的标准地名为“××花园”,房屋预售证和购房合同上均使用的是标准地名,但开发商为了谋求所谓的宣传效果,一开始在对外广告宣传中使用非标准地名“VC小镇”,自称是一个“全龄儿童社区”,设有专门的儿童会所“V-CASTLE(城堡)”。“VC”实际指“V-CASTLE”,不是指维生素C(Vitamin C),也不是指风险投资(Venture Capital),存在生造词汇、哗众取宠的嫌疑。后来又自行更换为“北宸之光”。这种开发商凭自身的喜好或经营策略擅自频繁更换楼盘指代名称,不利于标准地名的推广使用,也影响了居民生活。

3. 一名多写

指一个地名有多种文字书写形式。其形成的原因,主要是以下几种:用简化字代替原名、因方言音而误听错记、因无规范书写形式而乱造字等。如将“东坵”写作“东区”,系自行简化,但音、意完全不同;如将“烟墩山”写作“炎当山”,是受方言影响而误写,等等。

还有一种情况,就是开发建设单位无视各级地名管理法规的相关规定和要求,擅自在商业楼盘宣传资料、广告以及售楼现场标志、地名标志中不正确使用标准地名,而对标准地名进行换字或减字,使原本完整的标准地名出现缺失或错误的行为。其中,比较多的是缺失通名,还有的开发建设单位在宣传使用标准地名时,专、通名字体大小不一,将专名写得很大,通名则很小。这种现象,可以称作“标准地名用而不全”。这些做法,破坏了一个标准地名“专名+通名”的基本结构形式,由此误导了社会对该标准地名及其类别的正确认知。

例如有个楼盘，标准地名是“棠×湾花园”，对外宣传只使用“棠×湾”，不知就里的人还以为是一个河湾名称，误导了社会对该标准地名的类别认知；有的擅自更换通名，如“××雅园”，开发企业擅自改为“××郡府”，俨然成了封建时代的郡王府了。

还有一种特殊情况，指的是开发建设单位以合法注册取得的企业名、商标名来代替标准地名使用的违规事实。此类情况，一般在楼盘广告宣传、销售阶段不存在明显的违规行为，但开发建设单位有下列行为的，可以认定存在违反民政部《地名管理条例实施细则》中“机关、部队、团体、企业、事业单位的公告、文件、证件、影视、商标、广告、牌匾、地图以及出版物等方面所使用的地名，均应以正式公布的标准地名（包括规范化译名）为准，不得擅自更改。”条款应列入监督执法范围。

在楼盘显著位置未设置标准地名标志，但在非本企业所在楼宇上标注企业字号、非商标使用场所标注商标名的（企业或商标使用场所只在A楼，企业字号却标注在所有楼上），或在地址标注上未使用标准地名而使用企业字号、商标名的（即应为“标准地名+楼号、层号、室号”，不得使用“企业字号或商标名+楼号、层号、室号”），存在未按《地名管理条例》规定设置标准地名标志、以企业名或商标名代替标准地名的违规行为。

二、不规范标准地名

不规范标准地名，指虽经县级以上人民政府及地名主管部门批准、公布启用，但不同程度存在着“大、洋、怪、重”等含义不健康、不符合国家及各级地方地名管理法规、规范问题的标准地名。

1.“大”，即刻意夸大

指违反民政部《地名管理条例实施细则》关于地名要“反映当地人文或自然地理特征”“新建和改建的城镇街巷、居民区应按照层次化、序列化、规范化的要求予以命名”的规定，在含义、类型和规模方面刻意夸大，地名的专名或者通名超出了其指代地理实体实际的现象。

专名刻意夸大的主要表现是过分夸大住宅区、建筑物等地理实体的地域、地位、规模、使用功能等。对此，有些地方制定法规作了一定的限制。如《江苏省地名命名更名管理办法》规定地名专名“不使用中央国家机关所在地名称或具有特定政治意义标志性建筑物名称，不使用具有特定政治、民族、宗教含义的词语，如‘天安门’‘中南海’‘首府’等，亦不得使用上述名称的谐音词语”“不使用‘世界’‘环球’‘宇宙’等特大地名和‘亚洲’‘欧洲’等各大洲名称……”“一般不使用‘中国’‘中华’‘中央’‘全国’‘国家’等词语，确需使用的，须提供国家有关部门的相关批准文件”，等等。

如某住宅开发商使用的名称为“万国府”，建设规模也就5万多平方米，与万国之意相去甚远，明显名实不符。

通名刻意夸大的主要表现是地名通名层级混乱、名实不符。随着地名管理的日益规范，通名层级已经形成相应的规范。各地地方性法规、规章或规范性文件对此也有了比较细致的分类。继续以《江苏省地名命名更名管理办法》为例，《办法》对道路通名、住宅区通名、大型建筑物通名制定了使用标准和范围。其中，明确“‘大道’‘大街’：适用于红线宽度50米以上的主干道。其中，以通行为主的称‘大道’，兼具商业功能的称‘大街’”。“‘山庄’：适用于依山而建，占地面积1万平方米以上，绿地率35%以上，有一定园林景观的低密度低层住宅区”。

“山庄”，顾名思义应该是依山而建的，而且要有一定规模。但是在有些地方，明明是平原水网地区，却也有叫“山庄”的。如某地有个住宅项目，用地面积2.5万平方米，总建筑面积也只有1.5万平方米，却称“周边水网交织，阡陌纵横，林木葱茏”，可唯独没提到有什么山，却起了一个“御园山庄”的名称。

2.“洋”，即崇洋媚外

指违反国务院《地名管理条例》关于“凡有损我国领土主权和民族尊严的，带有民族歧视性质和妨碍民族团结，带有侮辱劳动人民性质和极端庸俗的，以及其他违背国家方针政策的地名，必须更名”“中国地名的罗马字母拼写，以国家公布的‘汉语拼音方案’作为统一规范”和民政部《地名管理条例实施细则》关于“不以外国人名、地名命名我国地名”等规定，盲目使用外语词及其汉字音译形式命名我国地名，以及用外文拼写我国地名等现象。

案例1：直接引用外国地名命名的。普罗旺斯，为法国东南部的一个地区，是世界闻名的薰衣草故乡，也是地中海沿岸著名的旅游胜地。因此，各地开发商以此来命名所开发的住宅楼盘，自我感觉充满了浪漫气息。此外，还有“伊顿小镇”“威尼斯花园”等。

案例2:采用外来语音译形式命名,名称无中文含义。如,奥特莱斯,是英文OUTLETS的中文音译。其英文原意是“出口、出路、排出口”的意思,在零售商业中专指由销售名牌过季、下架、断码商品的商店组成的购物中心,因此也被称为“品牌直销购物中心”。但开发商直接使用了这个音译词来命名为“百联奥特莱斯广场”。还有称“帕提欧公馆”的,“帕提欧”是西班牙文“Patio”音译,是对西班牙建筑中最具特色的、柱廊四围的露天庭园的称呼,如果按照“帕提欧公馆”意译进行命名的话,就是“露天庭园公馆”,开发商说不定就不愿意了。

案例3:还有较为隐蔽的一种手法,即有些名称从单个文字的中文含义解释来看,没有一点问题,但组合以后却与外国地名的固定中文译写相一致。譬如:雅,可以解释为雅致;典,可以解释为经典。一个经典、雅致的小区可不可以叫“雅典花园”呢?雅典是希腊首都,这就不符合规范了,改成典雅花园应该就可以回避了。又如:唐,可指唐朝,引申为汉唐遗风;宁,安宁、宁静。一座具有汉唐遗风、环境宁静的宅院,有问题吗?宅院没问题,但地名有问题。合起来的“唐宁”,让我们容易联想到英国首相府唐宁街10号。因为在中国,从正常的逻辑思维角度,即使是中式建筑,一般不会把住宅区比喻为一座具有汉唐遗风、环境宁静的宅院;即使有一座具有汉唐遗风、环境宁静的宅院,一般也不会想到使用“唐宁”作为专名,因为“唐”和“宁”本身没有必然关联性。其实,开发商骨子里念念不忘的是那个首相府。

3.“怪”,即怪异难懂

指违反《地名管理条例》及其实施细则中地名要“反映当地人文或自然地理特征”“使用规范的汉字或少数民族语文字”“避免使用生僻字”等规定,盲目追求怪诞离奇,地名含义不清、逻辑混乱、低级庸俗、繁简混搭、中西混用或带有浓重封建色彩等现象。

反映当地人文或自然地理特征,主要指新生地名应与当地的历史文化背景相贴切。例如,无明确历史依据,新生地名使用古代帝王的称谓以及历史上的官衔名、职位名、政区名等词语或使用“皇”“帝”“御”等带有封建王权色彩字词的,不仅带有浓重的封建色彩,也与当地历史文化不符。

“避免使用生僻字”,主要是为便于社会交往以及地名信息化建设的需要。在实际操作中,如何确定是否属于生僻字呢?一般我们认为,在现代汉语字(词)

典中查不到的,可以作为生僻字避免使用。此外,第二次全国地名普查技术规范中规定:“地名名称中文字符编码应遵循《信息技术/中文编码字符集》(GB 18030-2005)规定”。当某个字包含在 GB 18030-2005 中时,字符编码可以按常用汉字处理。而未包含在 GB 18030-2005 中的字,应按《第二次全国地名普查工作规程》规定填写第二次全国地名普查用字读音审定申报表,按程序申报审定后,由国务院地名普查办统一编制下发该字的字符文件。也就是说,必须使用生僻字的,应逐级上报审定后才可以使用。

名称怪异难懂的现象,在商业楼盘领域较为突出。

某开发商为其开发建设的楼盘起名“郡未来”。“郡”,是古代行政区划通名,与“未来”合在一起,其含义无法理解,非常怪异。但从企业“join the future”(共创未来)宣传语来看,也许可以理解其含义:“郡”是“join”的中文谐音字,“未来”是“the future”的意译,音译+意译形成了这样一个不伦不类的名称,也与“join the future”的原意大相径庭。

4.“重”,即重名同音

指违反国务院《地名管理条例》及其实施细则关于“一个县(市、区)内的乡、镇、街道办事处名称,一个乡镇内的自然村名称,一个城镇内的街、巷、居民区名称,不应重名”等规定,一定区域范围内存在多个地名重名或同音等现象。

2012年8月,经国务院批准,吴江市撤市设区,随之而来的就是吴江区的人民路与苏州老城区人民路出现重名。根据相关规定,吴江区提出将吴江区人民路改为开平路的更名方案。“开平”是五代中后梁的年号。开平三年(909),吴越王钱镠奏请后梁同意,割吴县南地、嘉兴北境,置吴江县,属苏州,吴江自此立县。“此次吴江区将人民路更名为开平路,既是纪念吴江的这一段历史,也是体现了吴江人民坚持改革开放、建设和谐平安社会的信念。”

5. 其他不规范地名

主要指违反《地名管理条例》“各专业部门使用的具有地名意义的台、站、港、场等名称,一般应与当地地名统一”和民政部《地名管理条例实施细则》“不以著名的山脉、河流等自然地理实体名称作行政区域专名;自然地理实体的范围超出本行政区域的,亦不以其名称作本行政区域专名”“县、市、市辖区不以本辖区内人民政府非驻地村镇专名命名”“乡、镇、街道办事处一般应以乡、镇人民政府驻地居民点和街道办事处所在街巷名命名”等规定，出现派生地名与主地名不一致等现象。

派生地名与主地名不一致等现象，各地还是比较普遍的。一种是主地名没有变化，但是由于行政区划变更或政府（办事处）驻地的迁徙，原派生的老镇名、街道名称又不宜更名造成的。另一种是因为主地名的多次变更，有些派生地名没有跟着变更造成的。

《三湘都市报》2009年8月29日有一篇报道，说永州市冷水滩区有一个镇，镇政府牌子挂的是“普利桥镇人民政府”，而派出所挂的牌子却是“普里桥镇派出所”，这两家单位只相隔十几米，到底谁的地名是正确的？当地市民因为不同证件上标注的地名不同，遇到了不少麻烦。有市民的驾照地址写的是“普利桥镇”，而第二代身份证的地址写的却是“普里桥镇”，每当交警查验驾照时，因地名不同交警怀疑他的驾照有问题。据了解，普利桥镇沿用镇政府驻地普利桥自然地名命名。明初，始名“土地桥”；1939年前后，改名“堡里桥”；1943年，东安县顾畴和尚来此做法会，改为“普利桥”，意即“普利四方”；“文化大革命”中，改“利”为“里”，称“普里桥”；1982年恢复“普利桥”，镇名也恢复为“普利桥镇”。由此看出，由于一些机构的派生名称没有随之更改，“普利桥镇”与“普里桥镇”虽然只是一字之差，却给居民带来了麻烦。

三、不规范地名标志

地名标志是法定的国家标志物，是推行标准地名社会化最有效的途径，其地名的汉字书写、汉语拼音字母拼写和表现形式具有严肃的政治性、政策性，涉及国家主权与尊严，涉及民族政策。因此，地名标志的制作、设置，必须符合《地名标志》GB17733－2008国家标准。但是，各地地名标志设置管理工作还存在一些管理不到位、违反法规规定、不符合技术规范的地方，主要表现在：

1. 管理不规范

国务院《地名管理条例》规定“地方人民政府应责成有关部门在必要的地方设置地名标志。”其实施细则规定“行政区域界位、城镇街巷、居民区、楼、院、自然村屯、主要道路和桥梁、纪念地、文物古迹、风景名胜、台、站、港、场和重要自然地理实体等地方应当设置地名标志。一定区域内的同类地名标志应当力求统一。”

但是,各地地名标志普遍存在着缺失、损坏、污浊严重和增设、更新、维护不及时等管理问题,而且由于地方地名标志设置政出多门,同类地名标志的设置型制也不够统一,没有体现出地名的层次化、序列化特征。

2. 形制不规范

《地名　标志》国家标准对各类地名标志的规格、外观、颜色、材料及性能等技术问题都作了明确具体的规定。如,路街牌的规格为(1200～1700mm)×(300～700mm),颜色采取东西向蓝底白字、南北向绿底白字等规定。但是,有些地方并没有完全按照国家标准的要求进行制作、设置,有的模仿景区内部标识样式,把路街牌设置为简易指路牌式样,一根杆子上安装着的双向路牌标志,其高度、规格、字体大为缩水,牌面内容标注不全,缺省注音等。还有的地方居然使用红色作为路街牌的底色,不符合国家标准中对地名标志颜色要求。

3. 书写不规范

《地名　标志》国家标准对各类地名标志的内容、书写和布局都作了明确规定。如,街巷牌上部五分之三区域标示街巷名称的汉字书写,下方五分之二区域标示汉语拼音字母拼写;楼幢标志在左边五分之三区域标示住宅区名称的汉字书写和汉语拼音字母拼写,右边五分之二区域标示楼幢编号。有些地方的道路街巷牌的文字书写及其布局,并没有按照国家标准来处理,字体、字形、字号存在问题,有的住宅区楼幢牌,只写了一个楼幢号而没有其他任何信息。

4. 注音不规范

《地名　标志》国家标准规定地名标志上的地名采用汉语拼音方案拼写,这是依据《中华人民共和国国家通用语言文字法》:"《汉语拼音方案》是中国人名、地名和中文文献罗马字母拼写法的统一规范,并用于汉字不便或不能使用的领域。"国务院《批转关于改用汉语拼音方案作为我国人名地名罗马字母拼写法的统一规范的报告》中规定"汉语拼音字母作为我国人名地名罗马字母拼法"。中国地名罗马字母拼写法就是"汉语拼音方案",并遵循《中国地名汉语拼音字母拼写规则(汉语地名部分)》。由此可以得知,在地名标志中,与中国地名汉字书写方式相匹配对应的是中国地名罗马字母拼写法,而不是外文翻译。而社会上长期存在着认识误区,所以当在一个地名汉字下面标注了汉语拼音,有些人就会认为不妥,应该翻译为英文。因此,各地设置的地名标志中普遍存在英文标注、汉语拼音与英文混注的现象，或虽然使用了汉语拼音，但其分写和连写不规范。

案例1：现在各地地铁站地名标志的中文站名下的罗马字母拼写法，多数采用英文意译。如成都的孵化园站，翻译成Incu-bation Park，科技园站翻译成Hi-Tech Zone，有专家认为这样的翻译看似表达了地名含义，实际上不便于交流，"一个不会说中文的外宾问路，一个不懂英文的成都人能知道他问的是哪儿吗？"这个时候，语音是首要的，语义还来不及交流。

案例2：有的地方设置的路牌，采取专名标注汉语拼音，通名使用英文的"路（Road）""大街（Street）""大道（Avenue）""巷（Line）"。如上海的"南京西路"标注为West Nanjing Road，"银城中路"标注为Center Yincheng Road，如果按照规范的汉语拼音拼写方式，应为Nanjing Xilu、Yincheng Zhonglu。

案例3：有的地方设置的路牌，虽然全部标注了汉语拼音，但是没有遵循《中国地名汉语拼音字母拼写规则（汉语地名部分）》，汉语拼音分、连写不规范。或采取按字拼写，如有个枧头村的村牌，汉语拼音写作"Jian Tou Cun"，正确的写法是"Jiantou Cun"；或分隔位置不准确，如"南京西路"正确的写法是"Nanjing Xilu"，而不是"Nanjingxi Lu"。

以上这些，都需要我们在工作中分析厘清，并分类治理整顿。

（作者单位：苏州市民政局）

浙江省嘉兴市弘扬与保护中共"一大"红色地名文化

嘉兴市民政局

作为国家历史文化名城的嘉兴，不仅具有深厚的地名文化，更是中国共产党第一次全国代表大会召开地之一，中国共产党诞生地，是最具代表性的红色地名之一。嘉兴南湖凝聚、传承了开天辟地、敢为人先的"红船精神"。烟雨路、南湖大道、南湖名胜风景区、南湖大桥、英雄园、英雄桥、七一广场……这一系列的地名，印证着嘉兴红色地名文化的传承。多年来，省、市各级地名工作者对嘉兴南湖等红色地名开展了大量的保护、弘扬工作。

一、利用好红色地名文化资源

地名文化是一个地方宝贵的文化资源,红色地名文化有着宝贵的精神财富和与时俱进的丰富内涵。浙江省嘉兴市作为国家历史文化名城,高度重视地名文化建设,早在2006年嘉兴市人民政府就率先出台了《嘉兴市市区地名总体规划(2005—2020年)》,强调了地名文化保护规划的各项内容,按城市总规明确了"历史悠久之古城,物华天宝之禾城,贸易兴盛之商城,人文荟萃之文城,革命传统之名城,运河孕育之水城"的主题。确立了对有丰富历史文化内涵的地名实施稳定不变法、移植保护法、派生发展法以及普遍设置地名标志法等保护方法,彰显其历史文化的背景内涵,如现仍在使用的千年以上的地名:嘉兴、长水、由拳、槜李、秀水、嘉禾等。

2011年9月,嘉兴市委、市政府出台《关于深化历史文化名城保护工作的意见》,就保护支持嘉兴独特历史地位的特色文化,提出了"保护好南湖中共一大会址,发展独特文化品牌"的思路,强调"对以'红船'与湖心岛为中心的重点区域,要坚持以保护为第一要务,既要保护好岛上的文物古迹,也要做到保持风貌的真实性、自然性;对与之相关的湖面与周边环境等区域,要严格做好建设控制地带建设项目体量和风格的控制性审查工作,引导合理开发与利用",编制并实施了《嘉兴南湖中共一大会址保护规划》。在继承发扬历史文化名城保护工作的同时,弘扬六大价值:中国共产党的诞生地和重要革命纪念地,中国大运河江南段的枢纽城市,杭嘉湖平原生产活动历史变迁的见证地,江南城镇发展演变的活态标本,望吴通越、襟湖负海的多元文化交融之所,孕育杰出人才的人文之邦。

2010年,嘉兴市以第二次全国地名普查试点工作为契机,全面普查了符合国家鉴定标准的地名文化遗产,并记录了中国共产党诞生地南湖、抗战等嘉兴特有的内涵丰富的红色地名来源,"烟雨路"其灵感来自于董必武《清明节游嘉兴南湖烟雨楼》中的经典诗句"烟雨迷蒙访旧踪"。1964年4月5日,正值清明,细雨纷纷,董必武再次到嘉兴南湖视察。他登上纪念船,回忆起当年一大代表们在游船内秘密聚会,庄严宣告中国共产党成立的情景,心潮起伏,久久不能平静,挥笔题诗一首:"革命声传画舫中,诞生共党导工农;重来正值清明节,烟雨迷蒙访旧踪。"

二、命名好红色地名

为保护地名文化资源，根据《浙江省地名管理办法》(浙江省人民政府令第309号)，2014年10月嘉兴市修订施行了《嘉兴市地名管理办法》(嘉兴市人民政府令第48号)，确立了"保护和传承优秀的地名文化"的重要原则。强调"县级以上人民政府及其民政部门应当组织调查地名文化遗产，建立地名文化遗产保护名录，采取有效措施予以保护。"并明确了地名文化遗产保护的具体措施："地名文化遗产保护名录中在用地名的更名应当严格控制；不使用的地名，县级以上民政部门和有关主管部门应当采取就近移用、优先启用、挂牌立碑等措施予以保护。地名文化遗产保护名录涉及的地理实体拆除重建或者迁移后重新命名的，应当优先使用原地名。"从而确立了地名文化保护的法律地位。

在保护"南湖"资源利用上，2008年嘉兴市作为红色旅游区的源头，对嘉兴市中心片区范围面积约12.6平方千米南湖风景区，命名了"南湖名胜风景区"，并以南湖为中心，保护性地命名了"湖心岛""会景园""揽秀园""梅溪园""南湖渔村""壕股塔""南溪园""小瀛洲""西南湖生态园""放鹤洲"等10余个景点的地名。"七一广场"因该广场与南湖革命纪念馆新馆连成一体，是为纪念七月一日党的生日在嘉兴这一特殊意义而命名的，是嘉兴打响"红色之旅"的品牌和纪念性集合，平时是市民休闲、观景场所，每到纪念活动时，这里又成为全国各地游客"红色旅游"的最佳纪念地。乌镇西栅"王会悟纪念馆"，真实再现了被誉为"'一大'卫士""党的第一位党务工作者"的王会悟女士的生平。位于海宁市马桥街道的士伯路，是因纪念抗日英雄陈士伯而命名；东侧原百里乡的百里路，是因纪念民国时期著名军事理论家、军事教育家蒋百里(名方震，钱学森的岳父)而命名的。

2014年9月，嘉兴市在嘉兴经开区(国际商务区)长水街道区域，采取移用古坊老地名方式命名了"流虹桥""卿月桥""兴贤桥"等20多座桥梁，体现嘉兴地名文化和地域特点。

三、搭建好平台，实现"智慧众筹"

《浙江省地名管理办法》明确"县级以上人民政府及其民政部门和有关主管

部门在地名管理工作中，应当建立健全公众参与、专家咨询等工作机制，听取公众和专家的意见”。嘉兴市区地名命名专家审查小组始建于2004年，10多年来各位专家积极参与各种专项规划的调研、编制、审查，并参加市区各类地名的专审，为嘉兴市区地名管理工作发挥了积极的参谋作用，至今市区已召开专审会47次，审查市区地名750余条。

2015年，嘉兴市在原市区地名命名专家审查小组的基础上，通过向26家市地名委成员单位、市级有关部门（单位）、高校以及向社会征集，由单位推荐、自荐以及特邀的方式，共征集了规划、建设、国土、交通、地理、风俗文化、历史等与地名文化密切相关的38位专业人才，成为地名文化研究的专家智库成员。成员由三部分组成：一是由26个地名委员会成员单位推荐的部门专业人士；二是涵盖汉语言文学、历史、考古、文博等专业的高校、科研人员；三是街道办事处、社区民政办等部门的老同志，熟悉当地情况，有着丰富的经验阅历。专家智库的工作领域，涵盖地名故事的征集、地名命名更名的审查、地名文化的记录挖掘、古地名申报认定及分类保护名录制定等，将专家评审制度纳入地名命名的常规工作程序。如智库中复旦大学中文系的一位教师，除了专业对口，多年来还收集了许多古地图，几乎嘉兴所有的街弄里弄都清清楚楚。他们还吸纳了市政协、市档案局、市博物馆的老专家，都具有10多年的地名审查工作经验。

在地名图、地名志、地名录的编撰等方面，积极发挥专家才智参与《嘉兴市区地名志》编纂、评审工作；邀请专家参与《大地有名》的拍摄剧本的撰写，出谋划策，展现“两美嘉兴”；向各位专家征集《嘉兴地名故事》《地名文化理论研究论文》等，着力于地名文化公共产品的开发。

2014年，嘉兴市利用第二次全国地名普查的有利契机，深入推进“千年古县”“千年古镇（古村落）”等地名文化遗产认定工作，积极向省民政厅申报。联合建委、旅委、文化、文物等部门，印发文件、深入推动，邀请各方专家参与千年古县、古镇（古村落）的申报认定工作，海盐县已花大力气申遗国家级千年古县，平湖市已申报浙江省千年古镇（古村落）4个，桐乡市嘉善县都在积极申报，省厅拟将首批公布。

四、创新好载体，传播地名文化

浙江省以高度的文化自觉性，拓展地名文化的新领域，谋划新方法，激活古地名，为“诗画浙江”“旅游强省”“特色小镇”建设增光添彩。嘉兴市按照省厅的总体部署，一是讲好地名故事。通过报刊、广播、网络、微博、微信等媒体进行广泛的传播，配合省厅“寻梦乡愁——浙江地名文化之旅”采风活动，得到中央权威媒体和省市媒体的积极响应。二是配合拍好地名文化微电影。省、市、县三级联合，充分挖掘嘉善县西塘古镇的地名和慈善文化资源，创作了公益微电影《恋恋西塘》，并通过不同的传播渠道大力宣传，荣获国际微电影艺术节、亚洲、省部级共五项大奖。同时，在省厅的助推下，“善文化微电影基地”花落嘉善。之后，还将配合省厅在嘉善拍摄大云镇反映婚礼文化、地名文化的公益微电影《云在树上》以及在桐乡乌镇镇拍摄反映参与世界互联网大会的志愿者服务的《乌镇网事》。三是按照省厅计划，积极参与拍摄20集大型地名文化纪录片《大地有名》。以地名为载体，用艺术的表现手法，展示祖国的大好河山，传承和颂扬中华文明和乡愁文化，从而激发人们对故乡的热爱。

2011年起，嘉兴市在全国文明城市创建过程中，在市中心城区基座式路牌上设置“讲文明树新风”公益广告，每年1000多版面，2014年市中心城区近800块路牌2000多版面达到公益广告全覆盖，重点传播“弘扬核心价值观”“中国梦”等正能量。2013年年底，中宣部、中央文明办“讲文明树新风”公益宣传现场会在嘉兴市召开，公益广告式路牌宣传成为一大亮点。2014年开展“听一个声音”的地名文化宣传活动，在嘉兴电台播出《地名印象》41期。

同时，嘉兴市继续加大地名信息化建设的力度，按照建设“智慧嘉兴”的目标，一是完善地理信息交换共享机制，为地理信息共享平台提供更加完备的地名基础数据。2015年10月，全省“数字城市”应用示范现场会在嘉兴召开，“嘉兴市地名管理信息系统”与嘉兴·天地图的数据实时交换作为现场演示之一，充分展示了地理空间数据共享交换的现实性。二是加强对“地名管理信息系统”的应用，提高地名管理的信息化水平。嘉兴市各级共建成地名管理信息系统8个并均已投入使用。加快了地名管理各项审批的流转时间，并且着重将“系统”与社会公共服务紧密关联。三是按照“全国地名地址库试点示范创建地区”的目标要求，2015年开始，他们探索性地在路牌上加注二维码标识，主要是将代码与系统数据库关联，适时反馈路牌破损与维保信息，更重要的是将二维码与系统中嘉兴·天地图关联，通过扫描路牌上的二维码可以得到所在区域位置周边一定距离的吃穿住行以及文化信息,发挥良好的社会公共服务作用。

多年来,嘉兴市按照国家、省、市关于地名工作的总体部署,坚持以人为本、为民服务的理念,大力推进地名文化建设和地名文化遗产保护,加强地名规范化、法治化、信息化建设,以建立地名专家智库为契机,助力地名文化发展大繁荣。2008 年,嘉兴市民政局被浙江省民政厅评为“全省地名公共服务工程示范单位”。2009 年,又被评为“全省地名公共服务工程先进集体”。2011 年,嘉兴市被民政部评为首批“全国地名公共服务示范市”,2015 年嘉兴市被民政部确立为“全国地名地址库试点示范创建地区”。以南湖、“红船精神”以及抗战为代表的嘉兴红色地名文化资源最终可以转化为物质的力量,红色地名文化的软实力最终可以转化为精神的动力。

安徽省黟县挖掘古弄地名凸显古村文化

安徽省黄山市黟县,始建于秦朝,境内不仅有世界文化遗产——皖南古村落西递、宏村,还有 6 个中国传统村落、31 个安徽省传统村落和 1684 幢明清时期的古建筑。鼎盛时期的黟县十二都的三、六、九都的碧山、西递、屏山、南屏、宏村都曾是“八百烟灶,五里长街”,有十几条街、几十条巷弄、上百幢成套民居的大村庄,这些巷弄依然保持着古老的布局。

黟县的乡村旅游名声在外,然而这些古村落中弄名缺失、地名模糊混乱,给乡村旅游的发展和提升带来了很多的不便。一些乡村旅游经营户甚至找到村两委,要求村中的街巷弄用自己的客栈、民宿、农家乐等店名、字号命名。村民们都充分认识到地名作为非物质文化资源的一个典型代表,在乡村旅游开发中具有极为重要的意义。

如何做好黟县传统村落中的街巷弄名的挖掘保护工作,黟县要求各村都要成立以老党员、老干部、老乡绅、老教师、老农、老艺人等组成的街巷弄名挖掘保护委员会,按照尊重历史地名、传承历史沿革、彰显地域文化、凸显地名文化、易为村民接受的原则,深入挖掘、整理和提炼,让每个古弄名“有文化、有历史、有故事、有传说”,真正做到地名文化的建设与保护接地气、聚人气、见实效,让地名文化遗产造福当地百姓，促进乡村文化旅游的发展。

在碧阳镇碧山村，成立了以村党委书记为组长、老年人协会会长为副组长的碧山村街巷弄名挖掘保护委员会，吸纳了威望高、办事公道的老党员、老干部、“两代表一委员”及碧山大姓汪氏家族后人等9人，查阅资料，走访村民、经营户，征集意见，最后拟定的地名由村民大会通过。

耕读园是碧山村地标建筑之一，始建于明末，独具一格，书香缭绕；盐客村，史上是南来北往盐客小住、骡马换载、人力挑盐的地方；黄陂是碧山的旧称，现在依旧有黄陂祠堂、黄陂村民小组；东头街是碧山最具代表性的古商街，旧时商铺林立，街巷弄名的命名应体现这些历史痕迹……由此，耕读园路、盐客路、黄陂路、东头街、翰林弄等48个经过广泛的民意听取和协商后的街巷弄名有了浓厚的文化取向和碧山元素，同时也非常容易唤起人们心中久远的历史记忆。

黟县挖掘保护村中古弄地名，不但方便了游客，还给古村增添了古味，提高了文化品位。西递村、南屏村、屏山村等村巷弄名挖掘保护工作纷纷启动，全县新增的上百个充满韵味的街巷古弄路名，让人浮想联翩，忍不住想走进去，寻觅历史的踪迹。这些美丽的路名，和它们附着的历史文化与故事传说，已成为黟县乡村旅游文化的重要一部分。

湖南省焦作市城区“二维码地名标志牌”上岗

城市道路地名标志牌被称作“本地人的脸，外地人的眼”，不仅承担着道路指引的作用，同时也是反映城市文明水平的重要标志之一，在城市建设和管理中起着十分重要的作用。河南省焦作市按照民政部全国地名地址库示范创建标准和地名地址管理信息化的工作方向，在全省首家推出了二维码道路地名标志牌。

根据国家相关要求，道路名称发布以后，需要及时设置道路标志牌，对道路名称进行宣传推广。2004年，焦作市政府确定对市城区主干道道路标牌设置工作进行市场化运作，由标志牌附带广告的经营者负责在指定位置设置符合国家要求的道路标志牌，通过在标志牌上附设收费广告回收成本。由于采取市场化运作，人流量较少的道路因无广告价值而未能设立标志牌。此前，焦作市城区仅有五分之一的道路路口设置了标志牌，道路地名标志牌设置数量明显不足，而且原有路名牌附带的广告内容格调不高的问题也被社会各界诟病，在当前焦作市“四城联创”（创建全国文明城市提名城市、国家卫生城市、国家全域旅游示范市、国家水生态文明城市）工作中，以及人大提案政协议案中，都提出取消市场化设置路牌的方式，拆除有损城市形象的广告式道路标牌，设置标准、规范的道路地名标志牌，恢复道路标牌公共服务功能。

为切实做好城区道路标牌设置工作，市民政局积极争取财政资金，多次向政府主要领导和分管领导进行专题汇报，紧抓“四城联创”工作契机，向市政府上报了《关于落实本市城区道路名称规划和道路标牌设置资金的请示》，引起市委、市政府主要领导的高度重视，批示加快城区路牌设置工作。根据批示精神，2017 年 3 月 3 日市政府召集财政、城管、住建、园林、民政五部门参加市城区道路标牌设置工作协调会议，安排部署相关工作。协调会后，市民政局就道路标牌规格样式、设置地点、安装要求等细节，反复与市旅游局、四城区政府、城乡一体化示范区管委会、市城管局、市园林局等部门进行协调沟通，最终商定了设置方案，市级财政直接投入 120 万元，由市民政局负责城区 27 条市管道路约 1200 块地名标志牌的设置工作，四城区及示范区财政投入 60 余万元，负责设置本辖区的区管道路及背街小巷约 800 块地名标志牌，并通过统一招标，共同推进设置工作。4 月 18 日，经过公开招标确定了标志牌的制作安装单位。

二维码道路地名标志牌上岗，将成为焦作市一道亮丽的风景。由于焦作市经河南省推荐成为民政部全国地名地址库示范建设区，按照民政部示范创建标准和地名地址管理信息化的工作方向，焦作市在全省首家推出了二维码道路地名标志牌，通过手机扫描路牌上的二维码标志，该条道路的路名资料、周边重要地物信息和对应的地图都能显示在手机屏幕上，使此次新换装的城区道路地名标志牌真正成为了人们出行的无声向导。

目前，市民政局正协同中标单位共同克服工期短、任务重、施工现场地质条件复杂等困难，加班加点、昼夜赶工，二维码道路地名标志牌的制作安装工作取得了实质性效果，不久的将来，约 2000 块二维码道路地名标志牌上位站岗，对焦作市城区所有大街小巷形成全覆盖。

湖北省咸宁市坚持问题为导向　破解普查难题寻蹊径

地名是基础地理信息，地名普查是一项公益性、基础性的国情调查。开展地名普查，有利于维护国家主权和领土完整、巩固国防建设，有利于经济社会协调发展，有利于社会交往、方便人民群众生产生活，对提高政府管理水平和公共服务能力具有重要意义。湖北省咸宁市地名普查工作在市政府和县市区政府的重视下，在省地名普查办精心指导下，全市地名普查工作者勇于担当、克难奋进，特别是在地名信息采集、挖掘地名文化过程中，坚持问题为导向、破解难题寻蹊径方面，走出艰难一步，取得了一定经验。目前，全市完成地名普查目录编辑 48600 条，采集地名信息 38920 条。

一、注重浇桩固石，打牢工作基础

常话说：根基不牢，地动山摇。在地名普查第一阶段，咸宁市高位推进，迈好第一步。在具体工作上，他们狠抓了“六个到位”，即动员发动到位、组织领导到位、经费保障到位、广泛宣传到位、外业招投标到位、业务培训到位。

1. 动员发动到位

突出一个“早”字，早部署。2014 年 10 月，市政府召开了第二次全国地名普查动员会，全面部署了该市地名普查工作。至 2015 年 2 月，各县（市、区）政府先后召开了地名普查工作会议，拉开了全市地名普查工作的序幕。

2. 组织领导到位

突出一个“强”字，强有力地领导。市、县、乡三级政府成立了普查工作领导小组，组建了工作专班，为地名普查工作奠定了组织保障。

3. 经费保障到位

突出一个“实”字，落实好经费保障。咸宁市是一个经济欠发达地区，在市、县两级财力有限的情况下，市地名普查办积极推动县（市、区）开展专项资金预算与调整，6 个县（市、区）安排地名普查专项配套资金 416 万元，争取中央、省级补助资金 150 万元，2016 年财政预算经费 697 万元，为地名普查提供了财力保障。

4. 广泛宣传到位

突出一个“特”字。除采用新闻媒体、挂横幅标语、制作宣传展板、发放宣传手册等传统宣传方式外，嘉鱼县在二乔广场成功举办了第二次全国地名普查公益演唱会，自编自演的锣鼓快板《地名普查意义大》，将演出推向高潮。咸安区组织各乡镇开展地名普查知识竞赛。市地名普查办筹资40余万元在市区旅游景点、车站、广场等人流密集处设置了13块户外灯箱牌和6块灯箱式路牌固定开展地名普查宣传，还在《咸宁日报》上开辟了《地名趣谈》栏目，扩大了社会影响。

5. 外业招投标到位

突出了一个“快”字，为整体攻坚赢得了时间。至2016年8月12日为止，6个县（市、区）全部完成了技术外包。

6. 业务培训到位

突出一个“会”字，每位普查员会实际操作，填写普查登记表。市、县两级地名普查办发挥“土专家”作用，用通俗易懂的语言、简单易学的形式开展全方位的培训。黄冈、荆门、宜昌、鄂州、潜江、仙桃和湖南平江县6市35个县（市、区）100多位考察人员到通城考察交流时，县地名普查办以PPT的形式为考察人员介绍了工作做法，进行了“如何规范填写地名普查登记表”解读，现场互动，答疑解惑。考察人员普遍反映取到了真经，在工作中实用。全市共举办地名普查培训班108场（次），培训市县乡、村（社区）普查员2168人。

由于咸宁市地名普查第一阶段工作做到了整体推进，迈好了第一步，2016年8月14日全省第二次全国地名普查分析推进会在咸宁市召开，市地名普查办主任陈海平在会上作了《加强领导，落实保障，整体推进地名普查》的典型发言。

二、强化行政推力，力促整体推进

一花独放不是春，百花齐放春满园。竞位争先，有为才有位。做好地名普查工作，要勇于担当，认真履职尽责，干在实处。在地名普查实施阶段，他们力求打好组合拳，整体推进，迈好第二步。为此，他们狠抓了“两加强一建立”，即加强上下联动、加强督查督办、建立通报制度。

1. 加强“上下联动”

即对上争取市政府领导重视支持，对下争取县（市、区）主动作为。省地名普查办每次召开会议后，他们做到了以书面的形式，及时向市政府和分管市长汇报会议的主要精神和工作建议。市民政局刘凡生局长、陈海平副局长多次到分管市长闫英姿办公室汇报地名普查工作。2016 年 5 月 6 日，市政府召开了市地名普查领导小组负责人会议，副市长闫英姿分别与各县（市、区）分管区长签订了《咸宁市第二次全国地名普查工作目标责任状》，落实工作目标责任制。向下争取，市地名普查办主动与县（市、区）分管区长和民政局长沟通，做好普查推动工作。

2. 加强督查督办

一是市民政局落实包保工作责任制，由局党组成员包县（市、区），并先后五次由局党组成员带队深入县（市、区）检查督办地名普查工作。二是市地名普查办定期不定期地对县（市、区）进行专项督查。2017 年 1 月，他们对 6 个县市区地名普查工作进行了第二轮督查。督查某地时，由于市地名普查办主任当着某地市领导的面，指出工作中存在的问题后，该地民政局长满腹委屈地说，没给他面子。而他们认为，工作没做好，现在没给面子，是为了今后有面子。否则，现在给了面子，以后就没了面子。

3. 建立通报制度

在推进全市地名普查工作中，他们坚持“亮丑揭短”“典型引路”。2016 年一年共发通报 6 期，其中请市政府督查室印发通报 2 期，市地名普查办印发情况通报 4 期。2016 年 1 月，省民政厅闵建华副厅长在咸宁市普查办第 8 号通报上批注：咸宁市民政局认真履行地名普查办职能，其工作有部署、有检查、有情况、有观点、有肯定、有批评，充分体现了其务实、担当、负责的作风、精神、品格。这是对咸宁市极大的鼓励和鞭策。通过督查督办，增强了各地做好地名普查工作的责任感和竞位争先的紧迫感，促进了全市地名普查工作的整体推进。他们还印发了 21 期地名普查工作《简报》。总结推广了通城县在开展地名普查中，认真履职尽责、创新工作思路、破解工作难题的《坚持“1233”工作法，深入挖掘地名文化》经验。所发《通报》《简报》呈送市政府、省地名普查办，抄送各县市区政府，推动了工作平衡发展，收到了明显效果。

三、坚持问题导向，破解工作难题

把脉问诊，对症下药，敢问路在何方？实践经验告诉我们，做好任何一项新的工作，都会遇到困难，万事开头难，但办法总比困难多，思路决定出路。2016 年 9 月，全省地名普查标准化培训班后，他们自我加压、主动作为，及时调整工作思路，求严实不求“颜值”。在实施地名普查第二阶段工作中做到了“四抓一建”，即抓调研查病症、抓地名普查标准化、抓典型引导、抓成果转化、建好一支队伍。

1. 抓调研查病症

为了地名普查工作的整体推进，提高普查工作的标准化，一方面他们积极争取省地名普查办的支持。2016 年 9 月，咸宁市借省民政厅区划地名处调研员孙平等到通山、崇阳、通城 3 县检查指导地名信息采集标准化之机，对全市普查工作进行了一次全方位的检查，发现：信息采集不尽如人意，实际成效不容乐观，工作要求不落地不落实。他们及时分析研判全市地名普查第二阶段工作中存在的突出问题。具体表现在：一是有的县（市、区）领导认识不高，行政推力不足，领导靠前指挥不到位、不深入。二是落实责任成效靠推。有的地方，推一推，动一动。三是有招标进度没有普查进度。四是有普查进度无普查质量。

他们分析了产生问题的主要原因：一是履职尽责不实。责任写在纸上，落实在会上，没有把责任扛在肩上，落地生根。二是主动作为不实。竞位争先意识不强，等待观望、推而不动，没有做到真抓实干。三是上下联动不到位。“上热下冷”“内热外冷”，导致工作进展缓慢，推而不动、怠慢迟动、消极缓动。四是墨守成规、创新意识不强。遇到工作难题，表现出畏难情绪，束手无策。对此，市地名普查办于 2016 年 9 月 15 日对全市地名普查进展及工作中存在问题进行了通报，要求各地进一步增强责任感和紧迫感，强化行政推力，竞位争先。通过及时研判、分析，针对工作中所存在的问题，确立了以问题为导向的工作思路。

2. 抓普查标准化

重视地名文化，就是重视我们的历史。没有文化的地名，记载的是一个符号；有文化的地名，可以流芳史册。我们认为，地名普查的重点是信息采集，关键的关键是普查信息采集、表格填写的标准化。地名普查贵在标准化、重在标准化，成败之举在于标准化。严格按照《省地名普查作业规范》，以抓铁有痕的作风，坚持标准不走样。把通城县作为试点，做出范本，指导全市。市民政局刘凡生局长带领市地名普查办人员先后两次亲临通城县调研指导，要求通城县地名普查走在全市前列,做出样板。还邀请通城县地名普查办主任到市局汇报工作进展情况。全市各县(市、区)严格按照通城县地名普查标准化范本组织实施,各自打造出适合本地特色的标准化范本、《指导手册》。

3. 抓典型示范引领

典型的力量是无穷的,我们培育树立了通城县普查信息采集质量的典型及地名普查标准化范本后,市地名普查办于2016年10月13日,在通城县召开了全市第二次全国地名普查工作现场推进会,市民政局长亲临会议并讲话;省民政厅区划地名处调研员孙平亲临会议并作指导;通城县地名普查办作了题为《落实责任,强化督查,全面推进第二次全国地名普查工作》的典型发言;该县地名普查办工作咨询员、监理刘国斌介绍了做好地名普查的体会;该县麦市镇文化地名普查员罗来国以亲身经历用PPT形式对地名普查表规范填写进行了解读;通城县麦市镇介绍了党委政府重视地名普查工作的经验和做法。会议认为,通城县的经验和做法,可借鉴、可操作、可复制,是各地学习的标杆和典范。解决地名普查标准化,要一改一包撒手、一包了事。切实处理好技术外包与自身作为的关系;切实处理好加强监管与工作需要的关系;切实处理好组织领导与督查督办的关系。通城会后,拉开了全市地名普查攻坚战。2017年1月25日,省民政厅副厅长闵建华带领区划地名处调研员杨宁、副处长董钊、省地名普查办质量监理负责人王耿等对通城县地名普查督查时指出,咸宁市地名普查工作尤其在基础工作方面走在全省前列,其成功经验值得在全省推广。对通城县地名普查挖掘地名文化工作中总结出的“1233”工作法,给予充分肯定,是真经法宝,是在全省地名普查工作遇到困难急需突破时,所探索出来的新路径和先进的工作经验。目前,湖北省黄冈、荆门、宜昌、鄂州、潜江、仙桃6市35个县(市、区)和湖南省平江县纷纷前去考察学习。平江县的同志表示,学习通城经验,力争在湖南打造地名普查一流水平。

4. 抓成果转化

咸宁市在抓地名普查工作中,十分注重成果转化。坚持“边普查、边利用”的原则,积极推动县(市、区)早出成果、出精品成果。30余万字的《通山县地名典故录》已出版发行,近30万字的《嘉鱼县地名诗词楹联》已编撰完成,为历史、为后人留下宝贵资产。

5. 建好一支普查工作者队伍

我们认为，没有干不好的事，只有不好好干的人。通城县地名普查能做到有为有位，展形象、出精品、扩影响，关键是有一支热爱地名普查工作，特别能吃苦、能战斗的队伍，这是地名普查取得成效的骨干力量。为此，他们除要求各县（市、区）地名普查办要解决好自身主动作为的问题，更要将那些熟悉当地情况的退休老干部、老教师、"乡土秀才"充实到地名普查队伍中来，组建地名文化"土专家""乡土秀才"三级网络。即县级成立地名普查"土专家"咨询组，乡级设立地名普查文化信息采集辅导员，村级设立地名信息采集员。通过"乡土秀才"，全面收集整理地名文化第一手资料，开展地名文化调查。研究挖掘本土文化，对地名来历、地名含义、历史沿革、地理实体描述等地名词条进行审核论证，对地名文化内涵进行挖掘考证，全面提升地名文化采集质量。通城县地名普查办聘请的两位退休老干部刘国斌、熊跃飞，坚持与县地名普查办的同志一起深入乡村精心指导，对地名含义、地名来历、地名沿革、地理实体描述进行编写、修改、考证，常常是早出晚归，没有怨言。通城县隽水镇石泉村、上阔村、利和村、宝塔村利用村"土秀才"编写地名普查调查目录，并把编写地名来历、地名含义、历史沿革、地理实体描述，当作村史、家谱来写。咸宁市在地名普查工作中涌现出一批像刘国斌式的"土专家"，能讲课、能编写。咸安区地名普查办聘请的"土专家"陈大银，亲自编写3万余字讲稿，到各乡镇办对普查员进行地名普查文化业务辅导。据统计，全市共建立地名普查队伍2186人。

四、几点体会

地名普查是一项重要的国情调查，是一项功在当代，利在千秋的事业。在地名普查整体工作推进中，他们的体会是：

1. 高标准定位是做好地名普查的决定因素

搞好"顶层设计"，全市一盘棋，强化行政推力，整体推进。

2. 高质量监控是做好地名普查的重要环节

建立市、县、乡、村四级审核把关制度，对地名信息采集进行质量控制。以通城县经验为标杆、典范，学习通城不走样，规范地名普查的标准化。

3. 高效率推进是搞好地名普查的基本要求

认真履职尽责，自我加压，勇于直面问题。及时调整工作思路，处理好地名普查的技术外包与地名文化采集与挖掘的自身作为，打破“一包了之”的局面，实行“两条腿走路”。加强督查督办，发挥典型引领作用。统筹安排，同步推进。

湖北省恩施州转换思路巧妙攻克录入难题

日前，湖北省恩施土家族苗族自治州在地名普查工作中，针对部分合作单位外业采集不规范、内业处理不专业等突出问题，转变思路，采取灵活果断措施，召集外业单位工作较好的来凤县、鹤峰县和外业单位力量相对薄弱的利川市、建始县、宣恩县、咸丰县等六个县市在宣恩县开展集中录入及交叉互检工作。经过一周时间，集中录入取得了丰硕成果。

一是坚持“五个集中”，充分取长补短，攻克技术瓶颈。本次集中录入，明确各县市由区划地名科（股）长带队，安排本县（市）外业合作单位的技术骨干两名到宣恩县进行集中录入。要求前期进展较好，技术已经过关的来凤县、鹤峰县在集中录入期间除完成本县的收尾工作外，还要腾出精力指导外业合作单位技术力量相对薄弱的第二批迎检的三个县市，重点就图属匹配、数据关联、建库与合库、软件预检等关键环节开展技术指导。本次录入，最大限度地集中了时间、集中了人员、集中了技术、集中了精力，并集中开展了交互检查，通过“五个集中”，在有限的时间内，大大提高了各县市尤其是第二批迎检县市的工作质量和效率。如利川市，在首次采用软件预检时，出错率高达120%，条目错误达10000多处，后经来凤县技术人员的指导，后期出错条目下降到1000条以内，通过手动干预即可全部纠正。同时，在集中录入后期，各县市之间开展了交互检查，重点就外业的地理位置，按照总条数5%的比例进行复测，确保地名属地信息准确无误。如建始县，通过交互检查，发现有两个乡镇的外业信息采集缺失量较多，股长第一时间联系公司总部，迅速增派了两名外业工作人员。通过集中录入，也将外业技术力量不达标单位的真实面目逼出来了。如宣恩县的外业单位，工作了长达两年时间，图片采集、经纬度填写等基础性工作竟然大多空缺，登记表除了“四大项”内容之外，其他项还有很多缺项，形势极不乐观。

二是发扬工匠精神，精心打磨文化，突出地方特色。在集中录入期间，各县（市）的技术人员倍加珍惜相互交流切磋的机会，都主动加班加点，放弃了很多休息时间。大家一起分享开展普查工作中的得与失，深感恩施州作为少数民族地区，深入挖掘地名中少数民族文化的重要性和必要性。大家在相互借鉴中，也切实感受到了鹤峰县将土家文化、土司文化、红色文化充分融入到每一处地名中所带来的文化厚重感，在形成的成果地名表里面，不仅望得见山，看得见水，还让人体会到有文化的地名真正能唤回我们儿时的记忆，真正能让我们找到回家的路。他山之石，可以攻玉。通过集中录入，大家相互借鉴，一致认可深入挖掘地名文化是一项历史使命，纷纷表示要发扬工匠精神，刨根问底，精心打磨每一处地名文化，为恩施少数民族地区增加一份厚重的文化遗产。

三是追求精益求精，切实履职尽责，打造普查精品。集中录入是手段，交互检查是保证，最终目标都是确保顺利验收。通过集中录入，恩施州在解决部分县市技术力量薄弱的同时，严格对照《质量评价体系》要求，精益求精，着力打造地名普查精品。一是检查"组织管理"是否存在缺项漏项。二是检查普查信息是否全面真实，重点围绕"四个一一对应"来自检。即检查调查目录（含历史地名）与登记表是否一一对应；检查地名标志目录与所采集的标志牌图像资料是否一一对应；检查"地名来历"中提及的曾用名是否与标准名称的曾用名一一对应；检查"设立时间"与"历史沿革"的起点时间是否一一对应。三是检查数据库建设是否完整规范。四是检查标准化处理是否准确到位。同时，随时了解已通过检查验收单位的情况，聚焦扣分项目，扎实开展自查自纠。

针对个别外业单位合作不力的县市，下一步将采取"增""援""切"，确保任务按时保质完成。"增"即督促外业单位迅速增派关键技术力量，加大工作强度；"援"即动员技术力量较强的外业单位提供技术援助，在关键环节给予指点；"切"即在原外业单位实在不能按期完成任务的情况下，将数据库部分切块下来，协调技术力量雄厚的公司承接。确保不让一个县（市）掉队。

宁夏回族自治区石嘴山市大武口区“四个到位”落实地名工作

宁夏回族自治区石嘴山市大武口区自2016年3月开展第二次全国地名普查工作以来,狠抓工作落实,确保了地名普查“四个到位”。

一是普查宣传到位。制定地名普查工作宣传方案,具体宣传措施落实到社区、到村、到小区,并及时拨付经费,在各居民区设置宣传栏。在《石嘴山日报》开辟“地名普查专栏”,开设大武口地名普查工作微信群、QQ群,使普查工作家喻户晓、人人皆知,努力营造良好普查氛围。

二是责任落实到位。坚持“统一领导、分工协作、分级负责、共同参与”的原则,准确把握地名普查目标任务和具体要求,逐级落实责任制,倒排时间表,按照成员单位职责细化量化目标任务,真正形成责任到人、任务到岗、横向配合、纵向协调的工作机制。定期召开工作推进会议,加大督促检查和现场指导力度,按照时间节点定期对地名普查工作进行督查通报,推动该项工作扎实深入开展。

三是普查质量到位。认真贯彻落实自治区关于地名普查的各项规定,严守地名普查纪律,始终把数据质量放在工作的第一位。2017年2月初,大武口区地名普查办组织专家组,同时邀请市地名普查办和自治区监理单位人员,开展地名普查第一阶段工作自查,经过综合评分,大武口区地名普查第一阶段工作达到验收条件,并于3月中旬及时向市地名普查办上报申请验收相关资料。

四是成果转化到位。对普查数据进行认真整理、深入分析和全面考证,对不规范地名进行标准化处理,形成相应的专题材料或情况报告。根据社会实际需要,加快普查成果开发利用。注重把第二次全国地名普查工作与挖掘大武口区历史文化渊源相结合,扩大地名文化影响力,让地名工作成为经济建设的“推进器”和“服务器”。

河北古县名由来

李明旺

编者按：为了使广大干部群众了解河北千年古县名称由来，将河北省87个千年古县名称由来编写成七字歌。

燕赵地名含寓意，千年古县探根源。
灵寿名源灵寿木，以木为杖益寿延。
战国时期已得名，西汉置县在元年。
高邑古时名鄗邑，高祖元年置鄗县。
刘秀称帝于鄗南，将其更名高邑县。
赞皇原有山赞山，穆王改为赞皇山。
赞颂皇权为名意，隋朝始置赞皇县。
滦县之名源于河，城池靠近滦河建。
天赞二年置滦州，一九一三改滦县。
玉田古属无终国，嬴政始置无终县。
则天更名玉田县，种石产玉神话传。
遵化古属燕国地，天宝元年买马监。
遵循孔孟教化民，后唐定名遵化县。
成安之名始战国，取意治成而民安。
西汉始置斥丘县，北齐更名成安县，
涉县之名始春秋，西汉初始置为县。
漳水入县人徒涉，后汉更名为涉县。

磁县因山而得名，开采磁石在磁山。
开皇十年置磁州，一九一三改磁县。
永年战国属晋地，西汉始置广年县。
仁寿元年改永年，国祚长久之意含。
馆陶之名始春秋，名源陶丘赵置馆。
秦朝隶属邯郸郡，西汉始置馆陶县。
南和意为和城南，西汉初置南和县。
北周郡县同城治，隋朝撤郡只留县。
宁晋远古称杨地，西汉高祖始置县。
天宝元年名宁晋，安宁晋福之意含。
新河战国属赵地，西汉始置堂阳县。
县治新城临漳河，唐朝更名新河县。
广宗汉为广宗国，推广宗子之意含。
西汉隶属钜鹿郡，东汉析置广宗县。
清河因河而得名，秦朝初始置厝县。
西汉始置清河郡，西晋始置清河县。
沙河因河而得名，秦朝隶属信都县。
隋朝原属龙岗县，县南析置沙河县。
满城战国属燕赵，西汉高祖始置县。
唐朝更名满城县，子孙满城之意含。
清苑名源清苑河，春秋时期属北燕。
魏晋之前属新城，北魏析置清苑县。
涞水名源涞山水，西汉高祖始置县。
隋朝四次县名改，最后定名涞水县。
望都南北两座山，尧母都山和尧山。
西汉始置望都县，意登尧山望都山。
易县得名于易水，西汉始置故安县。
开皇元年置易州，十六年后置易县。
曲阳之名始战国，秦朝始置曲阳县。

城在山南弯曲处，先为城名后置县。

博野西汉始置县，北齐析置博野县。

博水之野地所居，因而得名博野县。

怀安汉为马城县，武帝改为夷舆县。

唐朝更名怀安县，怀恩而安之意含。

怀来秦时始置县，北齐名为怀戎县。

辽初改为怀来县，安抚臣服之意含。

盐山原为山之名，山下产盐谓盐山。

西汉高祖始置县，隋朝更名盐山县。

南皮名因齐救燕，筑城制革北皮南。

春秋时期已得名，嬴政始置南皮县。

任丘原为武将名，筑城固防在西汉。

该城得名任丘城，北齐始置任丘县。

河间之名始战国，两河之间谓河间。

西汉高祖置为郡，隋朝始置河间县。

阜城春秋属晋地，西汉始置阜城县。

境内地高多岗丘，阜成于民为夙愿。

安次汉前名安墟，汉初始置安次县。

安稳祥和之居所，安逸和谐广义含。

文安汉前未置县，西汉武帝置为县。

取意崇尚文和礼，实现国治又邦安。

固安隋前谓方城，最初置县在西汉。

开皇九年置固安，江山稳固享平安。

临漳商代称相地，战国属魏名邺县。

因临漳河之南侧，西晋更名临漳县。

井陉之名始于秦，西汉始为县之名。

地势如井又如灶，井深灶陉谓井陉。

昌黎西汉属絫县，辽时置县名广宁。

金避重名改昌黎，黎庶昌盛意定名。

抚宁秦为阳乐县，废置分合数易名。
抚我黎庶宁子妇，唐朝析置名抚宁。
涿州春秋名涿邑，秦朝置县涿为名。
大历四年置涿州，皆因涿水而得名。
永清隋朝始置县，天宝元年名永清。
玄宗皇帝定名意，漠北永久保清静。
安国原为武侯名，西汉高祖封王陵。
武帝始置安国县，安国宁邦意定名。
曲周之名源曲梁，高祖曾为侯国名。
景帝改为曲周乡，武帝置县始用名。
栾城春秋名栾邑，晋国栾书之食邑。
西汉初期置关县，东汉栾城为县治。
无极原名为毋极，名称由来难统一。
西汉初置毋极县，唐朝改名为无极。
元氏之名始战国，赵国公子元封地。
因氏得名为元氏，高祖三年县始置。
赵县古为赵国地，北魏殷州赵郡治。
北齐殷州改赵州，一九一三赵县置。
大名战国属魏地，废置分合十余次。
后汉始置大名县，兴旺强大为名意。
武安春秋属晋地，战国赵之武安邑。
西汉始置武安县，藉武而安为含义。
任县春秋为晋地，因地多水名壬地。
高祖元年置任县，任壬通用水之意。
南宫原为人之姓，周朝贤士南宫适。
西汉初置南宫县，以彰其德为用意。
唐县古属唐侯国，唐尧受封于此地。
西汉高祖置唐县，传颂唐尧定名意。
高阳春秋北燕地，战国燕之高阳邑。

西汉始置高阳县，高河之北为名意。
容城因氏而得名，春秋战国燕之地。
西汉始置容城县，因城封予有容氏。
蠡县西汉始置县，元朝隶属蠡州地。
明朝蠡州改蠡县，近海多虫故名蠡。
蔚县之蔚始赵国，廉颇受封尉文地。
北周宣帝置蔚州，蔚县始自清康熙。
涿鹿原为山之名，黄帝建都之城邑。
西汉始置涿鹿县，鹿山涿水入福地。
吴桥原为桥之名，前燕筑桥吴氏地。
宋朝始置吴桥镇，大邑二年升县制。
武邑之名始夏朝，贤臣武罗受封地。
武罗国城谓武邑，高祖置县名武邑。
武强之名始西汉，武强侯国之城邑。
西晋始置武强县，扬武七德强国意。
饶阳春秋齐国地，战国属赵名饶邑。
西汉始置饶阳县，饶河之北饶阳意。
安平春秋属晋地，战国筑城安平邑。
秦朝始置安平县，居安地平为名意。
冀州之名始上古，两河相近谓之冀。
武帝冀州始辖县，民国二年改县级。
深州战国属魏地，城有深池为名意。
隋朝开皇置深州，民国二年改县级。
大城古时称徐州，显德六年大城置。
武功威烈军强大，城防坚固之含义。
藁城西汉名稾城，曾改高平和高城。
元代更名藁城县，水草丰美树环城。
新乐名源西乐城，中山考王考母城。
多年讹传为新乐，隋朝县治新乐城。

邯郸之名始商代，邯山尽头之邑城。
春秋晋置邯郸县，战国属赵为都城。
临城春秋属晋地，筑有临邑一古城。
西汉始置房子县，天宝元年改临城。
肥乡名始战国赵，肥义封地谓肥乡。
西汉始置列入县，三国县名改肥乡。
行唐秦时始置县，名称原为南行唐。
唐尧南行经此地，北魏更名为行唐。
柏乡西汉为侯国，柏有贞德之义乡。
东汉省入高邑县，隋朝析置名柏乡。
平乡原为太平乡，水患城迁改平乡。
西汉曾为侯国名，西晋置县名平乡。
沧县北魏名沧州，东临渤海谓之沧。
民国二年改沧县，不毛之地今无荒。
东光原为受封地，西汉封侯名东阳。
高祖始置东光县，取意东阳闪东光。
枣强名源煮枣城，蒸煮枣油名声扬。
元朔三年始置县，枣木强盛谓枣强。
深泽源于低地势，雨大河溢水成泽。
深泽侯国西汉置，元朔置县名深泽。
鸡泽名源古沼泽，盈泽养鸡谓鸡泽。
西汉初置广平县，隋朝开皇改鸡泽。
三河名因三条河，泇河沟河鲍邱河。
唐朝前期属潞县，开元四年置三河。
香河置县九三八，东南滨水多芰荷。
夏秋之间香馥郁，因而得名叫香河。
雄县秦时属易县，显德六年置雄州。
取意威烈彰武功，洪武七年县代州。
定州战国属赵地，皇始二年置安州。

天兴三年改定州，平定天下意名州。

霸州得名在后周，显德六年置为州。

世宗柴荣定州名，取意称霸无敌手。

魏县战国属魏地，魏国次都建境中。

西汉高祖置魏县，县以国名享殊荣。

内丘之名源中丘，山中有丘谓中丘。

西汉始置中丘县，隋避名讳改内丘。

巨鹿原本为大麓，大钜相通鹿同麓。

北魏始置钜鹿县，一九六七改巨鹿。

征稿函

“文化长廊”栏目

本栏目突出文化性，以吾乡吾土为主题，栏目内容形式不限，散文、诗歌、小品、歌曲、书法、绘画、摄影作品等均可，一般每篇控制1页（1000字）以内。在这里您可以将对一个地域的歌颂与情感透过作品得以尽情挥洒。作者身份不限。

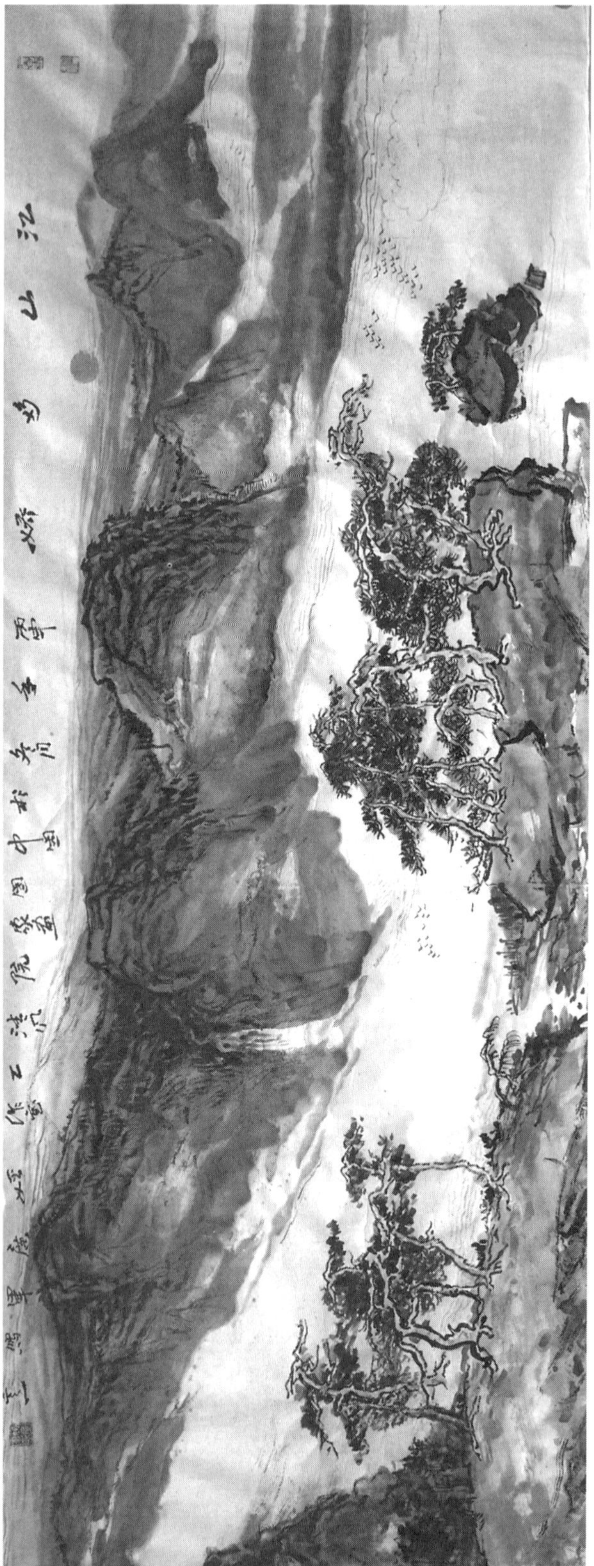

江山多娇
（山东省美术家协会会员姬广军作品）

呈坎春景
（李昱春绘）

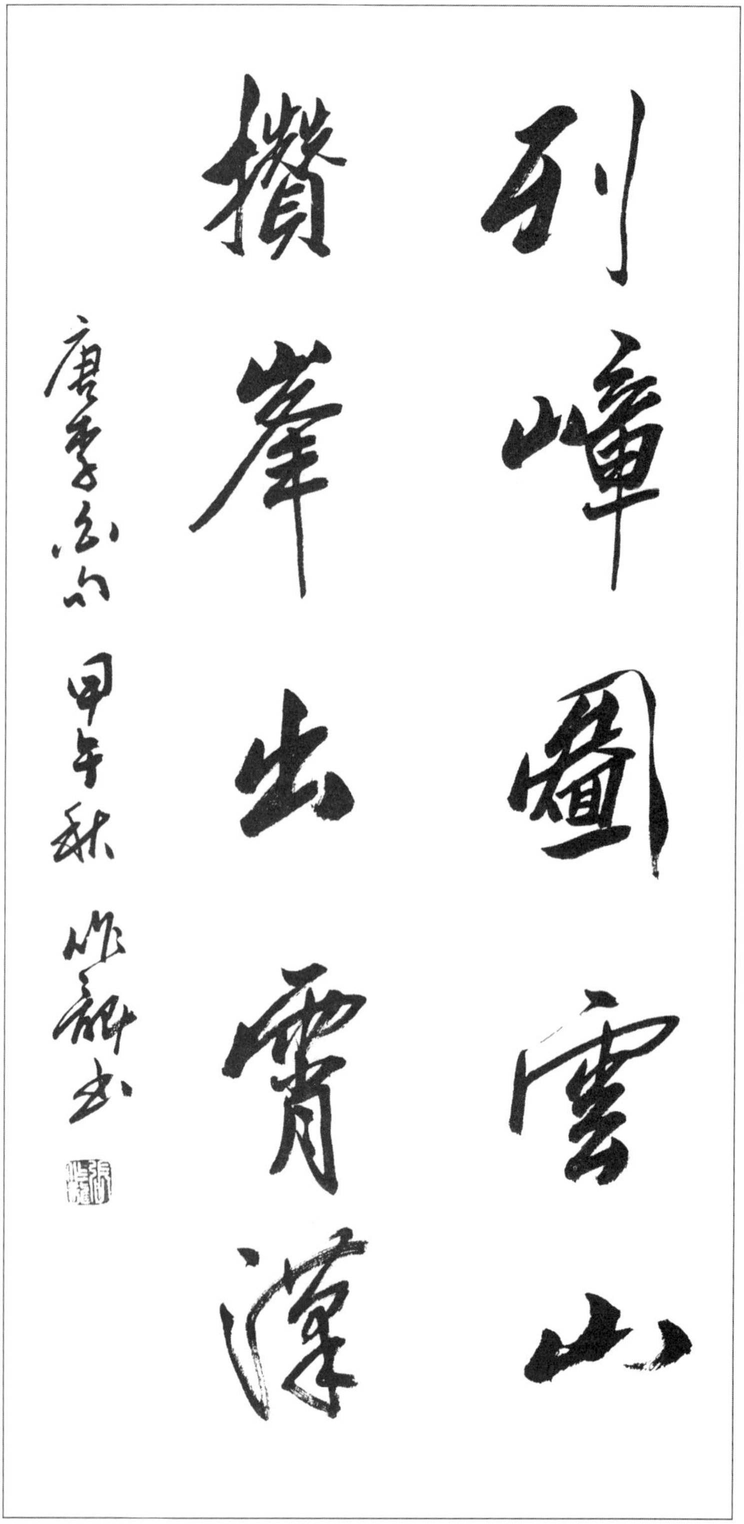

中国社会书画院张崇范书

中国社会书画院张崇范书

四川甘孜州
（速度中国项目组提供）

梅里雪山
（中国社会书画院石剑摄）

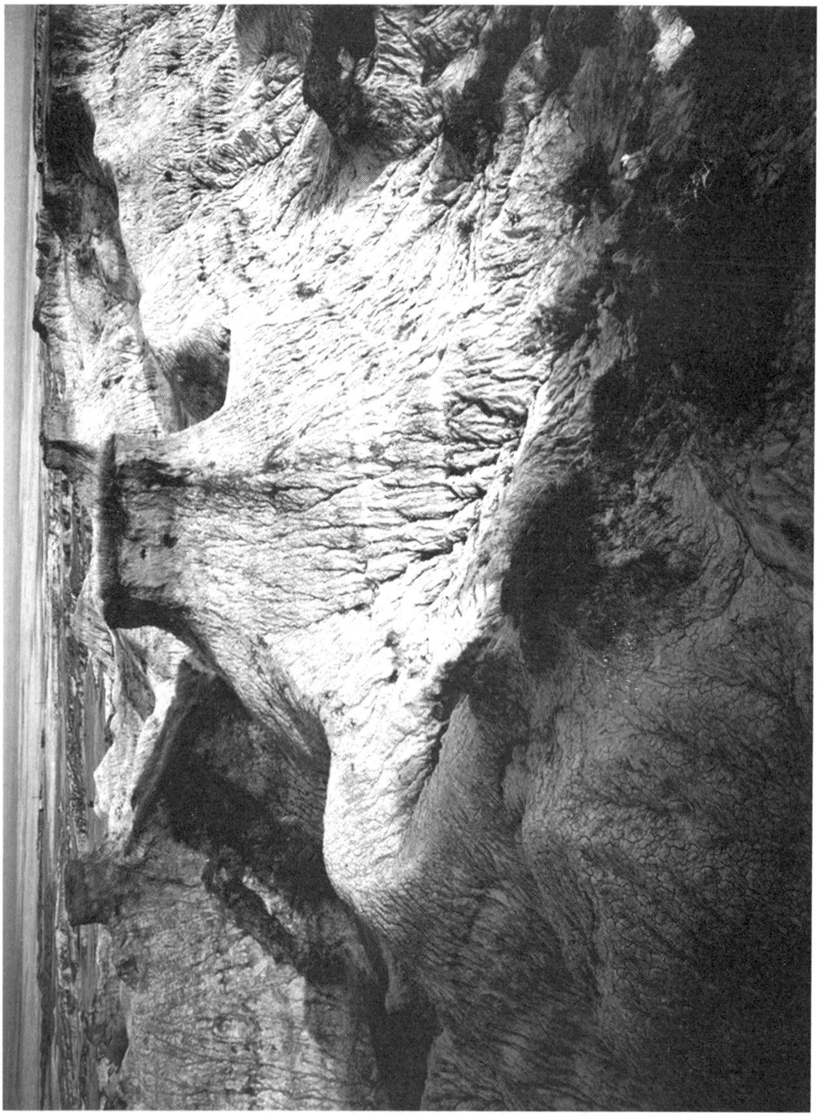

乾安泥林
（张喜森摄）

阿尔山的金秋
（张喜森摄）

松花江上
（张喜森摄）

兰州地名文化演变与传承

陈艳丽

地名是人类社会历史的产物，是人类为了联系、交换和对话而赋予不同地域的称谓，是一种文化现象，是人类社会发展阶段的真实写照。地名在体现自然景观、历史文化景观的同时，也昭示着历史上的重大政治变革、经济发展、民族迁徙、宗教信仰等状况。它既是历史上人类向大自然拓荒的足迹，又是战乱、迁徙、民族融合的写照。随着疆域的易主、国家的兴替、王朝的更迭，地名也在不断变化之中。兰州深居祖国腹地，其地名特征表现出了边塞文化、黄河文化、丝路文化及民族文化等特征。是自然生态与人文历史形成、发展和演变的真实写照，构成了独具地方特色的地名文化。

一、兰州域内地名的形成

地名是在长期的人类历史发展过程中形成的，它凝结了丰富的历史文化和人文精神，反映着一个地方的地理地貌、政治变迁、经济发展、社会进步、民俗民情等多个方面的变化。

（一）兰州域内地名形成历史悠久

兰州，早在距今5000年左右的新石器时代，我们的祖先就在这里繁衍生息，从事狩猎和农牧业生产，在创造出灿烂的马家窑、半山、马厂和齐家文化的同时，也创造出了丰富的地名文化。特别是许多老地名积淀了深厚的历史文化，蕴含着悠久历史的印记和传统文化的精髓。从秦始皇三十三年（前214）在今城关区东岗镇附近设榆中县，到汉武帝元狩二年（前121），在今西固区西固城附近设金城县。隋开皇三年（583），隋文帝废郡置州，又在此设立兰州总管府以来，后虽州、郡数次易名，但兰州的建置基本固定下来，沿革至今。其地名名称也随着统治阶级更替、战争、经济社会的发展、居民的迁徙、民族的融合而变化。

（二）兰州地名形成的多样性

兰州是一个多民族聚集、共同生活的地区，自然环境河谷、平川、沟壑纵生，也是历史上战乱较频、民族迁徙较多、民族融合较大的地区，因而在地名的形成中也呈现出了多样性、融通性的特征。从历史演变遗存下来的人文地理、自然地理名称和新命名的人文地名来看，有这样一些特征：一是官署性。即以官署所在地命名。如以清代督院所在地命名的辕门街（今张掖路），以学政署所在地命名的学院街（今武都路西段），以兰州府所在地命名的府门街（今武都路城关区政府一段）。二是方位性。即以东、西、南、北、上、下、前、后、阳、阴等方位结合地形命名。如东大街（今张掖路东段）、西大街（今张掖路西段）、南城根、北园、上沟、下沟、前街、后街、阳屲窑、阴山等，这类地名在兰州的地名中占了很大一部分。粗略统计，以"方位"命名的地名就近千条。三是名人字号命名。即以著名人士、爱国人士的名字或字号命名的地名。如现在的一悟路（张一悟烈士）、中山路、中山桥，过去的果斋路（清代翰林刘果斋，今陇西路）、左公路（清代左宗棠，今白银路民主路一段）、中正路（今酒泉路）等。四是姓氏命名。即以最早在此地居住的人家的姓氏命名的地名。经统计，这类地名全市达1700余个，如黄家园、王家庄、段家滩、颜家沟等。五是纪念性命名。即以庆祝或纪念性活动命名，如胜利路（抗日战争胜利后命名，畅家巷东口一段）、培黎广场（纪念国际友人路易·艾黎在甘肃省创办培黎石油学校）、中山林等。六是扩展性命名。即适应经济社会发展的新形势和人们的新要求，用"企业名称""产品品牌"和"公馆""佳园"等新词汇来命名地名。如以兰州佛慈制药股份有限公司名称命名的"佛慈大街"，以世界期刊发行量第四、亚洲第一的《读者》命名的"读者大道"等。

（三）现代兰州地名的命名特征

现代兰州是一个开放的、兼容的城市，因此，现代兰州的地名也就具有了开放性、兼容性、扩展性。一是命名注重了与开放、开发、发展相融。过去，对于街道的命名，通常用"××街""××路"的形式来命名，现在不仅保留了街路的通名，而且在通名前冠以"大"来特定。如"九州大道"，是兰州用"大道"的通名命名的第一条城市道路。目前，已经有多条道路冠以了"大道"的通名，如世纪大道、读者大道、莫高大道、瑞德大道、天庆大道等。二是试行了有偿命名。适应市场经济发展，人们观念转变的新形势、新需要，将道路、桥梁的冠名权实行拍卖，由拍卖中标者冠以符合国家法律法规的地名名称。近年来将人行过街天桥的冠名权和户外广告的使用权捆绑进行了拍卖，取得了圆满成功。在此基础上，兰州市人民政府专门下发了《关于进一步推进地名有偿命名和使用管理工作的通知》，规定了两类地名可以实行有偿冠名：一类是未正式命名的，长期无标准名称的点状、片状地域；另一类是新建或改（扩）建的居民住宅小区，具有专业性质的台、站、场和本市辖区范围内道路上修建的桥梁（包括过街天桥、地下人行通道）等设施。并规定了地名有偿冠名使用期限为 15 年，地名有偿冠名收入及相关广告收入主要用于地名管理和城建工作，民政部门负责全市地名有偿命名工作。三是命名注重推介甘肃。向世界推介甘肃、让人们了解甘肃、让企业投资甘肃，用甘肃境内的名山大川、名胜古迹来命名兰州的地名。如以甘肃最负盛名的敦煌、莫高窟、麦积山命名的敦煌路、莫高大道、麦积山路等。四是扩展了通名。在继续使用原通名的基础上，扩展了许多过去从未用过的专用名和通名，这些专用名和通名名称主要用于高大建筑物、构筑物和居民居住片区。原来常用“楼、大厦、小区”来作为建筑物、构筑物和居民居住片区的名称，现在，不仅专用名种类增多，而且通名种类也非常丰富，如“城、花园、佳园、润园、公馆、庭院、中心、山庄”等。仅近几年以这些通名命名的建筑物、构筑物和居民小区就达 120 多个。五是禁止用人名命名地名。在兰州地名史上，不乏用人名命名地名的现象，但大都随时代的变迁，先后被更名或废弃，如以前的果斋路、左公路、中正路等都被更名多次。

二、兰州地名的演化和变迁

“兰州”自见诸史册以来，随着人类活动足迹所至，使许多没有名称的山地、河流、平川、沟壑等自然实体被冠以不同称谓，这些地名，大多无文字考证，却实实在在地流传了下来。它们大多形成于清代和民国时期。这一时期，兰州战乱较少，人口不断增加，经济逐渐发展，人们的活动范围逐渐扩大。为适应交流的需要，命名和派生了许多新地名。如贡元巷，因该巷内有清朝在兰州设立的兰州府贡院而得名。又如会馆巷，因巷内有陕西会馆、山陕会馆、皖江会馆、新陕西会馆等许多会馆而得名。特别是民国后，封闭的封建社会逐步解体，新思想、新观念逐步传播，人们交流也日益活跃，但由于兰州交通非常不发达，人们交往主要靠步行，因此，市内地名分化也很细，基本上走几十步甚至十几步就有一个地名。如当时的东大街、西大街（今张掖路），从会馆巷到箭道巷称为东大街，从箭道巷到辕门（大体位置是现在的中央广场中心）称为东扎子，从辕门到现新华书店称为西扎子，往西是侯府斋、隍庙，隍庙到亚欧是西大街。民国时期，尤其是兰州建市后，民国政府对城市道路进行了一些整修和拓建，将清代的一些道路名称进行了部分更名。如将学院街、县门街、府门街合并命名为民国路，东大街、西大街合并命名为中华路，南大街更名为中正路，命名了片区名三爱堂等。

兰州解放后，市人民政府立即对城市道路名称进行了清理整顿和更名。将中正路更名为人民路（今酒泉路）、民国路更名为友好路（今武都路中西段），定西路（非指现地名）更名为解放路，左公东路更名为民主路。1958 年，兰州市区规划扩大，新拓建和改造了一大批城市道路，市人民委员会决定，学习上海用全国的城市名称命名道路和街道的做法，用甘肃省所辖的地县名称来命名兰州的城市道路。将胜利路更名为天水路，和平路更名为庆阳路，解放路更名为临夏路，跃进路更名为平凉路等。截至目前，兰州的城市道路名称中已经涵盖了全省 14 个市（州）和 58 个县（区）的名称。在更名中，仍保留了一些老地名，如中山路、民主东路、西津东路、西路、三爱堂等。特别是一些清代的街巷名被保留了下来，如箭道巷、山字石、曹家厅、贡元巷、木塔巷、会馆巷等。有的已有名无实，如双城门、中山林、广武门、安定门等。用市（州）的名称来为兰州的道路和街道命名，既体现了省会城市的包容性，加强了省会城市与省内各个城市间的联系，也利用了省会城市这个窗口，对省内各个市（州）、县起到了一定的宣传作用。

近年来，伴随着兰州大规模的城市扩建，大量居民区的建成和城市道路的新建，出现了许多没有名称的道路、片区等人文地理实体。对此，兰州市政府改变了过去以省内市县名称命名的办法，采取了既突出兰州历史文化、保留老地名，又体现时代特征、人们愿望和宣传省内名胜古迹的方法，命名了麦积山路、仁寿山大街、莫高大道、通达路、世纪大道、五泉广场、雁滩黄河大桥、新港城、天庆花园、北岸公馆等新地名近 300 个，特别是首次以企业名称命名了一些城市道路，如佛慈大街、读者大道、瑞德大道等,使兰州的地名更趋于多样性。因此,兰州地名的形成和每一次变迁,绝不是一种称谓的简单变化,而是不可避免地打上了一个时代的烙印,并折射着各个阶段的政治与经济发展水平。

兰州行政区划名称的变更非常小,自西汉昭帝始元六年(前81)设立金城郡以来,到唐代的1100多年间,一直称金城郡。五代时改为兰州,直到清乾隆三年(1738)改为兰州府,民国三十年(1941)成立兰州市,直到现在。但是兰州市内的行政区划名称变更非常频繁。从西汉设立金城郡领县以来,保留下来的行政区划名称只有榆中县,其余皆变更或消失了。尤其是乡镇、街道一级的名称变化更大,兰州解放后,先设立了乡政府,后改为乡公所、人民公社,又改为乡镇人民政府。特别是"文化大革命"时期,行政区划名称比较混乱,随便起新名和自行更改名称的现象非常普遍,如当时的卫星人民公社(龚家湾地区)、英雄人民公社(土门墩地区)、火车头人民公社(西站地区)、和平人民公社(现黑石川乡)等都是自行起的和更改的新名。直到国务院的行政区划管理条例颁布实施后,行政区划的名称才比较稳定和有秩序地变更。

三、兰州域内地名的文化传承特征

地名是历史文化的载体,一个地方历史、文化、经济的方方面面都会在地名中得到反映。从沿用至今的地名中,可以透视古代的文化。兰州从商周时起,汉、匈奴、鲜卑、吐蕃、回鹘、党项、蒙古、满等民族先后在这块土地上更替统治和管理,成为华族(汉代以后的汉族)和其他少数民族融合与交流的"绳结区域"之一,形成了以秦汉文化为主体,融合北方草原文化等少数民族文化独特的地名文化特征。因此,兰州地名也就呈现出多种文化特征。归纳起来主要有以下几种:

(一)边塞文化特征

甘肃是西北古战场,御秦雍、联西域、钳强敌、接大漠、控戎羌,多年作为总督府的兰州,历代王朝都在此筑城修堡、屯兵设卫,作为边塞之地。因此,其地名文化必然呈现出边塞文化的特征。一是以边塞遗址命名的地名。现有的残垣遗址有汉武帝元鼎六年(前111)开始修筑的汉长城和明万历年间补修和增筑的明长城以及沿长城修建的供军事观察、通信联络的烽火台,也叫烟墩,以此得名的沿用至今的诸如“郭家墩”“五里墩”“六墩”等。二是以戍守边塞屯兵的“营堡”命名的地名。作为边塞总督府的兰州，历代为保“兰省东隅无忧”，便在兰州周围修筑了若许营堡，作为屯兵防守、屯粮储草之所。为方便交往，人们便以“××营”命名了这些屯兵之地，并一直流传至今。如市区内有费家营、柳家营、陈官营，在市区边上有清水营、太子营等，在皋兰山上有头营子、二营子、三营子等，特别是榆中县境内就有70多处以“营堡”命名的地名，俗称“七十二营堡”。如清水驿乡的太子营始建于三国，夏官营、郝家营、吴谢营置于东晋十六国。以及后来逐步形成的蒋家营、邓家营、化家营、张老营、朱典营等。三是以“关隘”命名的地名。黄河东西贯穿全城，由南去北往西，由北入内向东，必越黄河。为此，汉代在西固区青石山下黄河边的古渡口和北塔山下（现中山桥西约1千米处），修建了镇守兰州、联东入西必经之地的关卡，命名为“青石关”“金城关”等。自汉代以来，隋、唐、宋、明等亦不断重筑、修葺，使之形成了坚固、壮观的防卫设施。清代后逐渐被废弃，“青石关”在20世纪50年代修建兰青铁路时拆除，“金城关”在1942年扩建甘新公路时遗迹亦被拆毁，而“青石关”“金城关”名称却一直保留了下来。这些地名折射出兰州及其周围过去的军事信息和先后多次发生的战争。

（二）黄河文化特征

兰州位于黄土高原的西北部，黄河干流穿城而过，由于黄河及其支流大通河、湟水、庄浪河、宛川河的多年冲积，便形成了一个多沟谷、多梁峁及盆地、多级河谷阶地、峡谷和盆地相间的地貌，大部分是非常适宜农耕的用地。因此。兰州的自然地理名称多带有“沟”“峡”“坪”“滩”等，人文地理名称带有利用黄河灌溉的“渠沟”等。如全市以“××沟”命名的地名达2500多个；以“××峡”命名的有八盘峡、享堂峡、大峡、桑园子峡、乌金峡等；将从事农耕的黄河三级以上阶梯命名为“××坪”，如彭家坪、华林坪、兰工坪、桃树坪等以“坪”命名的地名达120多处；将从事蔬菜瓜果种植的黄河一级阶梯上较大的河心滩地命名为“××滩”，如七里河区的马滩、崔家大滩，安宁区的营门滩、刘家滩，特别是在城关区仅有10多平方千米的雁滩地区就有“均家滩”“南面滩”等“十八滩”之多。将利用黄河水资源灌溉的人文地理名称命名为“××渠”，如中河渠、南河渠、工农渠、谷丰渠、干渠、支渠等，为提灌黄河水修建的水车之地命名为“水车园”。

（三）丝路文化特征

丝绸之路是一条历经了2000多年沧桑的漫长的通商及文化交流之路。正是这条古道把古老的中国文化、印度文化、波斯文化、阿拉伯文化和古希腊、古罗马文化连接起来，促进了东西方文明的交流，反映了悠久的中西文化交流和我国西北各民族融合的历史，留下了丰富的历史文化宝藏。如过去的绸铺街（现酒泉路北段）上，开设着许多丝绸店铺，前往西域的商贩，在这条街的店铺里交换和选购好部分丝绸，又马负驼运地贩往西域各国。骡马市（现五福巷）又是专门交易用于贩运丝绸等货物的骡马的市场。安宁区的十里店，距兰州旧城区约10华里，古为西出金城关，通往甘、凉、西域必经地之一，人们在这里修建了店铺，供过往商贩行人投宿，故此地被称为十里店。

（四）民族文化特征

兰州是一个多民族杂居的城市，全市有汉、回、满、藏、蒙等36个民族。在多年的民族共生中，随着民族文化的交流和融合，兰州的地名也呈现出了民族文化融合的特征。一是蒙汉合璧的地名。如以奇山秀水为主体的国家级森林公园的“吐鲁沟”，是蒙语“吐鲁”与汉语“沟”合璧命名的地名。“吐鲁”是古代蒙语，意为“大”“好”或“美好的果园”。元明以来，蒙古族首领在兰州境内统治了很长时间，留下的唯一的痕迹就是保留至今的一些地名。如以元末猛将王保保（本名扩廓帖木耳，保保乃其乳名）命名的“王保保城”、大吐鲁沟、小吐鲁沟等。二是藏汉合璧的地名。如“土城沟”，是藏语“土城”与汉语“沟”合璧命名的地名，在“土城沟”，却无任何土城，“土城”是藏语斜坡的意思。三是鲜卑语命名的地名。如七里河区的“阿干”，是全市仅存的以鲜卑语命名的地名。“阿干”是鲜卑语“阿哥”的意思。晋代鲜卑人慕容廆在镇守此地时，因思念天各一方的兄长，作了《阿干歌》而得名。金大定二十二年（1182），设置了“阿干县”，后随着地方政权的在此建置，“阿干”便有了“阿干县”，至今的“阿干镇”。

四、保护发展地名文化，服务经济社会建设

兰州地名在长期的历史发展中形成，凝结了历史的人文特征，包含了丰富的历史文化和人文精神，记载着兰州人民探索世界、征服自然和发展自我的辉煌历史以及民族的变迁、融合和自然环境的变化，是社会发展的一面镜子。特

别是许多老地名积淀了深厚的历史文化元素，蕴含着悠久历史的印记和传统文化的精髓。因此，必须保护好老地名，命名好新地名，发挥好地名的文化效益。

(一)研究好地名文化，让老地名为经济社会服务

地名来源于当地的自然景观、经济特征、交通运输、宗教、民族以及神话传说，具有一定的延续性和稳定性。但是，由于当时的社会环境、人们的认识水平、文字记述能力所限，那些很有鲜活气息的文化内涵，随着岁月流逝成为历史的沉淀。研究地名的历史文化，就是以地名为索引，对照地名寻找有关的人证、物证、书证，经过大量的分析比较，把隐藏其中的文化积淀挖掘出来。就兰州周边和境内的“驿站”来看，从定西市安定区的“称沟驿”，到榆中县的“清水驿”，到安宁区的“沙井驿”，再到永登县的“武胜驿”，出永登到天祝县的“岔口驿”，这些地名联结起来，就是古代交通线路的遗迹，是古代的“驿站制”在地名上的反映。现在由于交通工具的更替和交通条件的变化，过去的交通要冲，今天已成为小道僻壤，但与“驿站”有关的地名却一直存在，除“驿”以外还有与交通有关的“店、铺、关、道、口”等也大量存在。我们通过对这些古代地名的研究，可以发掘出它的文化旅游价值，开发旅游资源。

(二)保护好老地名，管理好新地名

一个老地名就是一个故事，如果一个城市失去了老地名，就会失去对历史的记忆。因此，必须保护好老地名。老地名不仅能够提升城市的历史底蕴，还可以传承城市的历史故事。目前，兰州的一些老地名如官升巷、道升巷、木塔巷、金城关等随着时代的变迁，已被湮没在历史的长河中了。但还保留并使用着一批很有文化底蕴特色的老地名，如一只船、双城门、中山林、邓园、小稍门、土门墩、拱星墩、三爱堂、箭道巷、山字石、王保保城、大教梁、吐鲁沟、蒋俊埠、水车园及一些营堡、墩等。对这些老地名，应当加以认真保护。让一些内容健康、富有历史内涵的老地名不因城市道路扩建和旧区改造而随意改变。对于已经消逝了的老地名，应当组织有关专家编写成专门的地名著作，以便后代能从多个侧面对兰州的地名历史以及地名演变有进一步的了解和认识。同时，要管好新地名。要按照城市发展的历史和地名的现状以及经济社会发展的实际，结合城市发展的空间布局，加强对新地名的命名管理，规划好地名，建立地名管理信息数据库和地名档案，把各类地名的名称来历、含义、位置、隶属关系、性质等情况搜集齐全，整理成图、文、表、卡等地名成果资料，实现地名管理的信息化、数字化。

（三）发挥好地名的商业效益，服务经济社会发展

地名是古今中外广泛使用的一种社会公共产品，是任何社会、任何组织和个人都离不开的交流交往工具。地名的长久留存除了传承历史文化外，在市场经济条件下地名还能成为商品，具有商品价值，能够持续产生经济效益。传承文化是地名存在的依据，能产生商业效益是地名存在的条件。因此，应该适应社会主义市场经济的要求，将人文地理名称作为城市的无形资源，加以开发，充分利用地名的文化传承功能、指位功能、社会性功能，通过公开拍卖部分人文地理名称的冠名权和有偿使用权，筹集地名管理和城市建设资金，以服务于城市经济社会的发展。但地名的文化传承与地名的商业效益之间的关系，必须通过立法予以规范。

综上所述，兰州地名是社会发展的产物，记录了兰州人民探索改造自然和发展的历史，记录了战争、疾病、浩劫与磨难，记录了民族的变迁与融合，记录了自然环境的变化，有着丰富的历史、地理、语言、经济、民族、社会等科学内涵，是一种特殊的文化现象，是人类历史的活化石。我们应该认真加以保护，科学利用，更好地服务于经济社会，服务于人民群众。

（作者单位：中国人民解放军某部）

青陵台

——一曲荡气回肠的凄美绝唱

睢宁县民政局区划地名科

一座具有悠久历史的城市是凝重的、悠远的，也必定是美丽的、富有的，它孕育滋养了许多历史名人，也为我们留下了许多可歌可泣的凄美故事。

青陵台上的贞魂已被记入了史册，这个发生在江苏睢宁女子身上的故事也已流传了2000余年。

世间关于忠贞爱情的故事有很多，罗密欧与朱丽叶、梁山伯与祝英台、焦仲卿与刘兰芝等。现在，我要告诉你的，是两个也许你不太熟悉的名字——韩凭与何花粉。

青陵台是距今2296年前建于下邳的一座高台，建台的人是战国时荒淫残暴的宋康王，建台的目的是——他能每天站在高台上观看附近桑园中的采桑女。在明人索承学吟诵的《邳州八景》中，“陵台夜月”是其中的一景，只因那荒芜的陵台上留有采桑女何花粉忠于爱情、至死不渝的贞魂。

讲述何花粉的至死不渝，要从宋康王的一次外出巡游说起。

公元前290年，荒淫无度的宋康王外出巡游来到下邳城东郊（今古邳镇胡东村口门组）时，看到桑园里有采桑女，便命人筑高台以便他日后观看采桑的美女。

从筑高台的那一天起，一个悲剧故事就开始一点一点展开了。

一日，宋康王在高台上看到一个采桑女容貌俊秀、清纯脱俗，堪称绝代佳人。宋康王惊呆了，想不到乡野之间的女子竟赛过他后宫的数百佳丽！他一天好几次登上高台观看，越看，心中越充满占有的欲望。他立即命人去打听这是谁家的女子，很快便得知她是穷书生韩凭的老婆，名叫何花粉。

宋康王派人找到韩凭，威逼韩凭把何花粉献给他。韩凭无奈，与何花粉商量。何花粉听后，深情地望着韩凭唱起了家乡的民歌："南山有鸟，北山张罗，鸟自高飞，罗当奈何！""乌鹊双飞，不逐凤凰，妾为庶人，不乐宋王。"

宋康王看到威逼不成，便派兵到韩凭家中抢走了何花粉，并逼韩凭自杀，斩断何花粉对丈夫的依恋。

一个明月当空的夜晚，宋康王把何花粉带到青陵台上，威逼利诱想让何花粉顺从，并告诉她，她的丈夫韩凭已死。何花粉听后悲痛欲绝，含泪对宋康王说："让我先祭亡夫，后随大王。"宋康王高兴地答应了。

让宋康王想不到的是，何花粉拜祭过丈夫的亡魂后却从高台上跳了下去。宋康王伸手去拽，只扯下了一条裙带，上有遗言，请求与丈夫合葬。

见何花粉至死不从，宋康王恼羞成怒，故意将何花粉与韩凭分开埋葬，坟冢相隔六丈。

三天后，宋康王悻悻地返回都城睢阳去了。乡亲们敬佩韩凭夫妇的忠贞不渝，在他们的坟墓旁各种了一棵柳树。这两棵柳树长大后，枝繁叶茂连在了一起。乡亲们说，这是韩凭夫妇俩在相互依偎。

青陵台已在岁月的剥蚀中不复存在了，但发生在青陵台上的凄美故事还一直感动着人们。

曹雪芹故居蒜市口
十七间半房的由来

刘世鉴

在繁忙的北京崇文门外大街与两广路交叉路口的东北角附近，就是文学巨著《红楼梦》作者、我国伟大的文学家曹雪芹的蒜市口故居所在地。此故居是他在北京唯一有据可查的故居。他在这里生活了20多年，度过了青少年时代。在这个时期，他开始了《红楼梦》初稿《风月宝鉴》的写作。

蒜市口街是崇文门外的一条东西走向的古老街市。从乾隆《京城全图》第十三排、三张、蒜市口部分看到，蒜市口街在崇文门外大街南端东侧，其路北东起抽分厂南口，西至崇文门大街南端（1949年，仍称蒜市口大街，1965年与大石桥、东草市、栏杆市等并入广渠门内大街）。在乾隆《京城全图》上，路北有六个院落，东西两端院子较空旷，中间四个院落为二进三进，房屋布局规整。经多位红学家多次考察、踏勘、走访，对照乾隆《京城全图》研究认定：档案文献中所说的“十七间半”，同蒜市口16号院（今广渠门内大街207号院）最接近。在乾隆《京城全图》上，它的位置是从抽分厂东口算起的第三个院落。2000年11月拆除前夕，经考古人员对此院的地基进行两个月考古发掘，“十七间半”的地基浮出。与乾隆《京城全图》上的“十七间半”一模一样。

那么，曹家为何从富庶的江南“大观园”来到这里定居下来的呢？

曹雪芹曾祖母是康熙的乳母。满族家庭有尊重乳母的习俗。祖父曹寅做过康熙的伴读和御前侍卫。曹家与康熙皇帝有着特殊关系，备受信任，恩宠有加。曾祖父曹玺以内务府朗中首任江宁织造，采办皇家需要的江南的丝绸，同时了解江南政治情况等。曹家迁居江南，实际上曹玺是康熙派往江南的政治代理人。曹玺辞世后，其子曹寅历任江宁织造和两淮巡盐御史等职。但由于4次接驾康熙南巡和日常挥霍无度，曹家出现危机，开始走向败落。康熙五十一年(1712)，曹寅染病扬州，康熙派驿马星夜送药，药未到人已亡。康熙安排其子——曹雪芹之父曹颙继任江宁织造。康熙五十四年(1715)正月，曹颙在京述职间病故。康熙恩旨，让曹颙的堂弟曹頫过继给曹寅之妻，接任江宁织造。四月二十六日(1715年5月28日)，曹颙的遗腹子曹雪芹在南京江宁织造府出生。康熙皇帝晏驾，雍正皇帝继位。雍正五年(1728)，曹頫因骚扰驿站、亏空帑项、转移财产的罪名被革职入狱，次年被抄家。年仅十几岁的曹雪芹，随全家"获罪"回到北京。曹家败落。雍正皇帝把曹家被抄没的财产、人口赏给继任织造隋赫德。1982年10月，中国第一历史档案馆研究员张书才先生发现了雍正七年(1729)七月二十九日的《刑部致内务府移会》，称："原任江宁织造员外郎曹頫……因骚扰驿站获罪，现今枷号。曹頫之京城家产人口及江省家产人口，俱奉旨赏给隋赫德。后因隋赫德见曹寅之妻孀妇无力，不能度日，将赏伊之家产人口内，于京城崇文门外蒜市口地方房十七间半、家仆三对，给予曹寅之妻孀妇度命。"曹家回京后，就住在蒜市口"十七间半房"。

这座院落，乾隆《京城全图》上是怎样绘图的呢？该院：临街房6间，前院南房3间，中院北房3间，东西厢房各3间，后院空旷，共计18间。那为什么在《刑部致内务府移会》称为"十七间半"呢？后来人们也把这座曹雪芹的故居称为"十七间半房"呢？是否只给曹家十七间半，留下半间？答案是否定的。给曹家的是整个院落，共18间房。称十七间半房与满族的习俗有关。由于临街房是6间房，犯了满人的盖房大忌。当时满族人认为："双数为阴，四六不成格局。"为取个吉利，把6间房，称为"五间半"，因此整个院落就成为"十七间半"房子了。

"十七间半房"曹雪芹故居地处现磁器口十字路口附近。20世纪末，随着北京城市建设的加快，两广路扩建工程开始了。蒜市口曹雪芹故居保护问题随之也提到了议事日程。原北京市崇文区政协、市政协文史委、中国红学会先后召开了两次"曹雪芹旧居遗址研讨会"，最终形成了《关于建立曹雪芹旧居遗址博物馆的建议》，由北京市政协办公厅报送市委、市政府。政协委员、红学界人士纷纷联名上书全国政协、北京市委市政府，呼吁保留北京唯一有据可查的曹雪芹故居。多位市领导先后来此院查看，后又经多次研究、协商、讨论，最后市政府作出拆除广渠门大街207号，在其附近建立曹雪芹故居纪念馆的决定，并指示："市规委对此院现状进行测绘后即可拆除，以不影响广安大街工程。拆除时请市文物局邀请中国红学会现场监督并同时进行地上建筑和地下考证。由崇文区政府组织实施复建曹雪芹旧居并在工作过程中征求中国红学会和专家的意见。”2000年11月9日，在区政府领导、市区文物部门有关人员、中国红学会成员到现场观看下，由市文物古建队指导进行了拆除。据北京市东城区文化委介绍，2017年年底前，曹雪芹故居纪念馆将启动建设工程，将在原址以北，崇文搜宝南侧、新世界项目地块上，建设占地800平方米的曹雪芹故居纪念馆。

我们期待“十七间半房”——曹雪芹故居纪念馆早日复建，出现在北京南城。供全国人民和世界各国朋友们，前往凭吊我国伟大的文学家、世界杰出的文豪曹雪芹，以传承、传播中华文化。

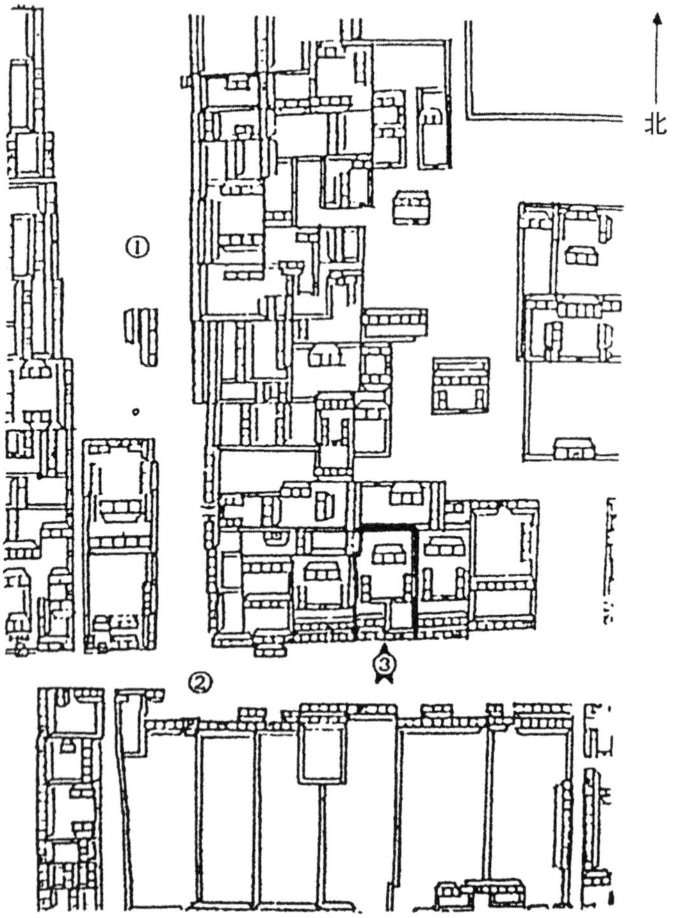

①崇外大街 ②蒜市口 ③16号院

乾隆《京城全图》第十三排、三张、蒜市口部分

马服山与马服君赵奢

河北省地名区划档案资料馆

河北省邯郸县西北处的紫山又名马服山，因赵国马服君赵奢葬于山上而得名。后人以赵奢的封号“马服”为山名，表达了对这一名将的崇敬心情，这是和他的动人事迹分不开的。

赵奢，是战国时期的赵国名将。惠文王时，任田部吏，管收税的事。当收租到平原君赵胜家中时，赵家凭仗职权，抗租不交。赵奢亲自催了几趟，都被其办事人员拒绝了。赵奢法纪严明，按照法律规定，以敢于碰硬不怕掉头的精神，一连杀了赵家9人。赵胜得知后，拍桌大骂，说赵奢欺人太甚。命令把赵奢捆来，手持宝剑，非要杀他不可。赵奢站在赵胜面前，面不改色，心平气和地说：“你是赵国的贵公子，又是大臣，有钱有势，如果带头不交租税，法律就要无效，国家就要衰弱，国家一亡，哪里还有你家的富贵？”说到这里，眼看赵胜的火气消了许多。赵奢接着又说：“按照你的地位和身份，就应带头守法，全国上下，都跟你学，国家就能富强，你的富贵地位，才可以保住。”赵胜越听越有道理，被感动得由怒气变成微笑，又变成放声大笑。马上命人解开绳子，设酒席招待，并把赵奢的为人转告给赵王，赵王很佩服，便把管理国家财政经济的大权，全部交给赵奢。从此，人民富强了，国库也充实了。

赵惠文王二十九年（前270），秦国派胡阳带兵进攻赵国西邻韩国，并包围了赵国的阏与城（今山西和顺县），守将派人求救。赵王先后召见大将廉颇和乐乘，都说：“道远路窄，危险难走，不可救。”又问赵奢，对曰：“我们去救阏与，好像两鼠相斗——勇者胜。”赵王听了，点头赞同，便命率兵前往。赵奢行军离开邯郸30里地，就安营扎寨，不再进前，并使营中鸦雀无声，不露行军打仗的样子。一直驻扎了28天，毫无动静。秦国派密探刺探军情，还受到赵奢设席招待。秦国密探回报秦将，大喜，认为赵奢驻扎不动，并无救阏与之意，便解除了警戒，一心攻打韩国。赵奢把秦国密探送走以后，立即下令拔寨，急行军两天一夜，赶到阏与附近，排好阵势，驻扎下来，工事修好后，秦军才知道，慌忙赶来迎战。赵奢看时机已到，听了部将许历的建议，先占了山头，居高临下，经过一场激烈战斗，一举粉碎了秦国的进犯，连追50里，秦军丢盔卸甲，向西逃回，解了阏与之围。赵王闻讯大喜，赐赵奢号“马服君”与廉颇同掌国政。

赵奢大公无私，明智过人。其子赵括，从小学兵法，读记不少，谈论打仗，海阔天空，头头是道，连父亲也难不住他。因此，他骄傲自大，目中无人，自以为“老子天下第一”。起初，母亲很赞赏他的儿子，但赵奢不以为然，妻子追问理由，赵奢才回答说：“战争，是生死存亡的大事。严肃认真，谦虚谨慎，身经百战，集思广益，还怕打不成胜仗！而赵括只是读了几本书，没有任何实践经验，只会空谈，还狂妄自大，目中无人，他要领兵打仗，非吃败仗不可。”妻子听后，才信服了。由于赵奢对赵括的为人十分了解，所以赵王屡次想起用赵括带兵，都被赵奢忠言劝阻：“妄自尊大目空一切，千万不可大用啊！”赵王听后，只好作罢。

过了几年，赵奢去世，相如告老还家，国势日衰。孝成王四年（前262）秦将王龁带兵攻打韩国（今河南禹县），割断了上党地区（今山西长治）与韩国的联系。上党守臣冯亭降赵，赵派大将廉颇带兵20万，镇守上党。廉颇驻兵长平（今山西高平县西北），合理调配人马，规定严明纪律，利用地势，建筑工事，坚壁清野。秦将屡次骂阵挑战，廉颇不理，秦军无法。秦王和大臣们商议，硬攻不行，改施了“反间计”。派人偷偷到赵国，贿赂了赵王的亲信，散布流言：“廉颇年老，胆小，是秦军手下的败将，秦军最害怕的，是赵奢的儿子赵括。”孝成王对廉颇的“坚守不战”本来就不满，曾几次派人催战，他又不服从，同时又听了左右亲信的话，信以为真。于是在点将台上召见了赵括，任命他为上将，去替换廉颇。相如闻讯，从病床上爬起，让人扶着去劝阻，并讲了许多道理。赵王哪里肯听！消息传出，可急坏了赵括的母亲。她拄着拐杖闯入龙台宫，恳求说：“大王千万不要让我儿赵括领兵打仗。”赵王问：“为什么？”括母上气不接下气地说：“想当初，他父亲做将军，朝廷赐给的金银财宝，全部分给了将士，知心朋友成千上万。赵括当了将军后，大王赏给他的金银布帛，全部自己独吞了。而且年岁不大，高傲自大，官兵见他，没有一个敢抬头的。这样的人，怎能带兵打仗呢？况且，他父亲在世时，曾多次说过,他这个人没有真才实学,只会纸上谈兵,决不能重用。如若大王非要起用他领兵打仗,万一有个长短……”赵王没等她把话说完,抢着说:“我已经决定了。这是国家大事,你不要多管。”括母看到赵王固执己见,不听忠言劝告,气愤地离开了王宫。

赵括受封上将,率兵20万,耀武扬威地来到长平,接替了廉颇的兵马职权。撤换了廉颇的将领,废除了廉颇的军纪,拆毁了廉颇的堡垒,并下令:“秦军来战,要迎头痛击,秦兵败走,要猛打穷追。”秦王探听到赵括取代了廉颇驻守长平,十分高兴。遂委任白起为上将军,开始攻击。先派3000人马到赵营挑战,赵括以万人迎战,秦军败走。赵括便沾沾自喜,随后派人到秦营下战书,定于第二日决战。白起顺水推舟,答应决战。暗派25000步兵,绕到赵军背后,以切断赵括和赵国的联系。同时,又暗派5000骑兵,埋伏在道路两旁,等待赵军来战。第二天一早,赵括带领一半人马,列阵攻来,秦军屡战屡败,赵括步步追去。冯亭劝阻说:“秦将狡诈,恐非真败,不可穷追。”赵括这时已被表面胜利冲昏了头脑,哪里肯听!一直追到秦营,下令攻击,一连好几天,攻克不下。此时,白起早已派出步兵,切断其后路,与国内无法联系,成了无援之军。另外,埋伏在路旁的骑兵,也猛然出动,把赵军切成两段,分割包围,秦王又亲临河内(豫西黄河北岸一带)动员15岁以上男子参军,全部开赴长平,把赵军围了个水泄不通。一贯高谈阔论、目空一切的赵括,后路被切断,军队被分割,陷于重围,兵员不能补充,粮草断绝来源,进退两难,成了“瓮中之鳖”。围困46天,粮食吃尽,士兵们饿得要死,互相残杀。赵括一筹莫展,只好硬着头皮率部突围,惨遭失败。赵卒40万,全部被秦将白起掘坑活埋。赵括本人也死于乱箭之中。白起只留下赵国年轻士兵240人,放回赵国,去宣传秦国的威风。史称“长平之战”。

战国七雄之一的赵国,从此一蹶不振。赵奢不愧为古赵一位英雄,有胆识,有远见,敢于坚持真理,贯彻执行法制,富强了赵国;具有出将入相之才,阏与一战,为辅助赵国,作出了贡献;勇于揭露儿子赵括的致命弱点于赵王面前,劝莫重用,又是难能可贵的高尚品质。

马服山万古长青,马服君赵奢的精神永垂不朽。马服山就是一座历史的丰碑!

“陕”与“陕县”

杨赞云

“陕”，原本是黄河中游一块古老地域，中华民族的发祥地之一，左崤右函，襟带两京，依乾山而临大河。境内山地丘陵、原川共存，既是衔接秦、晋、豫三省的纽带，又是中原通往西北、西南的咽喉，地理位置十分重要。

地域冠名，各有出处。古陕域中，长期以来使人困惑不解的莫过于“陕”字的冠名。清《直隶陕州志》：“山势四围曰陕，环陕皆山故名陕”，是对“陕”字的注解，其言虽符合陕之环境，却不见出处，所以人们对此还是不甚了了。

20 世纪 80 年代，陕县地名办公室探求所辖地名来源，为弄清陕字含义，曾函邀地方文化名人会商。大家对即将付梓的《陕县志》里对“陕”字的释义提出看法，普遍认为该志对“陕”只是概言，未作阐明，仍存疑问。

“陕”，最早见于公羊高《春秋公羊传・隐公五年》：“自陕而东者周公主之，自陕而西者召公主之。”隐公五年（前 717）传文所揭示的事，可追溯到西周初期的成王时代。当时成王幼登王位，周、召二公辅政。《史记・召公世家》有“其在成王时，召公为三公，自陕以西召公主之，自陕以东周公主之。”这亦是后世分陕说的起始。这种说法，对于西汉初年传继绝学的公羊高、史学大师司马迁来说，想必是言而有据的。

然而，在先秦史籍中，“陕”字却很少出现。如《春秋左传》《国语》《战国策》等书中，还未发现陕字。仅《左传・僖公三十年》有“许君焦瑕，朝济而夕设版焉。”《左传・文公十三年》有“晋侯以詹嘉处瑕，以守桃林之塞。”涉陕之地概言焦、瑕而未及陕。

《战国策》中，秦策涉及陕地多称崤，并不说陕，可见春秋崤之战对其留下的印象是多么深刻，其他诸侯策文中则仍沿用晋魏“河外”旧称。而在《史记》中，关于“陕”的记述则较多。如属战国时期的《史记·六国年表》记有“（秦）惠公十年与晋战武城，县陕”“惠文君十三年，使张仪伐取陕”，又言取陕，要么秦立足未稳，魏人动乱，要么焦、陕不处一城，分立两地。此外，书中还有高祖刘邦出关抚关外父老至陕的记述等。

关于焦，《史记·周本记》有“武王追思先圣王，乃褒封神农之后于焦”的记载。《汉书·地理志》有：“弘农陕县有焦城，故焦国也。”《水经注·卷四》亦有：“陕城，大城中有小城，故焦国也，武王以封神农之后于此。”这说明焦在陕境。为何先秦战国时期涉陕之地多言焦而不言陕，而《史记》书中却焦、陕并著，究其原因，应有如下几点：

其一，战国时期的地名，是各诸侯国所属领地自冠，而《史记》中地名是司马迁依据先秦各国史料综合记叙，保留了一些原始称谓。其二，焦、瑕、曲沃等地长期归晋、魏管辖，虽地处河外，却传承日久，积习难改，虽时过境迁，其称呼如旧，而“陕”是秦人自春秋至战国长时间中越陕境而东或在陕域活动时对该地域的称呼。其三，陕在该时段尚未筑新城，只是沿用旧城。

1957 年，黄河水库考古工作队在陕县老城东北后川墓地的清理过程中，发现汉墓的随葬陶器上印有“陕”“陕市”等戳记。20 世纪 70 年代末期域内发现的秦汉墓出土的陶鼎，底部亦印有“陕市”“陕亭”等印记。这些足以说明“陕”之称呼应在公元前 390 年战国晚期形成，而其概念于西汉初期确立。

古“陕”字偏旁为“阜”。清乾嘉学者段玉裁在为东汉许慎所著的《说文解字》（下称《说文》）一书作注时已有阐述。《说文》中，许慎释：“阜，大陆也，山无石者象形。”段注引《毛诗·秦风传》：“阜，大也”；《郑风传》：“阜，盛也”；又引《国语注》：“阜，厚也，皆由土山高厚演之。”《尔雅》（亦十三经之一）对阜的解释是：“大野曰平，广平曰原，高平曰陆，大陆曰阜，大阜曰陵”，意皆相近，即“高厚的土山”。陕城东侧所依靠的正是土层高厚的山原，亦即《尔雅》所说的大陆。由此可见，陕从阜解，另有别意。

关于“夾”字，《说文》许慎释为“持也，从大夾二人。”段注：“持者，握也，握者，搤也，搤者，捉也。捉物必以两手，故凡持曰夾。……从亦（腋）有所持，夹怀物，犹二人亦（腋）间怀物，故曰从大夹二人，古押切（今读 xie 或 xia）。”

国内学者对“陕”字亦多有不同看法和理解。山西师大教授张颔先生在香港中文大学召开的国际中国古文字学研讨会上提交的论文《魏布夾布考释》(载《中国钱币》1985 年 4 期)中即依据先秦文字的演化并结合《说文解字》段注,得出《古钱大辞典》(丁福保编)中几枚字形近似不一的魏国铸币币文,应读作“夾”(shan),从亦(腋),与“夹”通训,增加阜字旁,读“陜”,其铸地当为魏之陜域,今山西南部平陆一带。而郑杰祥先生在《商代地理概念》一书中,则认为商代甲骨卜辞中提到的“夹即夾(jia)”,即今之陕县。

综上所述,可以得出结论:陕是一处古老的地名,冠名起源于战国中晚期,属秦人对该地域的称呼,其含义不仅包含地形,亦包含秦人逾陕而东的形象,是一个集汉字象形、会意和指事为一体的汉字。陕字的含义在汉初被确立后,又随着时间的推移而湮没。

分陕之说,已如前述。周召二公辅政,周公以道,召公以德,后世念兹,津津乐道。然分陕之地,古已有分歧,北魏郦道元《水经注》以为分陕以陕城(今老城)或陕陌为界(陌为东西向道路,也有人认为是南北道路)。而唐太宗第四子李泰在与萧德言等人历十年成书的《括地志》中,以为分陕以原为界,并说原在陕城西南,即今张汴原。遗迹有唐时在陕城竖立的一根岩柱界石,此石在新中国成立前后立于原召公祠莲花池南。

总之,陕字始于陕县。其来历和本义,引发长期争论,莫衷一是。清乾隆年间所修《直隶陕州志》说:“山势四围曰陕,环山皆山,故名陕。”这是一个形象的喻指,也是对“陕”字的注解。1936 年版《陕县志》沿用了州志的解释。1988 年版《陕县志》再延。这样,陕县地名来历基本形成共识。但是否还有其他含义,有待于史料考古和专家学者的新发现来破译。

(作者单位:三门峡市陕州区民政局)

北京市

开展地名普查成果整改培训工作

为确保地名普查成果质量，北京市地名普查办认真组织开展地名普查成果整改培训，全市12家地名普查外业单位近百名人员参加了培训。

2017年4月，北京市地名普查办组织市测绘设计研究院、国家测绘产品质量检验测试中心和四川省测绘产品质量监督检验站联合体两家监理单位，就地名普查检查中发现的技术偏差和质量问题，对全市普查外业单位进行了地名普查成果整改培训。培训中，监理单位通报了各区地名普查绩效考评结果，并根据国务院地名普查办印发的《第二次全国地名普查验收办法》和《第二次全国地名普查成果数据入库检查要点》，强化验收工作要求，要求相关单位严格按照时间节点，落实整改要求，按时上报地名普查验收成果。

作为北京市地名普查工作的技术支撑单位，市测绘院选派了6名技术过硬、业务素质高的技术负责人进行成果汇交内容的培训。通过此次集中培训，全市16个区的外业单位进一步掌握了地名普查跨界自然地理实体采集和“接边”工作的具体要求；完善了对变化、重要的地名实体的工作图标绘，地名普查成果图的制作；强化了地名普查质量管理平台操作方法；进一步统一了地名普查成果上报格式。

本次培训指导性强，效果显著，为北京市第二次全国地名普查成果保质保量汇交审核奠定了坚实的基础。

河北省

承德市平泉县改市

2017年4月，民政部批复同意平泉县改市（民函〔2017〕69号），市人民政府驻平泉镇府前街17号。

江苏省

"六举措"做好普查验收工作

2017 年上半年,江苏省大力推进地名普查工作,截至 5 月底,全省共形成地名普查成果 45.37 万条,已完成县级自查、市级核查和省级查验工作,并按时向国务院地名普查办报送了全省地名普查成果数据。

突出工作重点。根据《第二次全国地名普查验收办法》和《第二次全国地名普查质量评价体系》的要求,紧抓地名普查成果表和数据库两项工作的质量,尤其是强化了对成果表中的地名来历、含义、历史沿革内容的审核,体现了区划地名工作特点,提高了地名普查成果质量。

举办地名普查业务培训。3 月 9 日至 10 日,省厅在镇江市举办全省区划地名业务培训班,邀请国家地名二普办公室地名普查业务指导处和商务印书馆的有关领导和专家,对全省 150 余名业务骨干进行专题授课,为加快全省地名普查工作进度、提高普查质量奠定了基础。

电话约谈和实地督查相结合。分管厅领导与进度滞后地区的民政局分管领导进行了电话约谈,敦促加快地名普查工作进度。省厅组织人员,分组对各市地名普查工作进行两轮实地督查,分析了各地在普查工作进度和质量管理方面存在的问题,并对下一步的普查工作提出了明确要求,督查工作取得明显成效。

召开省级检查验收现场会。省厅组织全省区划地名处长,于 4 月在苏州市相城区召开了地名普查省级验收现场会,并制定了省级检查验收实施方案,明确了省级检查验收的验收内容、验收程序、验收方式、验收要求。

组织交叉检查。5 月,省厅组织处室人员、各市区划地名处长、部分县(市、区)区划地名科长、技术服务公司人员共 60 余人,分为 4 个组,对 13 个市的地名普查工作开展交叉检查,现场进行打分,指出存在问题,并制定《地名普查成果存在问题及处理意见》《地名普查存在问题及民政部的答复意见》等 4 个指导性文件,明确整改要求。

集中开展整改。各地针对普查成果存在问题,组织各县(市、区)地名专家、地名工作人员、技术服务单位和监理单位人员,集中力量、集中时间进行整改攻关,部分有条件的地区采取集中办公的方式,将各县(市、区)相关工作人员集中至市局封闭办公,大幅度提高了工作效率。

下一步,将进一步强化质量意识,加强检查督促,继续指导各地做好普查成果整改完善工作,并做好迎接国家验收相关准备,确保全面完成地名普查工作。

浙江省

台州市玉环县改市

2017 年 4 月,民政部批复同意玉环县改市(民函〔2017〕70 号),市人民政府驻玉城街道东城路 6 号。

安徽省

召开地名普查成果数据审核反馈会

为保证第二次全国地名普查成果数据的规范性与准确性,确保地名普查成果质量,2017 年 5 月 19 日,安徽省普查办在合肥市召开全省第二次全国地名普查成果数据审核反馈会。

会上,省地名普查数据审核技术支持单位合肥市测绘设计院,对全省 105 个县级政区地名普查数据存在的共性问题进行解读,个性问题进行拉网式点评,提出整改标准与措施。此前,合肥市测绘设计院组织 12 名技术人员,利用近 20 天时间,依据《第二次全国地名普查质量评价体系》和《第二次全国地名普查验收办法》技术标准与要求,对全省 105 个县级政区的地名普查成果数据进行了审核。

省普查办要求,各省辖市普查办和作业单位要逐个与合肥测绘设计院进行对接,就地名普查成果数据审核过程中发现的技术偏差和质量问题,进行全面梳理,全面整改。省普查办还就下一步地名普查数据接边、成果转化和地名地址库试点建设等工作进行部署安排。

山东省

多措并举扎实推进打好普查验收攻坚战

2017年3月以来,山东省地名普查办认真贯彻落实全国视频会议精神和黄树贤部长讲话要求,抓紧开展普查验收工作。一是严格标准规范。先后印发《关于做好地名普查质量检查工作的通知》《山东省第二次全国地名普查验收实施办法》。二是抓好人员培训。召开全省普查推进会议暨验收培训班,针对验收程序标准及要求等内容进行业务培训。三是开展现场抽查。成立验收团队,组成3个工作组分赴各市县抽查验收、专项督导。四是做好集中验收。委托相关单位组成40余人验收工作组,对各市上报的成果资料逐县逐项进行验收,反馈问题、整改复报。五是强化督导通报。10天内两次发文通报全省验收工作情况,要求各地验收工作按时合规完成。六是召开验收工作会议。通报17个市普查成果省级验收和实地抽查情况,汇总分析存在问题,提出整改意见。截至目前,已全部完成全省137个县(市、区)省级验收并上报国务院地名普查办。

河南省

对口帮扶强力推进地名普查复验工作

为全面贯彻落实第二次全国地名普查领导小组副组长、民政部副部长宫蒲光在全国部分省份第二次全国地名普查工作座谈会上的讲话精神,加快推进全省地名普查验收工作进度,提升地名普查成果质量,河南省地名普查办在全省开展地名普查对口帮扶工作,确保地名普查验收质量。

帮扶时间从2017年5月24日至6月5日,帮扶对象为地名普查成果质量相对较差、地名普查工作进度推进缓慢的单位。省地名普查办抽调在省级验收中质量较好的省辖市区划地名科长及辖区内部分县区区划地名股长、聘请的地名普查专家组成帮扶小组对技术力量较弱的省辖市进行帮扶;省普查办重点督办进度缓慢、质量较差的省辖市;省辖市要对本辖区内较为薄弱的县(市、区)组织力量进行指导帮扶。

为保证帮扶效果,河南省地名普查办对帮扶工作提出了要求,一是被帮扶的省辖市对需重点帮助的县(市、区)集中到一个地点进行帮扶。帮扶结束后,帮扶小组与被帮扶单位分别向省地名普查办上报帮扶情况报告。二是省辖市内部指导帮扶结束后,需向省地名普查办报送重点帮扶单位地名普查成果质量和普查工作进度情况报告,报告中必须有定性评价。三是帮扶过程中,严格按照《第二次全国地名普查质量评价体系》《第二次全国地名普查成果验收办法》《第二次全国地名普查成果数据入库检查要点》等地名普查成果验收标准,进行全面梳理,对指出的问题,立即整改,确保地名普查数据一次性通过国家验收。四是帮扶结束后,省地名普查办对各地普查成果进行复验,逾期完不成任务的单位,省地名普查办将予以通报批评。

湖南省

长沙市宁乡县改市

2017 年 4 月,民政部批复同意宁乡县改市(民函〔2017〕73 号),市人民政府驻玉潭街道金洲大道 5 段 398 号。

广东省

进一步规范地名普查验收工作

根据国务院地名普查办和广东省地名普查办的有关规定和要求,结合近期一些县(市、区)报送地名普查成果发现的问题,近日广东省地名普查办下发《关于进一步规范地名普查验收工作的通知》。

通知细化了县、地两级验收形式及要求。县级开展自查前,技术服务单位应先进行全面自检,形成自检报告,并依照合同约定服务内容和要求出具具有法律效力的普查成果质量承诺书,作为问题追溯文书,一并提请县级地名普查办开展自查。县、地两级严格验收标准,综合检查验收,县级全面自查经专家组评估或县级地名普查办集体讨论决定;地级全面核查按规定比例对所辖县级行政区进行抽查,认为成果合格的,根据地名普查质量评价体系评分要求和依据进行打分,撰写质量评价报告、自(核)查报告;如果检查不合格的,及时以书面形式反馈发现的问题和整改意见,责成限期整改,重新报验,自(核)查的分值表保留归档。

通知明确了质量评价报告和自检、自查、核查报告内容。县、地两级全面自查(核)认为各项验收内容合格的,按省地名普查办统一制作的样式撰写质量评价报告(含分值表)、自查(核)报告。其中,质量评价报告主要内容包括:地名普查概况(政区基本情况、地名普查工作开展过程、普查成果数量的分类统计)、评价方法及过程、评价内容、评价结论,以及实施质量管理、评价、监理工作情况。自检、自查、核查报告主要内容包括:自查工作概述,包括开展自查的时间、方式、步骤,以及验收主体责任落实情况;发现的问题和整改情况;验收内容检查验收结果,以及档案资料立卷归档等情况。

通知规范了对验收工作不同意见的处理方式。县级地名普查办对地级地名普查办核查或地、县级地名普查办对省验收组发现的问题有不同意见时,应尽量以有关规定协商达成共识,抓紧整改到合格;如未能协商一致,逐级以书面形式将不同意见的问题和理由报省地名普查办,由省地名普查办研究答复。通知还对成果上报及管理作出相关规定。一是相关材料。报送在地名普查中同步推进加强地名文化保护和清理整治不规范地名,以及跨界自然地理实体地名普查工作情况,并制作了报送地名文化遗产保护建议名单、清理整治不规范地名名单(包括已清理整治和拟清理整治)、跨界自然地理实体地名目录的表格样式。二是成果管理。省地名普查办验收包括成果数据、审核申请表、报验单、省级质量评价报告、监理报告和验收报告等资料;并按照有关要求导入质量管理和验收系统。各级地名普查办按要求做好档案资料整理和立卷归档工作。

通知要求,各级地名普查办从落实党中央国务院安排部署的高度,增强责任意识,履行好验收工作的主体职责,切实加强组织领导,严格遵照普查验收和质量评价标准进行检查验收,抓紧部署实施。

广西壮族自治区

完成地名普查成果报送工作

根据国务院地名普查办关于地名普查验收工作的要求,广西于 2017 年 3 月 7 日至 24 日组织了由地名学者、地理信息技术人员、高校教授、省级普查办骨干等 24 名专业人员,分为 4 个专家组开展了为期 15 天的地名普查检查评估和验收整改工作。专家组依据《第二次全国地名普查验收办法》从组织实施和普查成果两个方面对各县(市、区)地名普查成果进行了全面检查、审核、验收和评分,出具了验收整改意见报告,并要求各地在规定时间内完成整改完善和数据上交工作。按照各地的整改时间期限,再次组织相关专家于4月6日至20日分三批次对各县(市、区)地名普查成果进行复核检查,将初步检查合格的地名普查成果汇总并组织上报。经过自治区地名普查办的复核检查后,全区111个县(市、区)地名普查成果分三批次分别于4月底前由专人送达国务院地名普查办,完成了全部地名普查成果的检查验收和上报审核工作。

重庆市

"三举措"吹响地名普查决战冲锋号

近日,重庆市普查办组建质量督查组分赴全市38个区县(自治县),采取"一查、二看、三核"的方式,实地抽查核验资料整理、地图标注、保密建设、质量控制、文化属性挖掘、地名标准化处理、普查组织实施及成果等,吹响决战冲锋号。

一是查阅资料。全面审查自查评审、地名标志设置、成果表填写、数据库导入与备份、文化属性审验及质量问题记录等过程性资料,查找问题,并提出整改建议,务求实效。二是现场查看。依据《保密管理办法》,实地勘察保密室是否安装"三铁一器"、保密制度是否上墙、使用涉密数据和出入保密室是否记录等,确保保密工作落到实处。三是实地踏勘。采用便携式移动测量系统对易漏采的居民点,交通运输设施,水利、电力、通信设备等,进行实地测查,通过数据库比对,检验地名名称与实地是否一致,经纬度是否准确。

目前,重庆市已实地抽验巴南、涪陵、秀山等22个区县,核实地名数据100余条,审查文化属性信息400余条,发现经纬度与实际不符、成果表填写不全、文化属性描述有误地名共10条,相关区县正积极整改完善。

四川省

内江市隆昌县改市

2017年4月,民政部批复同意隆昌县改市(民函〔2017〕72号),市人民政府驻古湖街道大东街64号。

贵州省

六盘水市盘县改市

2017 年 4 月,民政部批复同意盘县改市(民函〔2017〕74 号),市人民政府驻亦资街道凤鸣北路 1 号。

云南省

扎实推进地名普查核查验收工作

按照国务院普查办的部署要求,云南省普查办自 2016 年 11 月启动普查成果验收以来,精心组织,周密安排,始终坚持层层审核把关求质量,坚持督查抓落实,扎实有效推进全省普查验收工作。截至目前,已分 2 批次向国普办报送了 116 个县级政区普查成果,占全省总量的 90%。

一是加强组织领导,落实责任措施。省普办及时成立了由省民政厅厅长为组长、分管副厅长为副组长的省级普查成果验收工作领导小组,下设资料检验、属性信息核验、技术查验和实地复验 4 个工作小组,细化了工作流程,落实了责任措施。年初召开了全省地名普查验收工作会,并对验收工作进行了培训;先后印发了《云南省第二次全国地名普查验收办法》《云南省第二次全国地名普查省级验收实施方案》《云南省第二次全国地名普查成果数据入库验收办法》《成果图编制指导书》等 8 项制度,明确了标准规范,确定了时限要求,强化了工作指导,确保全省普查验收顺利开展,有序推进。

二是强化工作保障,务实高效推进。省普办协调落实 2017 年省级财政预算地名普查经费 600 万元,全省各级普查办也积极争取本级政府 2017 年财政预算支持;全省州、县两级普查办均增加或抽调人员全力参与普查验收工作;省普办、省专家委员会和监理、质控单位抽选的精干人员组成的资料检验、属性信息核验、技术查验和实地复验 4 个工作小组全面开展检查验收和实地核查工作;各级普查办充分发挥领导小组成员单位资源优势,发挥专家委员会特长作用,发挥技术服务单位技术保障支持,形成合力推进工作的良好局面。

三是严格审核把关,确保成果质量。成果质量是普查工作的生命。他们始终把普查质量管理贯穿普查全过程，全省普查成果一是要经历技术服务单位初检、县级自查、州级核查和省级验收四道防线；二是要经过省、州、县三级专家层层审核把关；三是要通过省级监理和质量控制单位的现场监理和质量评定；四是州市核查要按照不低于60%的县级政区比例进行现场抽查，省级验收要按照不低于全省30%的县级政区比例进行现场抽查复验，确保质量管控不留死角。

陕西省

榆林市神木县改市

2017年4月，民政部批复同意神木县改市（民函〔2017〕71号），市人民政府驻神木镇府阳路1号。

青海省

建立加快普查验收工作运行机制

为认真落实2017年4月12日青海省祁连验收培训观摩推进会议精神和部署，确保全省地名普查验收工作如期高质完成，青海省普查办转换思路，科学谋划，合理确定时间节点，采取购买服务的方式，建立了由省普查办总体部署把关定向、委托单位专家技术人员具体实施的加快验收的工作运行机制，并在全省统一推行： 是过筛子，整体推进，重在找问题，查漏补缺。全面对各市（州）、县（市、区、行委）验收自查进行质量监理和预验；二是抓整改，重点推进。对市（州）核查验收进行监理预验，县级政区整改情况“回头看”进行复查；三是严审定，省普查办验收组确定对不低于20%的县级政区进行现场抽查验收，完成审定后进行报验。

目前已委托单位完成全省8个市（州）46个县（市、区、行委）的首轮监理预验，梳理反馈问题1000余项，取得了显著的收效。一是进度明显加快。委托单位采取分地区、分时段推进的监理预验方式，严格按照验收标准、工作流程对全省8个市（州）46个县（市、区、行委）进行整体全面监理预验，确保不留死角，并助推各级普查办积极行动，加快梳理自查和补齐短板工作进度。二是质量明显提高。委托单位根据国务院普查办及省普查办的统一要求，从进度、档案资料、成果、安全、质量五个方面开展工作，梳理存在问题，列出验收后补充资料清单，现场反馈，提出解决问题的方式方法和监理意见表，问题一目了然，监理意见指导操作性强，保证了验收工作质量。三是整改明显见效。通过监理预验，各级对存在的问题高度重视，严肃对待，立即进行整改。如：西宁市地名普查办认真归纳梳理所辖4区3县存在问题，及时下发督办整改通知，门源县普查办及时向海北州普查办逐条上报整改完成情况等。目前，全省46个县级政区正在依托普查监理进行全面整改，大部分政区已完成各项查遗补漏工作任务。

在推进验收工作机制的同时，省普查办高度重视与委托单位的工作协调联系，及时掌握工作动态，加大了对各地督查和技术支持力度。指派专人负责与委托单位的联系协调、沟通，做到省、州、县和委托单位信息的及时反馈，并根据反馈意见，对6个服务外包单位逐个下发存在问题清单，并限定在10个工作日内完成整改。

验收工作运行机制的建立和运行进一步加快了全省地名普查验收工作的整体进度，保证了验收质量，夯实了整体验收工作基础。目前，青海省第二轮监理预验以及整改情况"回头看"的工作计划、时间进度表已下发全省各地，普查验收工作正在积极、有效、平稳运行中。

宁夏回族自治区

部署"二普"全面验收工作

2017年3月22日，宁夏回族自治区召开第二次全国地名普查全面验收工作部署会议暨业务培训班，重点讲解了地名普查验收办法、地名普查验收量化指标及评分标准、地名普查过程中的常见问题等内容，开展了地名标准化处理、标准地名词典编纂培训。自2014年6月第二次全国地名普查工作启动以来，自治区及各市、县(区)逐级开展普查工作，共普查地名词条超过12.2万条。目前自治区普查工作已完成数据入库，进入验收及成果转化阶段。根据部署安排，自治区各地级市、县(区)于2017年3月底前，自下而上逐级完成县级自查、地级核查、自治区级验收和上报审核工作，并随之启动地名普查成果转化工作。各市、县(区)将根据普查成果，建立覆盖自治区、市、县三级的地名数据支撑体系，推进标准地名地址库建设。同时，充分利用地名普查资料，今年重点做好《宁夏回族自治区标准地名词典》《宁夏回族自治区标准地名图集》《宁夏回族自治区标准地名录》《宁夏回族自治区标准地名志》的编纂出版工作。

新疆维吾尔自治区

检查验收地名普查第二阶段收尾工作

在各级普查办坚持不懈、精心组织、周密安排、扎实工作下,新疆维吾尔自治区地名普查办第二阶段工作已完成对各县市区地名普查成果、组织实施的验收,并上报国务院普查办,第二阶段已全面进入收尾工作,为第三阶段地名普查工作奠定了基础。

2017 年 4 月 24 日,自治区普查办下发了《关于做好第二次全国地名普查第二阶段收尾工作的通知》(新地名普查办发〔2017〕19 号)。通知要求各级普查办,一是做好第二次全国地名普查档案归档工作。各级普查办按通知要求,开展地名普查文件材料文书类、业务类、成果类、其他类的收集、整理、立卷、归档工作。同时,自治区普查办重点对地(州、市)级地名普查档案开展验收。二是做好第二次全国地名普查涉密数据管理工作。根据《保密管理办法》,各级普查办对普查工作中形成的涉密资料数据进行分类、归档、入库,实行责任到人、专人专管。三是做好第二次全国地名普查成果转化准备工作。各级普查部门积极落实地名普查成果转化规划方案、图(集)、录、典、志、册编撰工作。四是做好第二次全国地名普查数据成果接边工作。根据国务院普查办《第二次全国地名普查验收办法》及地名普查成果数据入库检测要点,要求接边县级行政区开展跨地州普查成果数据接边工作。

2017 年 6 月 5 日,自治区普查办组成 3 个检查组分赴全区 14 个地州市 96 个县(市区),对第二阶段收尾工作情况开展检查验收工作。

中国行政区划与区域发展促进会选举产生第二届理事会

经报民政部批准，中国行政区划与区域发展促进会第二届会员代表大会6月29日在北京召开。大会选举产生了新一届理事会理事、常务理事。

中国行政区划与区域发展促进会是依法登记的全国性、专业性、非营利性社会组织，2012年6月30日在北京成立。其宗旨是以科学发展观为指导，坚持实事求是的科学态度，充分发扬学术民主，立足国情，推动和促进我国行政区划工作科学发展，为国家和区域经济社会协调可持续发展服务。

成立5年来，促进会积极宣传国家行政区划与区域发展的方针政策，进行行政区划理论与发展战略研究，承担行政区划有关规划、技术标准论证，先后完成了多省和地市行政区划规划和调整的前期调研论证和社会风险评估工作。

促进会第二届理事会理事长、中国科学院地理科学与资源研究所党委书记刘毅表示，促进会将加强行政区划基础理论研究，完善行政区划交流平台建设，服务国家战略，努力推进国家和区域经济社会科学发展，增强行政区划的话语权和影响力，力争建成国内最权威最具影响力的行政区划方面的专业化智库。

民政部有关主管部门负责人表示，党的十八大以来，社会组织变“政府主导”为“依法自治”，在社会治理中的地位逐渐明确，作用进一步凸显，促进会要当好政府部门的“参谋部”、政区工作的“服务员”、区域发展的“助推器”，为推动和促进行政区划与区域发展作出新的更大贡献。